思想をかたちにする

上野千鶴子
Ueno Chizuko
対談集

青土社

思想をかたちにする　目次

思想をかたちにする　上野千鶴子対談集

第1章

上野千鶴子を腑分けする

×小熊英二（おぐま・えいじ）

1962年生まれ。東京大学農学部卒業、出版社勤務を経て、東京大学大学院総合文化研究科国際社会科学専攻博士課程修了。現在、慶應義塾大学総合政策学部教授。著書に『１９６８』、『〈民主〉と〈愛国〉』、『〈日本人〉の境界』、『単一民族神話の起源』、『真剣に話しましょう』（以上、新曜社）、『社会を変えるには』（講談社現代新書）、『原発を止める人々』（文藝春秋）など多数。

はじめに

小熊　今日は、上野さんの軌跡を聞いて、その時代を考える材料にするとともに、上野さんのこれからを考えたいと思っています。また、上野さんの特集（『現代思想』「総特集　上野千鶴子」39・17、二〇一一年一二月号、青土社）ということですから、上野さんの全体の軌跡を、上野さんご自身のコメントを含めて、振り返れるようにしたいと考えています。もちろん、まだまだ回顧するのには早いですけれども。

上野　すでに人生の過半は過去に属しましたので。

小熊　そうですね。

上野　そうですね、とおっしゃる通りです（笑）。このような面倒な役割をお引き受けくださいまして、ありがとうございます。

小熊　いやいや、とんでもないです。しかし、一三〇歳まで生きるということはないでしょうからね。

上野　寿命の半分を過ぎたというよりも、やはりアクティビティというかクリエイティビティ・レベルのピークを考えると、過半は過去に属するでしょう。

×小熊英二

小熊　今日は、全体の構成を三つくらいに分けて聞いてみようと思っています。最初は上野さんの思想的な核というか、根本的なものの考え方みたいなものについてです。私の仮説がありますので、それを確かめてみたい。それが当たっていれば、上野さんの軌跡が、その核からどう分岐していったかが分かりやすくなると思います。

二番目は、そこから発生する軌跡、変化の過程を聞いてみたいと思っています。そして上野さんの軌跡から、七〇年代・八〇年代とは何だったのか、九〇年代・二〇〇〇年代がどういうものであったのかを振り返られればと思います。

それから三番目は、日本近代思想のなかで、上野千鶴子とはどういう位置にあるのかについてです。これも私なりに仮説があります。

もちろん、私がこう設定したからといって、その通りにのってくる方ではないというのはよくわかっておりますので、適宜コメントをいただければと思っています。

上野　今回は、まな板の上の鯉になることを承知いたしましたので、どのようにでも料理していただければと思います。

原点としての対幻想論

小熊　まず、単刀直入に上野さんの核になっている思想について、私なりの仮説をぶつけてみたいと思います。それは「対幻想」ではないかということです。

「対幻想」は吉本隆明が提起したものですが、上野さんは初期にそれに非常にこだわっていらして、一九八二年には「対幻想論」という論考も書いている。この論考は、千田有紀さんが編された『上野千鶴子に挑む』（勁草書房、二〇一一年）という本のなかでも、複数の方が論じています。

私が思うに、上野さんの根本思想は、じつは一九八二年の「対幻想論」から、実はその後もあまり変わっていないのではないか。もちろん吉本隆明の思想そのままではなく、吉本の思想をアダプテーションないしアプロプリエーション（応用、流用）した部分を含めて、上野さんの根本的なものの考え方が、この論考に示されているということです。

そこでまず、その「対幻想論」についてなんですけれども、吉本さんの思想では、共同幻想・自己幻想・対幻想の三つがあるとされています。「共同幻想」は国家意識につながるもので、そこが『共同幻想論』（河出書房新社、一九六八年／改訂新版、角川ソフィア文庫、一九八二年）が国家論として読まれた理由です。たいてい、吉本共同幻想論を論じる人は、共同幻想を重視する。

ところが上野さんは、対幻想を非常に重視した。これは松井隆志さんが指摘しているように、かなり上野流の解釈で、吉本さんの思想を誤読したというか流用している。上野版の対幻想論では、吉本版とはいささかちがって、対幻想のなかでも「性」という部分を重視したわけです。吉本さんは、対幻想は親子やきょうだいでも成立するとしたけれど、上野版「対幻想論」では男女の恋愛に特化している。さらに上野さんは、対幻想は自己幻想および共同幻想と相対立するものであるという部分を、非常に強調した。

上野　はい。吉本理解としては、誤解だという評をすでにいただいておりまして、吉本さん自身からも快く思われていないようですので、誤用・流用したと言われてもしかたありません。

小熊　流用は思想の影響関係や展開の半ば必然ですから、流用したから悪いと言っているわけでは全然ないです。しかしその流用の仕方に、上野さんの根本思想が表れていると思います。そのことが一番わかりやすい例は、上野さんの『ケアの社会学』（太田出版、二〇一一年）です。

上野　そこに飛びますか（笑）。急に、三〇年くらい飛びましたね。

小熊　三〇年飛んでも、ある意味で変わってないという事例としてです。上野ケア論では、ケアの担い手を「官・民・協」と三つのセクターを分けていらっしゃる。

上野　「私」もありますから、四つです。

小熊　二〇〇五年の『老いる準備』（学陽書房／朝日文庫、二〇〇八年）の時点では三つだったはずですが、『ケアの社会学』では四つに増やしましたよね。

上野　いや、もともと四つです。「私」すなわち家族は最初からあります。家族の問題が抜けたことはただの一度もありません。

小熊　そうですか。では念頭には初めからあったということでけっこうです。いずれにしても私の読み方では、「官・民・協」というのは、これは「対幻想論」における、共同幻想・自己幻想・対幻想の三つの位置づけと共通しているのではないか。つまり三者の対立軸のなかで、対幻想を高く評価したように、「官・民・協」のなかでも、NPOなどの「協」を評価する。つまりあくまでも、「官」や「民」、つまり共同幻想すなわち国家には拠らないし、自己幻想すなわち市場の個人セクターにも拠らない。

上野　そうきましたか。なるほど……。
小熊　私は共通性が強いと思いました。そのことはご自覚なさっておられましたか？
上野　ちょっと善意による誤解があるような気がするんですが（笑）。まず、対幻想から話をスタートなさったというのは想定外ですが、なるほどという感じはしました。それが上野の原点であり、出発点であることには同意します。

　吉本論のインパクトは、多くの男性の知識人の反応をみるとよくわかるのですが、共同幻想・自己幻想・対幻想のなかで共同幻想と自己幻想の関係に焦点が当たっていて、対幻想をあたかもなかったかのごとく、ほとんどの論者は無視していますね。そのなかで対幻想に、ほとんどわたし一人が飛びついた理由は、対幻想という概念に象徴される性愛――「性・愛」としてもかまいません――今のことばでいうとセクシュアリティとジェンダーが、そこで論じられると思ったからです。性愛というものがまともな思想の課題になるということが提示されたのが、当時、わたしにとっては極めて新鮮でした。それを我田引水して流用したと言われればその通りだと思いますが、吉本さんの提起は世界史的に見ても、時期的にたいへん早かったと思います。対幻想という思想のなかにあるのは、あなたがいまおっしゃったように、共同幻想にからめとられず、個人幻想にも還元されない間人格的な関係ということです。

　それが出発点だというのはまったくその通りなのですが、『ケアの社会学』で提示した「官・民・協」は三項ではなくて四項で、「私」があるんですね。「私」は家族領域です。家族領域は何しろ再生産の単位ですから、つがいから出発します。ですから、対は「私」に対応しています。思想史的に言うと、2という数字と3という数字はまったく質的に違うもので、1＋1＋1……というようにはなっていかない。哲学的に言うと、2というのは双数という概念でそれは3以上の数字とも違う。ほかのいずれにも還元されないポジションを持っています。

社会学というのは集団を対象にする学問です。つまり3以上しか対象にしないんです。対である2は基本的にユニットとして閉じるので、三番目を呼びこまない。論理的にそういうことになっている。

わたしの「官・民・協・私」のなかでは、「協」は3以上の集団を指します。ですから、「協」は明らかに3以上の開かれた関係性を指し示しています。「官・民・協」では、それぞれ、「官」が共同幻想。「民」は市場で、これは個人がプレーするゲームの場ですから、自己幻想。それはその対応関係でいいとして、「協」が対幻想、つまり二者関係にあたるというのは、いまのわたしの説明ですと、ちょっとちがっていますね。対幻想はむしろ「私」、「私」領域は家族であって個人ではありません。

小熊　なぜ一九八二年から二〇一一年のあいだに、そういうふうに変わっていったのかも、これからフォローしたいと思っています。

上野　はい（笑）。

小熊　最初に確認です。上野さんは吉本さんの対幻想論が、性愛というものが考えるにたる思想的課題であるとしている点に惹かれた。同時代の知識人の男たちが、それを無視しているということに納得いかなかった。そこで私が注目するのは、上野対幻想論の特徴として、個人（自己幻想）と国家（共同幻想）、あるいは個人と共同体——上野さんの場合は国家と共同体をほとんど同じものとして当時使っていらっしゃるようなので——という二項に対して、対幻想はそれを乗り越える視点を与えるものだという位置づけをかなり強く打ち出されている点です。それと対照的に、「個人と国家」という対立の枠のなかで、保守ナショナリストに転向していく元革新的な男が多いので非常にいらだっていた、ということも書かれていましたね。

上野　はい、おっしゃるとおりです。

小熊　それを突破するものとして、対幻想というものを重視なさった。つまり個人対国家、個人対共同体という二項対立を打ち破るものとしてイメージなさっておられたということがうかがえるわけです。それは間違いないですか。

上野　はい。もしかするとあなたにわたしの過去の個人史的な経験を訊かれるのではないかといくらか身構えてまいりました。それは訊かれても答えることも、答えないこともあるとしか言えないのですが……。

性愛が、思想の課題として考えるに値するというときに、当時、何に葛藤してきたかというと、自分が女であるということが一番大きい課題だったわけです。それは、当時のリブの女たちにとっても共通していました。恋愛というのは、女が女であるということを思い知らされる「つがい」のゲームの場ですから、そこで女であることと格闘しないではいられないわけですね。わたしは、恋愛のなかで男が男であることと格闘しないでいられるということが理解できません。男が男であるということと格闘しないでいられるような恋愛とはいったい何か、ということを逆に考えます。

恋愛というのは対関係というゲームの場、しかも死闘ですね。殺し合いに近い死闘です。そのなかで女が女であるということがゲームの賭け金としてかかっているときに、もう一方で男が男であるとはどういうことかということが、賭け金としてかかっているはずです。相手にそれぞれのジェンダーが賭け金としてかかっているということを対等に思い知らせるような場といえば、当時の女には恋愛しかなかった。そう思うと、近代一〇〇年の歴史のなかで、恋愛が一つの思想として、「青鞜」の女たちを含めて、女にとってどうしてあれほど重要な課題だったかということが分かってきます。

吉本さんはせっかく思想の課題として提示しながら、あとになって「恋愛というものは考えたり論じるものではなく、するものだ」とわたしの眼からは後退するような発言をしました。対幻想論のなかで引用した小林秀雄の文章があります。そのなかに、恋愛の中で「女は自分に人間であれというのではなく、男であれと要求する。この要求に自分はどきりとする」と書いています。「どきりとする」くらいの感性があれば上等ですが、その恋愛というゲームの場を離れたら、個人にしろ国家にしろ、ジェンダー的にニュートラルな個人に還元されていく道しか残されていなかったわけです。

いまでは、個人もジェンダー化されており、共同体や国家もジェンダー化されているということは、ジェンダー研究のこの四〇年間の蓄積のおかげで、十分にわかるようになりました。けれども当時は、そういう思想への道筋がありませんでした。そうなれば、ジェンダーを考えるときのたった一つのアゴーン、知的な闘争の場は対幻想、もしくは性愛という思想的な課題だった。ということまでは言えると思います。

小熊　上野さんが「対幻想論」を発表されたのは八二年ですが、じつはそれ以前の七五年の「構造主義の認識論」でも、似たような問題意識が感じられます。そこでは、主客未分化の共同体の状態でもなく、まったく主客分離してしまった個人の状態でもなく、相互の脱中心化が私の目指すところである、というふうに述べておられますね。

上野　そうですね。そういうふうに指摘されれば、「対幻想」以前からの三つ子の魂だったとはご指摘の通りだと思います。「脱中心化」という概念をわたしが手に入れたのは、ピアジェの発達心理学からです。

小熊　その時点では、ご自身の表現手段としてピアジェを流用したわけですが、その後は流用の対象として吉本さんの対幻想論に移る。とはいえ、個人にも共同体にも回収されない状態をめざすという発想形態が共通している。そこでおもしろいのは、あとで質問もしますが、上野さんの場合は、国家と共同体をほとんどイコールに論じることが多く、そこに回収されない関係というものを求める。

上野　コミュニティ（共同性）というかコモナリティ（共通性）に対する嫌悪からですね。

小熊　『サヨナラ、学校化社会』（太郎次郎社、二〇〇三年）には、ドロドロの人間塊に飲み込まれる恐怖から必死で逃げ惑う上野さんのイラストが描かれていましたが、あれはなかなか象徴的です。上野さんはケアの担い手として地域社会とかに言及する場合でも、あくまでもコミュニティと言わず、アソシエーションとおっしゃる。それは上野さんケア論の概念でいえば、「地縁・血縁・社とですね。

上野　その点では、おっしゃるとおり三つ子の魂だと言っていいと思います。

小熊　しかし一方で、上野さんは、自分ひとりでいるという状態には飽き足らない。

上野　はい。自分ひとりというのは、自閉的な独我論の世界ですから。だいたい、自分というのは付き合っていくと退屈なものです。自我とは嗜癖するか退屈するか、そのどちらかですね。

小熊　ここも確かめておきたい点ですが、上野さんは、「固有のわたし」ということに非常にこだわる方でもありますね。まあ「脱アイデンティティ」が言われる時代になると、その言い方はあまりにもナイーヴだとお弟子さんにもいわれて、私のいう「わたし」は関係性の束としての「わたし」だ、といったようなマルクス的なことをおっしゃるわけですけれども、それでも関係性の一回性という意味で「わたし」の固有性はあるとして、あくまでこだわっている。

『ミッドナイト・コール』（朝日新聞社、一九九〇年）のエッセイを見てみますと、イギリスの図書館の誰もいないようなところで、ビクトリア朝の性に関する本、もう一〇〇年以上誰も読まなかったろうし、今後も誰も読まないだろうというような本を読んでいると、たった一人で優雅な孤独を楽しんでいることに至福の時間を感じるとおっしゃっていますね。

上野　至福というより快楽ですね。

小熊　そういう「おひとりさま」的なことが大変お好きでいらっしゃいますよね。カナダの海辺で一人で缶ビールを飲むとか。

上野　はい。

小熊　また、個人的な趣味を云々して恐縮ですが、結構な趣味人でいらっしゃる。車とか住宅とか旅行とか服装とか、そういったことに対して、なかなかいまとなっては懐かしい日本の中産階級的な趣味をお持ちですよね。

上野　おっしゃるとおりです（笑）。

小熊　そういう、放っておけば閉じこもって文学少女になるような人が、やはり人に開かれていかなければならないというベクトルを、一方でお持ちになっている。しかし共同体的なものに取り込まれてしまうのは、とくにそのなかで「私が私であることを奪われる」のは、とんでもない。では、そうではない関係のありかたはなにか。この問いが、上野さんの思想的な核だと思います。

そこで上野さんの「対幻想論」のなかで、私がおもしろいなと思ったのは、性というのは閉鎖しがちな自己というものが社会に向かって開かれていく唯一最大の通路であるとおっしゃっている点です。

上野　なぜならば、自分ひとりで充足できないたった一つの欲望だからです。食欲、睡眠欲など、他の欲望に比べればね。

小熊　だからこそ、コミュニケーション・スキルも磨かなければならない。それができない男はマスターベーションをしながら死んでくれ、という言い方もでてくるわけですね。

上野　そうです。人間の基本的な欲望のなかで、食欲、睡眠欲は自分ひとりで満たせて、しかも満たさないと生きていけない欲望ですが、性欲だけは自分ひとりでは満たせず、ただし満たさなくても死にませんから（笑）。

小熊　まあ、年を取ったらまた事情は変わってくるのでしょうけれども、少なくとも若いうちは、富も足りていて一人で小説でも読んでいたほうが気持ちがいいと思っている人間にとって、関係にむかって開かれる必然性があるのは性だということになってきます。

上野　本人にもそうと自覚できない、他者に向かう衝動のもとになるほぼ唯一の欲望ではないでしょうか。

小熊　それを「ほぼ唯一」と言い切るのも、上野さんらしいですね。とにかくそういうものが、上野さんにとっての「性」だったわけです。ほかの人が考える「性」とは、かなり違うのかもしれないけれども。

上野　そうかもしれません。もちろん、性というものをいま少し広義に考えるようになったら、他者によって充足される必要のない性欲も十分にありうるということがわかりましたから、それはそれであっていい。それでも、とことん自家中毒状態で自分に嗜癖したあとに、自分というのはなんて退屈なものだろうと思ったから、ということはあるかもしれません。わたしが文学や哲学に向かわなかったのはたぶんそのせいでしょうね。

小熊　それはあるでしょうね。俳句はある時期でおやめになったわけですし。ちょうど「対幻想論」を発表したころですか。

女と男が唯一対等になる場としての恋愛——六〇年代から七〇年代

小熊　そこでどうしても、上野さんの個人史的な話に、若干踏み込まざるを得ないのです。けれども、あえて告白をしていただく必要はありません。

上野さんは『上野千鶴子に挑む』のお弟子さんへのリプライで、私の体験や記憶を知りたいのであれば私の本を読め、私の書いてきたものに自分の体験は凝縮されている、それを読み取れないなら読者の責任だ、とおっしゃっている。ですので、私は上野さんが書かれた断片から、考えてみました。それをこれからお話しますが、私はよけいな推察は入れません。ただ、こういうことを書いていらっしゃいますね、ということを申し上げます。

まず九六年に、加納実紀代さんが編者になられた『女たちの「銃後」』のシリーズ最後の巻として、『全共闘からリブへ』(インパクト出版会、一九九六年)が出ました。そこでいろんな方が、全共闘運動期の体験記を書いているわけですけれども、そのなかで短い文章を上野さんが寄せている。基本的には「語りたくない」という趣旨なのですが、そこで、私が時代から学んだのは「一人になること」である、と書かれていますね。

そして二〇〇七年のインタビューでは、「あの時代」に「男と殺し合いすれすれの恋愛をしていました」とおっしゃっておられます(「どう生きたか、その評価を他人に委ねてはいけない」、『婦人公論』二〇〇七年一一月七日号)。

上野　懐かしいですね。そういうこともありましたね。

小熊　鶴見俊輔さんとの座談では、六七年の一〇月の第一次羽田事件で、上野さんの同期生でもある京大生が亡くなって、追悼のデモに行ったのが、自分がはじめて参加したデモでしたと述べている（『戦争が遺したもの』新曜社、二〇〇三年）。その後、全共闘運動にどう関わったのかは、あまり明言されておられませんが、加納実紀代さんとの対談では、自分が石を投げても機動隊に届かない、女であることは兵士としては二流であるということを痛切に感じたと、いうことも述べておられます（「フェミニズムと暴力」、『リブという革命』インパクト出版会、二〇〇三年所収）。

また『上野千鶴子に挑む』のリプライでは、北村透谷についても論じてらっしゃいます。上野さんには北村論も別個にありますが、そこでは、「実世界の敗軍の将」つまり敗れた男、負けた男が最後のよりどころにするのが恋愛であると位置づけておられます。そして明治以降の近代化のなかで、恋愛という観念をやってみたいという「新しい男」たちがまず出てきて、それに呼応するかたちで「わたしが新しい女です」というものが出てきたのだ、ということをおっしゃっています。

上野さんの生きた時代というのは、日本社会のトレンドとして、見合い結婚から恋愛結婚へと移り変わっていく過程の時期でもあった。全共闘運動期には、それが「革命カップル」というかたちで、社会変革にめざめた男性と女性の組合せがいいのだ、と言われたこともありました。全共闘運動の後退期において、敗北感を持った男性と女性が救いを求めて恋愛関係になるということもよくあった、とも言われてはいます。ここまではよろしいですね。

上野　はい。

小熊　全共闘運動当時は、全共闘やセクトのリーダー、あるいはリーダー格の男性がもてたといいます。そして「あの時代」の運動では、女性はほとんど下位であった。そういう位階関係のなかで、リーダーが恋愛の場においても女性を従えるということが大変多かったといいます。

上野　もちろん、ありますよ。女はどんな分野でもヒーローが好きですから。

小熊　そのリーダー格が、「敗軍の将」になるという場合もありえた。

上野　敗軍の将になったら、男を自分の支配下におけるから、女にとってこんなにいいことはないでしょうね。

小熊　そうでしょうね。さらに上野さんは『サヨナラ、学校化社会』では、全共闘運動のヒーローだった高橋和巳の妻、高橋たか子の回想記を「恥ずかしい、おぞましい」ものとして言及しています。高橋たか子は「能力と女性性」を兼ね備えたプライドの高い女性でしたが、夫がどんなに横暴であっても、「天才だから」として許し、夫のために働いて生活を支え、家事をひきうけ、ひたすら献身していた。それは「天才と思える男を自分が選んだというプライド、自分が天才にふさわしい女だというプライド」からだと上野さんは言います。しかしやがて、現実の男はそんな幻想を托せるに足るものでもなければ、托されても耐えられないことに気づく。

だがさきほどおっしゃったように、男というのは恋愛の場で、自分を変えようとしない、自分の存在を賭けたり自分のジェンダーと格闘したりはしないという。一方、女の側は必死に自分という存在を賭けて、問い迫ろうとする。

さきほど引用された小林秀雄の言葉でも、女の側は要求するが、それに対して男は応じないという部分に上野さんは反応した。『上野千鶴子に挑む』では、平塚らいてうを論じていますが、平塚が森田草平と心中未遂事件を起こした時に、「自己のシステムを全うせんがため」にこの心中をやるという「遺書」を書いていたことを重視する。ところが女の側はここまで迫ったが、男の側はそれはかなわないとして、その闘争の場から逃げたわけです。つまり、求めに応じて「新しい女」になってみたら、「新しい男」のほうはそれほどのものではなかったことがはっきりしたのが、近代日本の教訓であるとおっしゃっていますね。

上野　いまおっしゃったことの半分以上は、わたしが発見したというより、過去四〇年間における日本のジェンダー研究の厚みがもたらした発見ですね。たとえば、「新しい女」より「新しい男」が先に登場したということは、近代日本文学史を対象に女性の研究者たちが論じてきたことですし。

小熊　そうですね。ただ、そういう研究がいろいろあるなかで、どれのどういう部分に上野さんが反応したか、が興味深いわけです。

さらに「対幻想論」ですが、そこでは、愛あるいは性というものは、女性にとって男を対等の場に引きずりおろす唯一の場であった、とされている。なかなか対等の場に降りてこない、あるいは敗軍の将として実社会から負けて帰ってきて「慰安」だけを求める男に対して、対等になれるのは恋愛の場での闘争しかない、という言い方をなさっているわけです。そういう文脈で、上野さんの言い方では、「わけのわからない『天然ちゃん』」の文学少女であった平塚らいてうが、大先輩格の森田草平を相手に、対等の関係ではありえない関係なのにもかかわらず、恋愛という場においては対等になることを強引に迫ったことに注目される。

上野　男をコーナー際に追い詰めたわけですね。

小熊　心中寸前まで追い詰める。しかし、森田草平は逃げた。

上野　不甲斐なくも、ね（笑）。

小熊　平塚とおなじところで、近松門左衛門の心中物に言及されています。江戸時代においても――ここでめずらしくも上野さんは禁を犯して、恋愛概念を江戸時代まで広げようとなさっていますが――、女性たちにとって恋愛というのは男と対等になれる唯一の場であったという。心中物というのも、最後に男を追い詰める対等の場での女の戦いを描いたものと読み解けるのであると。富岡多恵子さんの読みを引用しながら、これまで義理人情にしばられて心中にいたらざるをえなかった遊女というかたちで描かれているものをあえて逆転されて、女が能動性を発揮して大商店の若旦那を強引に引きずり降ろして、心中の場にまで追い込んでいくというストーリーとして近松の心中物を読む。

上野　それだってわたしの発見ではなく、富岡さんの読みですよ。目の覚めるような読みでしたね。遊女という社会の最底辺にある女を、男の道連れという犠牲者ではなくて心中の主体に持ち上げて、むしろ男を強引に道連れにしたという読み替えですから。

小熊　さらに上野さんは、「男の言葉」を獲得する、男社会の言葉を獲得して、敵の武器を奪って闘う、とよくおっしゃいます。外国語を習得するようなものだという言い方もなさいますが、社会科学の言葉であるとかマルクス主義の言葉なんかもそうだと思いますし、「あの時代」では学生運動をしていれば、革命用語を無理やり覚えていくということはあったと思います。

富岡さんの近松の心中物の分析で、上野さんが注目なさっている点の一つは、こうした言葉についてです。この話について、義理や人情にとらわれてお初は死んでいくという読まれ方がされている。しかし実は、義理や人情などというものは、お初が能動性を発揮して相手を対等の場に引きずり降ろし、コーナー際に追い詰め、心中に持ち込むために、同時代の男社会の言葉を利用しただけなのであると。

上野　目の覚めるような読みですね（笑）。

小熊　はい。つまり、コーナー際に追い詰めるときに、同時代の男の言葉を使うという読みに共感を示された。そして加納さんとの対談その他でおっしゃっていることですが、連合赤軍事件があったときに、「私もやったかもしれない」と感じられた。

そして、総体として「あの時代」に学んだことは、「一人になること」であったというわけです。そうして「ひとり」になったあと、同輩や年上の女性たちが話を聞いてくれたり、互いの経験を語りあったことを貴重な体験として記している。そして自分もいまの若い学生が泣きながら失恋話をするときに抱き取ってあげる、かつて年上の女性の友人たちがそうしてくれたように、と書いておられます（『ミッドナイト・コール』）。そして先ほども触れたように、かつて革命を語っていた同世代の男が、保守ナショナリストに転向していったことを許せないという。

上野　それで終わりですか？

小熊　終わりです。ありがとうございました（笑）。

上野　たくさんのことをおっしゃったので、何からお答えしたらいいでしょうか。共同幻想、個人幻想、対幻想という三つの――どれもルールがあるのでゲームにはちがいないのですが――ゲームの場のなかでは、女が男と対等なプレーヤーになれる場が対幻想だけだったというのは歴史的にもほぼ当時の現実だったと思います。

小熊　そうですね。それが当時の「歴史的な現象」だったということについては、後でもふれたいと思っています。

上野　その恋愛には圧倒的にジェンダー非対称があって、恋愛というゲームに対する資源の投資が男と女ではまったく違うわけですね。女のコミットメントに釣り合うだけのコミットメントを男はしない。同じだけのコミットメントを要求すると、相手にも痛みを強いる程度の要求になりますが、そういうゲームを命がけでやろうとしている人たちがいたわけですね。

「敗軍の将」ということをおっしゃいましたけれども、あの当時、女より恋愛より革命が大事だ、と言っていたはずの男たちが、戦線を撤退して巣作りに戻ってきたわけですよ。それを迎えいれて、敗軍の将に慰めを提供する役割をやって、愛の巣を作っていった女たちも、たくさんいます。

小熊　「対幻想論」では、「政治と性は両立しない」とおっしゃっておられますね。

上野　そうですね。でも、そのときにリブの女たちがやったことというのは、そうやって戻ってきた男たちが性愛の場で慰めと安らぎを求めようとしたとき、とんでもないという反応をしたわけです。日常こそが男女の争闘の場だったわけですから。彼らがつがいになっていくための最大のきっかけは、これも歴史的に言えばたいへんお恥ずかしいことながら、失敗した妊娠でした（笑）。みんな避妊がヘタでしたから。子どもが生まれることを最大のきっかけとして、巣作りになだれこんだ。

子育てというのは日々が絶えざる葛藤そのものですから、日常のなかで男を対等なパートナーとして引きずりこんでいくことをやってきた女たちがいました。そういう闘いをやってきた女たちのその後は、それから四〇年以上経ったわけで、対関係をキャンセルした人もいれば、組みなおした人もいればと、いろいろです。日常というものが決して安らぎを求めて帰還する場所ではなくて、それが新しい闘いの場であったということは、当時やはりリブの女たちがきちんとやったことだったと思います。

小熊　つまり、それが語るに値する、論ずるに値するテーマだということを痛切に感じていたということですね。

上野　そうです。

小熊　それをやらなければいけないということと、「私」というものと「社会」というものとの関係、あるいは他者との関係というものを考えることの重要性ということが、結びついたということでしょうか？

上野　個人から集団へ、そのままなだれ込んでいく共同性への道も男にとってはあるかもしれませんが、独我論的な自我が社会に開かれていく最初のきっかけは、まずつがいになり、子どもを産み育てるというあり方だと思いますから、女にとっては自然な経路だとわたしは思います。

小熊さんが書いた『１９６８』(新曜社、二〇〇九年)、わたしはあなたの書いたものはほとんど完読しているのですが、実はこれだけは完読しておりません。途中で挫折しました(笑)。一番精読したのは最終章のリブについて書かれたところです。田中美津さんがたいへんお怒りになったとおり、あなたの理解は十分に届いていないと思いました。自分がよくわからないこと、自分がよく理解できないことについてはお書きにならないほうがよい、とまでわたしは思いましたが。あのなかにわたしの引用がたくさん出てきます。あなたがほかの女性の書き手よりもわたしが書いたものをたぶんより多く読んでいるということの効果にすぎないだろうと思いますが、「上野は……」という引用が何か所もあるものですから、そうか、あの時代については語るまい、といっておきながらこんなにも語っていたのかと自分でもびっくりしたくらいです。

あの当時「連帯を求めて、孤立を恐れず」というスローガンがありましたけれど、連帯の内実がなんだったのかというと、集団が持っている共同性の圧力が非常に大きかったですね。あなたは先ほど、女は二流の兵士だとわたしが感じたとおっしゃいましたが、感じただけではない、事実でした。あの当時の党派は、はっきり「女はオルグ（組織）しない、なぜなら戦力にならないから」と公言していました。女は、せいぜい「救対（救援対策）の天使」か、もしくは「公衆便所（性欲処理対象）」ですから。あとはせいぜいが、「おむすび部隊（食事当番）」とか（笑）。どんなに理想主義を掲げたところでも、集団の同調圧力が作用しはじめたら、それが向かう方向が右だろうが左だろうがあまり変わらない。そういう気持ちを強くしましたね。

ですから、わたしが連合赤軍のキャンプにいたかどうかは、蓋然性は非常に低いですけれども、田中美津が「永田洋子は私だ」とあえて挑発的に言ったと同じように、紙一重の差だという感じはありました。その感じは、わたしのみならず、あの世代のあの闘争を多少なりとも経験した人には、分かち持たれていた感覚だと思います。だからこそわたしたちの世代の「連合赤軍事件トラウマ」

は非常に大きい。それを過大評価するか過小評価するかは別の問題ですが。来年ちょうど連赤四〇周年ですね。

小熊 お答えいただいたので聞くのが不要になりましたが、上野さんの国家や共同体への嫌悪、国家ないし共同体のイメージ、つまり強制性・排他性・運命性・包括性を持って迫ってくる存在というイメージは、その運動経験から育まれているものがありますか？

上野 それ以前からなかったわけではありませんが、運動経験によって強化されました。

小熊 それは、よい国家も悪い国家もない、よい民族主義も悪い民族主義もない、よい戦争も悪い戦争もないようにそれはすべて悪い、という上野さんの視点を強化したと。

上野 「国体」であっても「革命」であってもなんでもいいわけですが、なにか絶対不可侵のシンボル的な規範があるときに、その同調圧力から逃れるってことは非常に難しいですね。本来ならば、自分で選択して入ったはずの集団だから、論理的にはアソシエーションと呼ばれるべきはずのものなのに、結果的にはコモナリティ——つまり共通性ですが、共同性とも訳されています——のほうを強調して、そのことによって踏絵を踏ませるような集団に必ず転化していく。それは、日本共産党が戦前からずっとやってきたことで、そのなかには粛清もあれば、除名もあれば、処分もあります。それを避けえた集団のありかたは、非常に考えにくい、あるいは難しい。ありうるとは思いますが。

『思想の科学』五〇年の発刊記念集会があったときに、鶴見俊輔さんが「わたしがここでやってきたことの最大の成果は、ただのひとりの除名者も出さなかったことだ」という一言を挨拶でおっしゃったことを思い出しました。稀有なことだと思います。

小熊　そういう感覚も、「歴史的」なものだったのではないかという疑問もあとで提起しますが、そういう感覚ゆえに、上野さんはケアの問題を論じても、「選択縁」というのを非常に重視される。

上野　そうですね。

小熊　九〇年代から二〇〇〇年代にかけても、いわゆる「従軍慰安婦」をめぐる歴史認識論争のなかで、上野さんは韓国／朝鮮ナショナリズムを評価なさらなかった。つまり、よいナショナリズムなどというものはないと。

上野　なぜならば、ナショナルな共同体には「非国民」というカテゴリーがあるからです。

小熊　その点はまたあとで話し合いましょう。

そうした体験から、違う関係のありかたというものを考えたかった。具体的には、恋愛と性というものを突破口にしてみたかった。それが上野さんの原点になっているかなと思います。

上野　補足していうと、対幻想だけが差異をもとにつながる絆なわけですね。共同幻想は共通性をもとにつながる絆ですから。

小熊　そのことは、たいへん強調なさっておられますね。だから、同性愛は同質性にもとづいてつながるものだからということで、「差別」するという言い方を「対幻想論」ではなさった。

上野　そのときはしました。そのあとで大変なバッシングを受けましたが。

小熊　上野さんのなかの論理としては、そういうものだったということは分かります。

さっきは少し威力偵察的な質問をしたんですが、もしかしたら「敗軍の将」をなにか革命的な言葉で追い詰めて、粛清寸前にまで追い込んだ経験がおありになったのではないかと思ったのですが。

上野　ご想像におまかせします（笑）。

小熊　あるいは心中のコーナー際まで追い詰めたとか？

上野　それもお答えしないでおきましょう。

上野社会学のキーワードである「ニーズ」——消費社会論と社会福祉論

小熊　さて、根本思想と原体験にあたる部分はおうかがいしました。うかがっているかぎり、私が考えていたのと、そんなに大きくはずれていなかったと思います。次にそれがどう変遷していったのか、というところに移っていきたいと思います。

それが七〇年代、八〇年代、九〇年代、二〇〇〇年代、いまだと二〇一〇年代ですけれども、どういうふうに移り変わっていったのかということをお聞きしながら、上野さんの社会学なり学問的な営為がどのように変わってきたのか、そしてそれを通して時代というものを見ていきたいと思います。

七〇年代から八〇年代初頭の上野さんは、理論的には構造主義をふまえて、王権や共同体を論じていた。これは共同幻想論からの影響もあって、共同性みたいなものがどのようにして形づくられてきて、悪いものに転化していくのかということを見たかったということがあると思います。

ところがそのなかで、人類学のなかでもポランニーから影響をうけて、「互酬の領域」という、ようするに市場にも国家に回収されない関係の領域というものがあるんだということも同時に注目なさっている。

上野 なるほどね。そういえば、つながっていますね。

小熊 だから、ポランニーの紹介者である、栗本慎一郎さんの紹介つきで、カッパ・ブックスの『セクシイ・ギャルの大研究』（光文社カッパブックス、一九八二年／岩波現代文庫、二〇〇九年）を書いてデビューなさった。

上野 最近の『ケアの社会学』でも、ポランニーの「互酬性」をふたたび取り上げています。

小熊 ええ。あれを読んで、もう本当に三つ子の魂百までだと思いました。

上野 ポランニーの影響は大きいですね。もちろん、マルクスも読んでいましたけれど。やはり国家でもない個人でもない、どちらでもない互酬性の領域というものに、非常に早い時期から注目していたということなんでしょうね。

小熊 それを当時は構造主義の枠組みでやっておられた。

上野 そうですね。交換理論の枠組の中です。再分配ではなく交換です。

小熊 八二年の「国家という分配ゲーム」では、国家を再分配の強制装置としてとらえていますね。それと並行して、交換の領域の問題を突きつめ、そこから消費社会論に入っていく。あそこで、「差異でつながる」という形での消費社会論を組み立てていくという部分があったと思うのですが。いかがですか。

上野 消費社会論における差異とは、なんのことをさしておられますか。

小熊　そこでの差異の論じ方はそこまで肯定的ではないのでしょうか。要するに、差異があるからこそつながるといった意味のことをおっしゃっている。

上野　消費社会論には、別なルートから入ったと思います。市場交換のひとつのありかたとしての消費社会ではなくて、わたしは記号論としての消費社会論から入りました。記号としての商品ということから入りましたから、交換理論から消費社会理論に直接いったわけではありません。

小熊　なるほど。ただそこで注目したいのは、のちに上野社会学の大きな基本タームに、「ニーズ」というものがあります。これはそもそもマーケティング用語でもあるわけですけれども。

上野　もとはそうですね。

小熊　上野さんは当時マーケティングのお仕事もなさっていて、そこから「ニーズ」という言葉を重視するようになり、消費社会論を組み立てるうえでの相乗効果の部分もあったと思います。消費社会の問題を論じておられた八〇年代半ばから後半にかけては、広告会社からたくさんお声がかかったでしょうね。

上野　けっこう、遊ばせていただきました。わたしが消費社会論をやっていたのが、バブルのまっ最中でしたから。

小熊　あのころはもう信じがたい時代で、私も当時は編集者をやっていましたけれども、当時のちょっと名の売れた若手の研究者や評論家たちが、消費社会と情報とかいった研究会をやると、月一回研究会をやるだけで、スポンサー企業が各自に毎月二〇万円ずつくれるみたいな、わけのわからない世界でしたからね（笑）。

上野　そういう時代でした。消費社会という言葉さえついていれば、好きなことをやらせてもらえました。

小熊　話がもどりますが、消費社会論と並行して「ニーズ」という言葉をお使いになって、それは上野さんの大きな基本になったと思います。

ただ「ニーズ」という言葉を、上野さんはかなり独自の使い方をなさっていると思うのです。上野さんはこういう意味で使っているんじゃないかな、という解釈をいうと、ある状況のなかで、とりわけあるコモナリティのなかで私が私であることを奪われている人――女性であったり障害者であったりする人――がなにかの叫びをあげて他者を求めるとき、それを「ニーズ」と呼ぶ。そして、その「ニーズ」をくみ取って応答（response）した者が、それに応えた存在になる。たとえばフェミニストになり、活動家になる。上野さんが「ひとり」になったときも、「ニーズ」に応えてくれた女性たちがいたわけですね。こういう使い方をかなりなさっているように思いますが。

上野　「ニーズ」の概念には、理論的に複数の系譜があります。ひとつは、たしかに消費社会論のなかにありますが――消費者ニーズという言い方があります――経済学のなかでは「ニーズ」と「ディマンド」を区別しています。市場に登場するのは「ニーズ」ではなく「ディマンド」なんです。市場メカニズムはニーズでなく、ディマンドとサプライとで決まります。

「ディマンド」と「サプライ」は対になっており、「ディマンド」とは購買力に裏付けられた「ニーズ」と定義されています。ですから、「ニーズ」のなかで購買力をともなわないものは「ディマンド」にならないので、市場に登場しないんです。

それとはべつに「ニーズ」の系譜には社会福祉学があります。わたしは福祉学におけるニーズ概念にあとから出会いました。わたしは、高齢者問題を扱うまではほぼ社会福祉学とは無縁でしたから。まったくのどしろうととして福祉の勉強をはじめて、びっくり仰天したのが、この業界では「ニーズ」と「ディマンド」は経済学とはまったく異なった使われ方がされているということです。社会福祉の世界では「ニーズ」とは福祉の対象者たちの必要のこと、「ディマンド」というのはそれを超えた要求という意味に使われていて、「ニーズ」と「ディマンド」の概念がまったく異なるものであることがわかりました。例えば、ニーズには答えなければならないが、ディマンドには応じる必要がない、というように。

もし、あなたがいまわたしの「ニーズ」という概念を八〇年代の消費社会論にさかのぼって使っておられるとしたら、その当時、わたしは消費社会論の「ニーズ」概念をそのまま転用しているだけでしたから、近著の『ケアの社会学』のなかで使っている「ニーズ」概念とは違います。あの当時の消費社会論、とりわけ横並び大衆消費社会論のなかでは「ニーズ」には根拠がない、というのが一つのキーだったんです。消費者がいかなる「ニーズ」を持つか予測もできず、コントロールもできないと考えられていたからです。逆にだからこそ、消費社会論がたいへん大きな「ニーズ」を持ったというアイロニーがあります。

いまわたしが『ケアの社会学』で使っている「ニーズ」概念は社会福祉学の系譜のなかに出てきた「ニーズ」概念を再検討して、再定義して使ったものです。影響を受けたのはアマルティア・センの厚生経済学です。センによればニーズには根拠がある、つまり、社会のなかで他の人よりも資源や機会集合に恵まれない人々、本人のせいではなくて、社会的な諸条件のためにそういった潜在能力における欠乏を抱えこまされた人びとが持つ必要を「ニーズ」と呼び、それは主観的にも客観的にも判定可能な何ものかであるという意味で使っていますので、消費社会論のニーズとだいぶかけ離れています。そこは混同しないでください。

小熊　わかりました。ただ単に、最初に「ニーズ」という言葉を上野さんが意識したのが、八〇年代の消費社会文化のなかでのことだったのではないか、と思っただけで、消費社会論一般とは違った、独自の使い方をなさっていることはもちろんです。それを上野さんは、社会福祉学などの学問的系譜から説明なさる。しかし私の印象では、誰しもそうなのですが、人の学説の影響を受けて変わる部分というのは、自分が受け入れてもいい部分です。

上野　もちろん。

小熊　上野さんの場合は、特にそういう傾向は人並み劣らずお持ちだと思います。だから元から素地があって、適合的な部分を受け入れたんだと思います。

上野　おっしゃるとおりです。

あなたのような優れた聞き手を得ますと、お答えしているうちにわたしのなかに新しい発見が生まれますので、忘れないうちに補足させてください。人は「ニーズ」を抱えたときに必ず要求の主体になるかどうかという話です。わたしがジェンダー研究で最初に手掛けたのが主婦研究です。主婦は疎外されている、主婦は物質的に搾取されている、主婦はその労働を不払い労働として領有されている、こういう命題を立てたわけです。そこにあるのはマルクスの疎外論の残響でした。疎外されているのに満足しているのは虚偽意識だ、と。これはマルクスがキライな人たちから叩かれました。主婦自身が幸せだと感じているときに、他人が搾取だとか領有だとか言うのは大きなお世話だ、と。わたしは、二つの側から批判を受けました。一つはマルクス疎外論が大キライな人たち、つまり、本人が自覚していないものを、第三者が搾取されているというのは要するに外部注入論であって大きなお世話だという保守的な論者からの批判。もう一つはフェミニズムの中からの批判で、女性が自覚していない搾取を外から教えてあげるというのは、女性のエージェンシーを否定する議論だと。

小熊　当時、エージェンシーという言葉はないと思いますけれども。

上野　「主体性」という言い方をしましたね。当時の主婦の生活満足度は高かったですから、本人たちが満足だといって主婦をおりようと思っていないのに、それを搾取されているというのは上から目線の大きなお世話だということですね。

この批判に何らかの答を出さなければいけないと思っていたのですが、今度の『ケアの社会学』では、それと明示的には書きませんでしたけれども、センの厚生経済学の潜在能力（ケイパビリティ）アプローチというのに出会いました。あなたがおっしゃるように、自分のなかにあらかじめ許容するものがあるからそこに響いた概念をわたしが採用したということになると思いますけれども、センによると「ニーズ」というものは主観的にも定義されかつ客観的にも定義されうる。そう考えれば、主観的に本人がそう思っていない場合でも、客観的にその人が潜在能力が低いというふうに言うことができる。

それをセンは、インドの貧しい現実を見て、たとえばちゃんとした雨露をしのげる家に住みたいとは、本人たちがそもそも路上生活者だったら思わない。手に入らないものは望まない。彼は市場経済学者の選好理論に対抗したわけですが、自覚的なディマンドだけで「ニーズ」を説明するのは間違っていると、はっきり言ったわけですね。その点では、疎外論という評判の悪い理論を使わなくても、主観的かつ客観的な両方のファクターを含みこんだものとして「ニーズ」を再定義できる。そこはそういうふうには書いてありませんが、「やった」と思った、一つの到達点でしたね。あなたがおっしゃったとおり、わたしがそこにたどりついたのはなるほどそういうことだったのだな、という自分の自己発見に導いてくださったご指摘でした。

小熊　八〇年代に、消費社会論をやりつつも、その時代の女性たちの意識化されない「ニーズ」のようなものを、上野さんは掘り起こしていったわけじゃないですか。おもに主婦たちにむかってですが、女性がこの状態にとどまっていて満足しているのかと。それはもちろん、消費社会に耽溺する「hanako族」を生み出すにとまってしまったところはあったかもしれないけれども、一方で社会的な活動に向かって「女縁」を作っていく動きにもつながった。つまり、個人として満足できない状態の人びとが、共同体にも国家にも回収されないつながりというものを作り出していく流れにつながった。そこがたぶん、当時一番上野さんが楽しんでいた部分かな、と思います。

上野　たしかに、そうですね。ですけれども、そのことのアイロニーは十分に分かっているつもりです。不払い労働という概念はそれを満足してやっている人にとってみれば、慮外の概念です。不払い労働は unpaid work の訳ですが、政府の公式日本語訳は「無収入労働」もしくは「無報酬労働」なんです。わたしは断固として「不払い労働」を使うんですが、理由はただ一つ。「無収入労働」と呼ぶよりも「不払い労働」と呼ぶ方がむかつく、から（笑）。

小熊　なるほど。

上野　不当感が募る、からですね。そうか、わたしがやっているこの愛の労働は実はこんなに不当な労働だったのかと。とはいえ、その人たちがそう思わなければ、余計なおせっかいをやっていることになる。家事労働に賃金を、というキャンペーンにまっさきに反発したのは主婦自身でした。そういう意味では、幸せだと思っている人たちに実はあなたたちはそうじゃないんだよ、という余計なおせっかいをやっていたと言えます。

同じようなことはDVにもセクハラにもありました。痴話げんかを暴力と呼んだり、職場の潤滑油と言われているやりとりに目くじらを立てるのか、とか。女性からも反発がありました。『「女縁」が世の中を変える』（日本経済新聞社）という本になった研究を一九八八年にやったときに、主婦の世界に入り込みました。女縁をもっとも活発にやっていたのは働く女ではなく主婦だったからです。働いている女性は、へとへとでそんなことやってるヒマなんかなかったからです。

小熊　いわゆる「活動専業・主婦」というやつですね。専業主婦をやりながら、社会活動を活発にするという。

上野　そうです。主婦たちはなぜへとへとにならずにいられたか、というと時間資源と貨幣資源に恵まれていたからです。この時間資源と貨幣資源は夫への依存のおかげでもたらされたものです。そのことにフェミニストたちは不快感を持っていて、主婦との間に非常に深い溝があった。わたしは「主婦の味方」と思われたせいで、当時、フェミニストたちからずいぶん批判を受けました。上野は主婦を肯定している、日本のフェミニズムの最大の問題は、しょせん主婦フェミニズムにとどまっていることであって、女性の労働権の主張がなかったことだ、と保守本流のフェミニストから叩かれました。

小熊　保守本流というのがいるんですか？

上野　いるんです、ちゃんと。経済的自立こそがフェミニズムのゴールだ、という。

小熊　それが保守本流ですか？　八〇年代はそうだったかもしれませんが、いまでは注釈が必要ですね（笑）。

上野　そうとも限りませんよ。戦後一貫して婦人運動の中心課題は労働問題ですから。

小熊　もちろん、一九五〇年代にも社会党婦人部とか共産党婦人部とか、労組の婦人部とかの活動家は数多くいました。でもそれは、「フェミニスト」とは呼ばれていなかったのではないですか？

上野　フェミニズムにもいろんな立場がありますから。

小熊　そういうことですか。

上野　いまのフェミニズムのなかでも経済的自立派は多いですよ。労働問題が核心だと。女性の経済依存のすべてがそこから発生していますから。

なにを言おうとしたかというと、わたしが当時入りこんだ主婦の世界に、自分の立場をPC的に正しくないと負い目を持っている人たちがいた。つまり、自分は母子家庭でも勤労婦人でもないのに、不満なんか抱いていいのか、自分が資源として持っている時間とお金を活用して活動なんかやっていていいのかと。主婦的状況は、別に自分で選んだわけではなし、余儀なく置かれた状況において、自分が利用可能な資源を活用することをためらう必要はなにひとつないと、わたしは彼女たちを励ましました。活動専業・主婦をあおりたてたわけです。

小熊　これもいまとなっては注釈が必要ですね。自分で選んだ自覚もないのにそういう資源がゲットできたというのは、時代がよかったのか、階級や学歴がよかったのか、あるいはその両方でしょうと、いまの八〇代以上や三〇代以下なら言うかもしれません。当時の資源ある主婦たちで、その立場を活用して活動していいのかと悩んでいた人がいた、ということも。

上野　当時は婚姻率も既婚女性の無業率も高かったですから、今のように「選べた」とは言えないでしょうね。女縁の活動にはまりこんでいく女性たちを見ていると、彼女たちがなぜそのような世界に行ったかと言えば、はっきりいってとことん夫との関係に絶望しきっていたからです。女縁活動があんなに盛んになったことの背後に、本のなかに書きましたけれども、夫の妻の行動に対する無関心・不干渉がある。これも巨大な資源でした。そういうアイロニーが日本の女性の活動のなかにはありました。経済的な依存を一方で資源としながら、夫との関係はほぼ冷却状態ですね。

小熊　フェミニズムの一部の論争のなかで、主婦こそ資本主義社会・産業社会に巻き込まれない人たちであるという主張もありましたが、あれは励ましにならなかったんですか。

上野　一九七二年の武田京子さんの「主婦こそ解放された人間像」ですね。ただし、その「解放」された女性たちの隠れた資源は、夫の無関心・不干渉。いわば、夫婦関係の破綻を代償とした自由であるというのはアイロニーでした。主婦の立場は疎外でもあり自由でもあるという両義性を持っていたわけです。それは主婦の立場が同時に選んだものでもあり、選ばされたものでもあるという両義性とも重なっています。だから疎外論か主体性論かの二者択一ではないのです。

転回――八〇年代から九〇年代

小熊　時代に伴走するということが、上野さんの特徴だと言われていますね。同時代に流行っている思想をいち早く取り入れていく。もちろん、それは決して悪いことではない。

上野　同時代の思想といわずに、同時代の現象といってください。流行の思想を追いかけたのではなく、同時進行の現象を追いかけたのです。それは、すべての社会科学者の責務ではないでしょうか?

小熊　わかりました。上野さんは、思想的な流行に乗っているようでいて、じつは日本社会の現象の流れに沿っていった。いちばん言われるのは、八〇年代後半のバブルの時期にのれたということですけれども、私が上野さんを見ていて感じるのは、同時代の女性たち、上野さんとお付き合いがあるであろう、ほぼ学歴も同じ同年輩の女性たちに伴走しているなという印象を非常に持っています。

つまり、七〇年代末から八〇年代初頭、上野さんや同世代の女性たちが二〇代から三〇代初めだったときには、対幻想、つまり恋愛と結婚で作る家族について書く。八〇年代後半には女縁、つまり対幻想に失望した専業主婦の女性たちのことを書いている。しかも専業主婦になれたというのは、当時の比較的高学歴の——もちろん短大卒も含めてですけれども——同年輩の女性たちです。そして、二〇〇〇年代になったらケアの問題。ほぼ同年輩の高学歴女性とともに歩んでいるなという感じが非常にしますが。

上野　おっしゃるとおりですね。同時代のみならず同世代、かつ同性の集団。

小熊　かつ同階級。

上野　同階級ではありますが、中産階級という意味では日本社会の多数派に属する。

小熊　そこは後で話しましょう。

上野　はい。ご指摘は正しいと思います。その点で、わたしがこの人たちを読者として持っていて、その人たちから共感を得てきたという手ごたえがあります。

小熊　まさにそうだと思います。そこで私は、上野さんにはいくつかの転回の時期があると思うんです。

つまり八〇年代いっぱいは、王権論から消費社会論へというのはグラデーションがあって、昭和天皇の死で王権論を再度やるまで走っていたわけですが、九一年、九二年あたりに転換がある。その次の転換は二〇〇〇年代に入ってからの、ケア論への転換というのがあります。それは急展開ではなくて、グラデーションはあるんですけれども、先に九一年くらいの転換についてお聞きします。

そのころから歴史や歴史認識の問題、あるいはアイデンティティの問題に移っていきますね。もちろんこれはグラデーションであって、最初は八〇年代半ばから、構造主義の関連からも学んでいた民俗学の刺激もあって、近代家族というもの、専業主婦というものを歴史的に問い直す。九〇年前後からは、江戸時代の性愛などについてもお書きになり始めた。それからドイツに一年あまり行かれて、さまざまな視点を取り入れていたときに、九一年に「従軍慰安婦」だった金学順さんのカムアウトがありました。そこで転回が決定的になっていくわけです。そして近代国家、近代家族を問い直すというかたちで九四年に『近代家族の成立と終焉』(岩波書店)を書いています。

この転回が、時代とともに転回したという感じと同時に、時代以外の要因というのも私は考えるのです。やはり一つは、金学順さんの衝撃があると思います。私が、上野さんの考える「ニーズ」というものはどういうものかと思ったのはそこからなんですけれども、ある状態のなかで「わたし」を奪われている存在が叫びをあげると、それに応答しなければならないという感情、レスポンシビリティを非常に感じてしまう、というのが上野さんのいいところだと思うのです。それが金学順さんのことで起きたのではないか。

もう一つは、年齢的な問題です。上野さんは二〇〇〇年代のケアへの転換のときに、私が老いたからだと何回もおっしゃっています。けれども私は八〇年代から上野さんの書いたものを読んでいて、この人は三〇代後半にして年をとることをすごく意識しているな、という印象を持っていました。『女遊び』(学陽書房、一九八八年)でも『ミッドナイト・コール』でも、子どもを産むのが限界の年齢ではないか、人生の選択の時期がそろそろ終わりつつある、みたいなことを盛んに述べておられますよね。岡崎京子さんが描いた、しわの寄った顔のテニス服女性のイラストを表紙にして、『40才からの老いの探検学』(三省堂、一九九〇年)といった本もお出しになっている。

かえって二〇〇〇年代よりもあの時期のほうが、年齢的な問題を強くお考えになっていたような傾向が見えなくはない。そろそろ消費社会論で踊ったり、対幻想や性愛を中心にしてやるということに限界を感じて、違う転回をとっていったのかなという気がしないでもありません。ご自身の言い方では、単純に年をとったので同時代に伴走するのに疲れて歴史に向かったという言い方もされていますが。以上述べたようなことが要因としてあったのでしょうか？

上野　そこまで分析されてしまったら、もはや付け加えることはあまりありません（笑）。追認するような発言になりますが、九〇年の『家父長制と資本制』（岩波書店）と九四年の『近代家族の成立と終焉』はほぼ八〇年代の仕事のまとめですから、その時点で終わっています。その次の段階で、九〇年代になってから歴史に向かった理由は、小熊さんがおっしゃったように三つくらいあります。

まずひとつは生理的な年齢です。男が同じように感じるかどうかはわかりませんが、女性には子どもを産める限界を示すバイオロジカルクロックというのがあるんですよ。最近は、少子化で政府が延ばしていますけれども、わたしたちのときには三〇歳を過ぎたら㊕（高年齢出産）で要注意ですからね（笑）。それを政府は三五歳に延ばしたり、四〇代でもＯＫ、五〇代でも代理出産ができる、なんてご都合主義的に言っていますが。生殖のタイムリミットはいやおうなしにきますから、自分の老いを意識せざるをえないということは、女性にはこの時期に確実にあります。それに、以前から西川祐子さんに言われていますが、わたしは「早老」のキャラだそうで、できれば女として現役の年齢を一足飛びにとばして、早くババアになりたいと思っていましたから。

小熊　文学少女にはそういう人はいますね。少女から老女に飛びたいと。

上野　二つめは、先ほど時代と伴走するとおっしゃいましたね。時代と添い寝するといってもいいですが、それには体力がいるんです。メディアと付き合ったり、おやじをおちょくったりするのは(笑)。わたしは割合と早い時期からメディア文化人をやっていましたので、同じようなメディア文化人をやっている周囲の先輩たちを注意深く見てきました。そうすると、どの人のどのような芸がいつ陳腐化するかが、よくわかるんですね。そのときに、こういうことが生身でやれるのは三〇代が限界だと思いました。

小熊 そうでしょうね。私も編集者をやっていましたから、それはよくわかります。

上野 自分の芸の賞味期限が終わった後までも、舞台から去らない人はみっともない姿をさらすだけです。その舞台は後からくる人たちが瞬く間に占めていく。次の時代を自分の時代として生きるような人びとがあとからあとから現れるので、自分が舞台から去らなければならないときは必ず来ると思っていました。それに、くたびれたこともありますが、体力がともなわなくなったのでやめました。それでわたしはドイツに行ったんです。

三つめの理由は、金学順さんの報をほかならぬドイツで聞いたということがあります。わたしがあのとき選んだのは、ドイツに行くことでした。ドイツの一年間はわたしにとって、国家ということを考えるには非常に大きかったですね。それは日本の戦後をあらためてドイツの戦後と比較せざるを得なかったからです。ドイツでも自分と同世代の人たちと接触が多かったですから、彼らはどのようにして当時の学生闘争を経験してきて中年にたどりついたのか。いま若い世代から何を突きつけられているか。そういうことを見るにつけても、やはり日本の戦後とドイツの戦後の違いを、痛切に感じざるをえませんでした。その素地があったところに金学順さんの衝撃――これが四番めですが——が、ストライクゾーンに球を受けるようにして来たということがあります。

小熊　一九七〇年代から、歴史の問い直しとか親世代の戦争責任とか、「戦後」の問い直しというのは、学生運動のテーマになっていた。それはとくに敗戦国である日本とドイツに顕著な特徴ですが、やはり上野さんが歴史へ展開するにあたって、ドイツに行ったというのは大きいだろうなと思っていました。

上野　非常に大きいです。

小熊　ちょうどベルリンの壁が崩壊して、一つの国家が崩壊する場面をごらんになった。同時にドイツにとっては、東ドイツに元ナチス有力者が数多く残っていたし、ポーランドと直接に国境を接するにようになったということは、東方歴史問題に直面せざるをえない状況を作り出した。その環境で金学順さんのカムアウトを聞いたわけですね。

それと、これは同時代的に意識なさっていたのかどうかはともかくとして、ちょうどバブルも終わり、遊べる時期も終わったということもあって、タイミングよくそこから転換をはかることができた。

上野　おっしゃるとおり。そこは幸運というか、つくづく個人史と社会史と世界史の転換点が一致したと思いますね。わたしはちょうど四〇代に差しかかっていました。三〇代は二〇代の蓄積で息切れしないで突っ走れる。四〇歳前後というのは次のターニングポイントですね。インプットをもう一度やり直さないと次のステップは走れないと思っていました。ちょうどその時期九一年に、予測していたわけではないのに、バブルが崩壊し、ソ連が崩壊し、「慰安婦」問題が表面化しました。

そのときにドイツにいた。偶然の一致といえばそうですが、そういう偶然の一致が重なったことは、個人史的には幸運だったと思います。

小熊 いくつかは偶然ではないですけどね。やはり冷戦が終わったのと、ドイツで歴史問題が問われなおしたこと、韓国が民主化したこと、軍事政権下とはちがって韓国の「慰安婦」が声を出せるようになったこと、これらはほとんど政治的な連関関係です。

上野 それに自分の個人史が重なったということですね。一年海外に出ることはかねてより予定していましたが、いまから思えばその一年をアメリカで過ごすか、フランスで過ごすか、ドイツで過ごすかによって、大きな違いがあっただろうと思います。

小熊 そうでしょうね。私は、あの時期の上野さんを覚えていますけれども、髪をお切りになったな、これは転換をはかったなと。

上野 おっと、髪型までチェックなさっていたんですか(笑)。

小熊 もちろん上野さんだけをチェックしていたわけではないですよ。編集者はいろんなことをチェックしていますからね。

上野 そうなの。

小熊 ちょうど勤務先も東大にお移りになったし、三〇代も終わったし、七〇年代のリブの女性の典型的髪形と当時のカタログ雑誌などで言われていた、カーリーがかったロングの髪型から短いストレートにして、ここで同一性を切り替えることにしたのかなと。

上野 リブの女性の典型的髪型はストレートロングです、わたしのはレイヤードという当時の聖子カット（笑）。その後メディア芸人であることをやめようと思いまして、すっぱり「女装」をやめました。

上野　まあ、そうですね。個人史上で言えば、それが重なったということはあります。

小熊　すいません、髪型の種類については確認を怠りました。でも同一性の転換をはかったという部分はあったと。それと同時に性愛を論じる時期も終わった。

女という主体設定の崩壊――ポスト構造主義のインパクト

小熊　そこでもう一つ論じておきたいことですが、その転換が上野さんの学問的な根幹である、「女」というものの位置にかかわります。つまり「女」を単純に論じることができなくなってきたことと重なっているのではないか。

というのは、七〇年代末から八〇年代にかけては、やはり高学歴中産階級の主婦層というものを論じていれば、ほぼ「女」というものを論じたことになるのだというような、それこそ一億総中流意識とパラレルな意識があった。ところが男女雇用機会均等法が施行され、バブルが崩壊して、だんだんそれが成立しなくなる。さらに八〇年代は一番のボリュームゾーンであり三〇代の主婦まっさかりというベビーブーム世代の主婦を論じていればよかったけれど、次の時代の人間が出てくるとなると、そこを論じたところで「女」を論じたことにはならなくなってきた、という問題が出てきたと思います。

そこから「女女格差」と呼ばれるものが九〇年代半ばくらいから言われるようになってくる。もちろん上野さんも、小沢雅子さんを早くから評価なさっていたように、それに無関心ではなかった。ただそれは消費の格差であって、非正規雇用の激増は、上野さんの予想外だったようですが。

それに重なるようにして、国際的な問題として、「日本の女」「先進国の女」というのは、「朝鮮の女」からみてどういうものなのかという問題も出てきた。また同性愛の女性からの視点も出てきた。そこで「女」というものを八〇年代と同じ論じ方をしていくのは成り立たなくなってきたということの認識が、上野さんの転換の背後にあったのではないかと思うのですが、いかがですか？

上野　二つ要因があると思います。主婦的存在がマジョリティかどうかということについては、それ以前に大衆社会現象が先行しています。大衆社会とは、みんな忘れていますけれども、無階級大衆社会の略語なんです。無階級大衆社会のなかでは、国民の八割は中流帰属意識を持っています。もちろん階級帰属意識調査には誘導がある（選択肢が上流、中の上、中の中、中の下、下流の五択で構成されている）ので、八割中流説はそのまま信用するわけにはいかないのですが、六〇年代以降、ブルーカラーが自分の職業欄に「会社員」と書くというような時代が長く続きました。わたしの世代までは婚姻率がすべての階層にわたって極めて高く、女性でほぼ九八%くらいに達し、かつそのなかでの専業主婦率が、ブルーカラー層でも高かったのです。女性の雇用率が低く、パート労働者も登場していない時代には、彼女たちは家で内職をしていました。

小熊　専業主婦率は上野さんの世代が一番高かったですね。

上野　はい。もちろん、主婦的存在のなかにはピンからキリまであります。けれども、主婦的存在という言葉でくくれる人たちが、女性の集団のなかで人口学的多数派であったということは八〇年代半ばまで正しいです。

小熊　正確に言うと、七〇年代から八〇年代半ばまでの都市部では正しいということですね。

上野　そうです。

小熊　十数年間限定、一世代限定の、「女性の多数派」ですね。

上野　その期間にわたしは思想的な自己形成をしましたから。そのあとのHanako世代からは、晩婚化が進みました。それがやがて非婚化につながりました。婚姻率そのものが下がっていくという変化が起きたので、たとえば三〇代の女なら、結婚しているのが自明とは言えなくなってしまったんです。それまで言われてきたような日本の近代家族論とか主婦論があてはまらなくなったというのは正しい。それは現実が変化したからです。現実の社会史的な変化がそれまでの理論を間尺に合わなくさせたというのはまさにそのとおり。

それに加えて、女性をひとくくりに論じることができなくなった、もうひとつの要因があります。小熊さんはジェンダー業界にあまりお詳しくないでしょうからそちらに言及されませんでしたけれども、八〇年代半ばからあとの同時期に、ポスト構造主義の理論的影響が非常に強かったということがあります。ジョーン・スコットが登場してジェンダー史の概念をうち出し、バトラーが登場して女性の集団的同一性を解体していきました。もちろんそれはジェンダー研究のほんの一部の、理論的に先鋭な人たちの間だけのことだと言われるかもしれませんが、「シスターフッド・イズ・グローバル」とか、「女はみんな同じ経験をしている」とかは安直に言えなくなってしまいました。

その背景にあったのはセクシュアリティの多様化と、エスニック・マイノリティからの異議申し立てです。そういう実践的かつ理論的な両面の変化が八〇年代に世界史的に怒涛の如くおきましたので、女性の集団的同一性は、実践的にも理論的にも解体しました。

小熊 その点について私の考えをここであえて述べると、上野さんは日本国内の同世代の高学歴中産階級の女性と伴走していたというだけではなくて、アメリカやドイツそのほかの先進国の高学歴中産階級の女性と伴走していたという感じはしています。

上野 そういわれれば確かにそうです。なぜかというと、ジェンダー研究には、お互いに国際的な交流がありますからね。お互いにといっても、日本人の書いたものは向こうの人には読んでもらえませんが。欧米人が書いた理論書や研究書をほぼ同時期に翻訳を待たずに読むということをやってきているので、それはいやおうなしに影響を受けます。たとえばアメリカでは「白人中産階級フェミニスト」はエスニック・マイノリティから突き上げを受けました。あるいはセクシュアル・マイノリティの人たちから異性愛フェミニストがやはり突き上げを受けていくプロセスを、同時代につぶさに見ています。わたしは、日本のほかのフェミニストよりは海外との交流が多かったと思いますので、割とそういうことは見てきました。

小熊 ご自覚としてはそうだと思いますけれども、私は一歩引いて見てしまうと、こういうことかと思います。先進諸国というのは第二次世界大戦後のある時期に工業化の最盛期を迎えて、近代家族と専業主婦の最盛期も迎えたという同時代性がある。日本のほうが比較的その普及と解体が遅かったという傾向はあるとしても、ほぼ同時代的に並行していたところがありますので、国内的にも上野さんの世代に専業主婦が一番多く、国際的にみても多かった。だから共通した問題意識があった。そういう前提でのグローバル・シスターフッドであったと。

上野　そうですね。それにもうひとつの要因をつけ加えると、わたしが本の書き手であるということです。わたしはアカデミック・コミュニティ向けの学術書も、一般向けの著作も両方書きましたが、一般読者と呼ばれる人はいったいどういう人たちか。経験的にわかっていることは、女は本を読まない、買わないということです。まず買うだけのお金がない、自分の家に蔵書はしない、読むなら借りて読む。男性よりも女性のほうが本に支出する経済的な余裕は圧倒的に少ないです。そうするとわたしの本を買ったり読んだりする人びとはどういう人びとかというと、当然、高学歴・高経済階層に限定されます。

小熊　なるほど、わかりました。そういう形で同時代の先進諸国と伴走しているということの、良い点と悪い点があると思います。もちろんどんなものにも、良い点と悪い点はあります。

上野さんは、六〇年代末から七〇年代前半にかけていわれたシスターフッドというものについて、『上野千鶴子に挑む』のコメントで、若い研究者にこう言っていますね。これが当時の女性たちにとってどんなに画期的な喜びであったかふまえてほしいと。

つまりそれまでは、女といったって意味がないといわれていた。高学歴の女性もいれば、低学歴の女性もいる。お金持ちの主婦で女中もいるような人と、働いている農家のおばちゃんは全然違う。だから、女と一言で言ったってなんの意味もないという考え方が、それまでの常識だった。だからこそ、女性の地位向上は階級問題の従属変数だという考え方が成り立っていた。つまりは社会全体を変革しなければ、あるいは改良政策で福祉を促進しなければ女の問題なんて解決しない、という意識が強かった。

ところが、六〇年代の半ばくらいから、アメリカあたりから一番早く出てきたというのが偶然なのか必然なのかは議論がありますが、アメリカの中産階級の郊外の、人もうらやむような家で何不自由なく生活している主婦であるベティ・フリーダンが、なんだか心がむなしいと訴えた。黒人運動や労働運動の女性からみれば、「何が不満なんだ」みたいなことを訴えるところから、その後のリブないしフェミニズムがはじまったわけです。そこからだんだん火が付いて、若い女性が参加するという形で広まっていく。これは輸入であるとかないとかいう問題ではなくて、あの時期に工業化した先進国がどこも経験したことです。

上野　アメリカが一番最初にリブをはじめたというのは正確ではありません。学生運動と同じく、リブは世界同時多発的でしたから。アメリカ・フェミニズムの成り立ちは他の先進諸国のなかでは極めてユニークケースだと思います。

小熊　どこがユニークですか？

上野　ヨーロッパと比較して、ということです。なぜかというと新左翼運動がフェミニズムの成立に深く関与しているかどうかという点においては、ヨーロッパと日本に共通点が多く、フェミニズムが公民権運動のなかで人種差別撤廃に便乗したアメリカが例外的だからです。

小熊　インドはどうですか？

上野　インドは残念ながら知りません。独立運動の影響が強いのではないでしょうか？

小熊　私が知っている限りでは、地域や担い手の階級によりますが、農民運動や宗教の影響が強かったようです。六〇年代末のベンガル州の農民蜂起は、ベンガルの州都であるカルカッタを中心としたサバルタン・スタディーズに影響を与えましたし、あれを「六八年」の独立左翼系運動だと言っていえないことはないですが、先進国型の新左翼の影響はどうでしょう。

上野　そうですか。

小熊　うかがっていて思うに、「女」を運動なり理論なりの主体として立ち上げるには、その社会の在来の言説資源を使う必要があったのだな、という気がします。つまりそれまで主体として論じることのなかったものを、その社会で流通していた別の主体の論じ方を流用するかたちで主体化した。ヨーロッパ諸国ならそれは階級だったし、アメリカだったら人種だった。インドなら最初に「サバルタン」としての位置を与えられた下層農民だったかもしれません。

　それはともかくとして、私が言いたいのは、こういうことです。やはりそこで女という共通項を築けたという喜びと、そこからフェミニズムが生まれてきたという成果。これはもう無視できないことです。上野さん自身、「ひとり」になったあと、年長や同輩の女性たちと「ピア」として語らう結びつきの重要性、そこでの「おんな」としての痛みを共有する大切さを、切に感じられたわけです。そこからジェンダーという変数が社会科学のなかで無視できないものになり、ジェンダー・スタディーズという学問が定着した。

　ただしかし、そういう「女」という主体設定で共通の問題を語れるというのは、ある意味で時期限定的なものだったのではないか。つまり、近代家族が典型的な形で栄えていた、長く見て五〇年から六〇年。短くみたら、日本でいえば六〇年代の末から八〇年代半ばまでの、ほんの十数年だったかもしれない。ですから、その時代にまさに時代の子として思想形成をした上野さんの書いたものが、同時代に受け入れられていった。逆に言うと、上野さんの思想は、いまの若い人から見ると違和感があるかもしれない。しかしそうでありながらも、じつに時代に伴走し続けている上野さんが、どのようにして時代適合をはかっていったか、というところを聞いてみたいんです。

上野　おっしゃることはとてもよくわかります。ひとつは、情報源が英語圏偏重であること。これはわたしの語学力の限界であり、戦後日本の外交政策の反映でもあります。つまり英米語圏偏重でありヨーロッパ語圏偏重であるという日本の戦後社会科学のバイアスをそのまま踏襲した、普通の社会科学者だったことにおいて、わたしも例外ではなかった、ということですね。アジアに対する関心は、もっとあとから、九〇年代以降に生まれました。

ふたつめは、あなたがさっきからおっしゃっているとおり、このところ自分でも言っていますけれども、ジェンダーが主題化するための条件は、階級が後景に退いたときだけだということです。階級が後景に退いた歴史のある一時期のみに、ジェンダーが主題として浮上することが可能になった。逆に言うと、そのくらい、ジェンダーとは主題化されることが難しい、見えない変数だったということも言えると思います。

ジェンダーの主題化には歴史上の始点と終点との両方があります。始点はあったと思う。終点はもう来ているかもしれません。

小熊　そのこともあとで論じましょう。もとの話に戻ると、上野さんが転換した九一年くらいから、日本社会のなかで女性という枠組みがなかなか一枚岩では語ることができなくなってきた。それと同時に、少し先行するようなかたちであらわれていたアメリカ――この場合はアメリカと言っていいと思うんですけれども――のなかで、女の一枚岩性みたいなものを突き崩すかたちで出てきたブラック・フェミニズムとか同性愛のフェミニズムとかの突き上げというのも受けながら、主体の複数性みたいなことを受け入れつつ、あと十数年くらいは歴史の問題と歴史認識の問題で走ったのかなという印象を受けていますが、いかがでしょうか？

上野　おっしゃるとおりだと思います。ポスト構造主義の理論的なインパクトがやはり大きいですね。

小熊　はい。じゃあ、そこについてはもうこれ以上聞くことはないということで（笑）。

上野　はい、分析されてしまいました（笑）。

小熊　こんなに素直におっしゃるとは思いませんでした。

上野　社会史的・経験的な現実の変貌はもちろんありましたし、セクシュアリティとかエスニシティといったような多様性からの突き上げもあるけれども、やはり理論的なインパクト、とくにバトラーのインパクトは大きいです。バトラーだけではなくて、それに連なるポスト構造主義の理論的なインパクトは大きいと思います。

小熊　それはやはりアメリカ社会のなかでの変容が、バトラーという人間を生んだということだと思います。

上野　わたしもそうだと思います。時代が思想家を生むという点ではバトラーも時代と社会の産物ですし、わたし自身もその産物に他なりません。わたしが時代や社会を生んだわけではなく、時代や社会の方がわたしに影響を与えたわけですから。

小熊 逆に言うと、上野さんの流れを見れば、時代も社会もわかるというわけですね。

上野 過分な言い方ですが、裏返しにいえば、わたしはそのつど時代と社会の影響を、スルーしないできちんと受けてきたということですね。

小熊 そこが上野さんの、悪く言えば自称「尻軽」なところであり、良く言えば時代に適合し、「ニーズ」に応答して生きてきた理由であると思います。

上野 そういう言い方もできると思います。

慰安婦問題の衝撃――九〇年代から二〇〇〇年代

小熊 失礼な言い方になりますが、上野さんは、あの時期の活動にそんなに愛着や熱意があったのでしょうか。

上野 あの時期というのは？

小熊 九一年から一〇年間くらいですね。

上野 そう見えますかね。わたしは自分の著作のなかで、一番熱が入って書いたものと言えば『ナショナリズムとジェンダー』（青土社、一九九八年／『ナショナリズムとジェンダー　新版』岩波現代文庫、二〇一二年）だと思っていますが。

小熊 それはわかります。あくまでも「共同幻想」の解体という、上野さんの問題意識にそって書かれていますからね。

上野 はい。もちろん。自分の問題意識にそって書く以外にどういう書き方があるんですか?

小熊 国家やナショナリズムに良いも悪いもなくて、そのなかにおいて抑圧されている女が声を上げるという観点の書き方ですね。

上野 論じられていることが適切かどうかは別にして、あまり気が入ってなかったのではないですかと言われると、そんなことはないというのが自分自身の回顧的な評価ですね。

小熊 そうですか。上野さんは上野さんなりの観点からのめり込んだということはわかりました。ただ私は、国家だのナショナリズムだのは、あんまり上野さんが好きな対象でも、得意な分野でもないだろうな、と思ったんですが。

上野 結果、そうだったかもしれませんね。著作に現れていないので目につかないのが九五年の北京女性会議への参加ですね。北京女性会議にはわたしだけでなく、NGOフォーラム三万人中、日本の女性が六〇〇〇人参加したという、ものすごい数の女性たちが行きました。わたしもそのなかで「慰安婦」問題のワークショップを主催する側にまわりましたから、そのために費やしたエネルギーと労力はかなりのものでした。

それに関連して、北京女性会議に間に合わせて日本政府が創設したアジア女性基金問題がありました。この基金の裏の仕掛け人が上野だというデマが運動体のあいだに飛んだおかげでどんなに迷惑をしたか。しかし、それに先行して民間募金を一度は作ろうと考えたことがあるということを含めて、わたしは深いコミットをしました。水面下の動きでしたから表には出ていないので、あまりそういう政治的な活動には関係していないんじゃないか、と思われるのかもしれません。しかし、わたしとしてはさまざまな思いをこめて熱が入っていたのが、『ナショナリズムとジェンダー』ですね。

小熊　ナショナリズムとかエスニシティとかにはあまり関心がなくても、人とのつながりを作っていくことには熱心だったということですか？

上野　人とのつながりが自己目的だったわけではなくて、この問題からは逃げられないと思ったからです。得意でなかったと言われてもかまいませんが、関心がなかったというわけではありません。

小熊　ああ、じゃあそれほど金学順さんのインパクトは大きかった？

上野　大きかったです。

小熊　なるほど、そこは大きいとは認識していましたけれども、そこまで大きいものだったわけですね。

上野　はい。

小熊　なんでそこまで大きかったんですか？

上野　そこまで言われたら、逆に、なんでそこまで大きくなくてすむんですか、っていう問いを返したいくらいですね。こういう言い方は大変感情的に聞こえるかもしれませんけれども、九一年一二月、ドイツにいて「慰安婦」訴訟の新聞報道を読んだ時の衝撃は、ほとんど身体的な衝撃でしたね。

小熊　そうですか。

上野　はい。わたしと同じような感じ方をした女性は世代を超えていました。あのあと慰安婦問題にコミットしていった女性たちに、戦争をまったく知らない若い世代がたくさんいましたが、わたしとおなじ感じ方をした人たちが多かった。その人たちがやはり一様に、この言い方は反発を受けますが、「女としての痛み」を感じたという言い方をしますね。そのような本質主義的な共感で動くほどおまえはナイーヴなのかとか、おまえは日本人なのに加害者側にいてそういう共感を無反省に感じていいのかみたいな批判は、後でずいぶん受けましたけれども。

当時そういうインパクトを受けた女たちが多様な層に多数いたという記憶、わたしだけが例外ではないという実感を持っています。一過性だったと言われればそれまでですけれども、いてもたってもいられない、何かをせずにはいられない思いが着地点を求めてうごめいているという感覚を、わたしはあの当時日本に帰って肌で感じました。それを、なぜそれほどインパクトを感じずにいられるんですか、と返したいくらいの思いです。

小熊　これをいうことで問題を矮小化していると思われたくないのですが、私があの問題について聞き知った範囲で言えば、あれほど国際的な注目を集めたのは、ひとつには同時代にボスニア紛争があった。あの内戦で兵士によるレイプがたくさん行なわれたことを戦争犯罪に問わなければという文脈のなかで、戦時におけるレイプを犯罪にする論理や法体系を整える必要があり、国連のなかで歴史的先例として「慰安婦」問題が取り上げられ、クマラスワミ報告書も出たと聞いたことがあります。

そしてもうひとつは、このほうが上野さんのおっしゃったことに直接関係するのですが、「慰安婦」とボスニアの問題は、同時代でDVに悩んでいた各国の女性たちが、これは自分の問題とつながっていると感じ、身近に受け止めたから注目された。だから「戦時性暴力」という、それまでの戦争責任や賠償問題とは別の論じ方も出てきた。そういうことは私も知識としては知っているわけです。また戦後日本のある時期を生きた女性にとっては、革命や企業の「戦場」から帰ってきた男たちが女性に「慰安」を求めたときに、どういう体験をさせられたかを想起することになったかもしれません。その部分があったわけですか。

上野　おっしゃるとおりです。性暴力という概念が、国際政治の場にようやく登場してきたわけですね。「慰安婦」問題もボスニアの「民族浄化」問題も、軍事紛争下における性暴力という共通の認識があって共感が成り立つような基盤が八〇年代にできていました。わたしが感じたインパクトが謎だとおっしゃるあなたの問いのほうが不思議なくらいですね。

小熊　「謎」とまでは言わないですが、私個人だけに関していえば、あの当時は私の父のシベリア抑留の問題の方がずっと大きかった。父とシベリアの収容所で同じ境遇にあった朝鮮人の元皇軍兵士が、日本政府の慰労金を国籍が理由でもらっていないということで、父が共同原告になって訴訟を起こしたわけですけれども、そのほうが同時代的には私にとっては大きかったです。

上野　あなたの父親が「慰安婦」のクライアントであった可能性も高いわけですね。

小熊　ないでしょう。いた場所も戦場ではないし、敗戦まぎわに召集されて、満州送りのあと三か月くらいでシベリアに抑留されていますから。

上野　断言できる根拠はありますか。

小熊　根拠はありませんが、断言しておきましょう。

上野　歴史的な資料に依拠すれば、まったく縁がなかったと断言できる人たちは、皇軍兵士のなかではレアケースというしかないですね。

小熊　かもしれませんが、あまりそれを確かめることに意義も感じないです。正直に言えば、なんで数ある戦争責任問題のなかでも、「従軍慰安婦」のことばかりがこんなに注目されるのだろうか、という方が私の当時の実感でした。注目されるのが悪いという気はもちろんありませんが。

上野　当初、「慰安婦」訴訟は植民地出身者の戦後補償請求訴訟の一環でした。戦後何度も提訴されていた集団訴訟のなかにあの時、はじめて元「慰安婦」が入ったんですね。報道では「慰安婦」がフレームアップされましたが、実際には軍人・軍属を含む集団訴訟でした。そういう流れを考えれば、あなたのような立場の人からは、九一年になるまでに、なぜおまえは戦後補償問題に目を向けてこなかったんだ、と言われて責められても仕方ないですね。

小熊　それは言っても詮無いことですから。

上野　なぜそんなインパクトを受けられたんですか、という問いに対してはそういうインパクトを受けたのは決してわたしが例外ではないということです。女性のなかではと限定しますが。男にはいちいち聞いたことはありません。

小熊　そういう関心の持ち方は、ジェンダー的に女性のものに限られてしまう可能性はありますね。

上野　結果として、そのとおりでしたね。

小熊　もちろんそれは、逆のケースもいくらでもありうることですが。

上野　どんな問いだろうが、出発点にあるのは共感です。被害者の女性たちへの共感はあったと思います。

四〇年間考えてきたこと＝当事者主権

小熊　二〇〇〇年前後になってから、調査をひとつの重要な転機として、ケアの問題の方へ入っていくわけですよね。二〇〇〇年代の初めくらいからでしょうか。

上野　調査はその前からもやってきましたよ（笑）。

小熊　もちろん、変化はグラデーションですけれど。ただちょうど上野さんも五〇代になり、親御さんの介護にかかわったりして、その時期からケアの方に転じていき、当事者主権に移っていくと。

上野　はい。

小熊　私はあの『当事者主権』（中西正司との共著、岩波新書、二〇〇三年）というものを見たときに、本当に三つ子の魂だなと思いました。

上野　へえ。

小熊　だって、私は私しか代表しない、誰も私を代表しないということを掲げている。これはもう全共闘運動のスローガンそのものじゃないですか。

上野　おお。そうですか（笑）。当時、全共闘のスローガンにそういうものはありませんでしたが。

小熊　全共闘はすべて全員代表だ、代表制という発想を問う、それが全共闘が党とちがう特徴だ、といった趣旨のことはよく言われましたよね。

上野　正確に言うと、「誰も誰にも代表されない、誰も誰をも代表しない」です。

小熊　そうですね。一緒に書かれていた「世界の当事者、連帯せよ」とかは、自覚的な流用でしょうけれども、「代表」の方は自覚的ではなかったんですね。

上野　全共闘にはその標語はありませんでした。もし小熊さんが、あの標語を全共闘の理念であったとおっしゃるのであれば、そうも解釈できるかもしれませんが。

「誰も誰をも代表しない、誰も誰にも代表されない」は、日本女性学研究会でわたしが作ったオリジナルな標語です。

小熊　それは京都のほうで、七〇年代に研究会をお作りになったときのものですね。

上野　影響を受けたとしたら、ベ平連の方ですね。それに谷川雁の大正行動隊。歴史的証言として挙げておきましょう。ですから七〇年代にすでに使った言葉を二〇〇〇年代にもう一度使っただけ。新しく作ったわけではありません。ただそこに「当事者主権」という五文字の概念を与えたのが新しかったです。

小熊　なるほど、ベ平連のほうですか。ベ平連の原理は大正行動隊を手本にしている、というのは上野さんの持論ですね。私が調べたり聞いたりした範囲では、ベ平連関係者で、大正行動隊を意識していたという証言はありません。しかしどこかで似ている、つながっているというのはその通りで、意識していたにせよしないにせよ、全共闘をふくめたその時代の運動を漠然とおおっていた考え方だったのでしょう。そのなかに上野さんもいたということだと思います。それが二〇〇〇年代にも転回しながら続いていた。

私が上野さんのケア論や当事者主権論で、三つ子の魂百までだなと思ったのは、ほかにもいくつか理由があります。まずさきほど聞いた、国家にも共同体にも、市場にも個人にも回収されないつながりというものを非常に重視するという形で、「協」のセクターを打ち出していくという姿勢。それと上野さんの同世代の、七〇年代から生活クラブ生協とかワーカーズ・コレクティブの活動をなさっていた活動家の人たちが、ケアにシフトしていくのに並行しているのかもしれないな、と思ったのがひとつです。

それから思ったのは、「女」概念みたいなものでは、ますます括れなくなってきたということです。「女」概念の核、つまりは七〇年代から八〇年代に上野さんが考えていた「女」というものが、実はこういうものだったんだという形にシフトしたのかと。

上野　「こういう」の中身は、あなたの言葉でおっしゃるとどういうことですか？

小熊　上野さんは『当事者主権』について、四〇年間自分が考えてきたことはこのことだと気付いた、と書かれています。女の問題として考えていたことには、いろんなことがあると思いますけれども、やはりある状況のなかで「わたし」が奪われている存在をどうするか、ということですね。その私が奪われているというのは、必ずしも貧窮ということとは連動していない。ある程度豊かでケアも受けているんだけれど私が奪われているんだ、という状態を含めて、私が奪われていると。煎じ詰めて言えば、私の決定権が私にない、代弁者に代弁されている、というものが女だと。

それはスピヴァクを学んだ影響だ、とかおっしゃるかもしれませんが、やはり上野さんが元から持っていた考え方です。要するに、「おんな」をジェンダーの概念に変え、さらにそれを複数化したりして広げていくという形で、九〇年代の転回があったわけですが、ここで一気に広げたのかなという印象を『当事者主権』を読んだとき持ちました。いかがですか？

上野　そうですね。社会的弱者という概念のもとに女のみならず他のさまざまなマイノリティが合流するという感触を得ましたから、それはそのとおりです。『当事者主権』からさらに『ケアの社会学』にいく流れには、「女」という名前で語られてきた問題の核心に何があったかという問いがあります。女が抱える問題とは実は依存的な存在をケアするという問題、ケアという問題群だった、という問題構成ができたということでしょうね。

小熊　つまり「女」とは依存的存在ということですか。自己決定できない、誰かに依存し代弁される存在であり、また自身もそうした存在をケアする人間たち。そうした非対称な関係から、ＤＶや性暴力や、「愛の不払い労働」や抑圧委譲といった問題も発生してくる。

上野　そうですね。「女」が女自身で依存的な存在だというわけではありませんが、依存的な存在を「ケアする性」となったときに、「女性問題」と呼ばれる問題のほとんどが生じる。わたしが近代リベラリズムに対して非常に強い不信感を持つ理由は、自立できる個人、自己決定できる個人というものをフィクションとして想定しているからです。自立する個人のつながりが社会を構成するとしたら、女の問題なんてほとんどすべて雲散霧消します。ところがそこに、自己決定できない存在、依存的な存在を持ってきたとたんに、ありとあらゆる問題が「女」という名前のもとに発生してしまう。それは、たまたま「女」という疑似問題にされているけれども、担い手と行為とを切り離せばそれは「ケア」という問題系になります。それまでは「再生産費用の分配問題」とか呼んできたけれども、実はそういう問題だと思ったということですね。それが『ケアの社会学』につながりました。

小熊　九一年ごろに性愛の問題から「女」を切り離して、二〇〇〇年代になってからさらに「女」から生物学的なカテゴリーを切り離したということですね。その手前に、九〇年代にジェンダーから本質主義的・生物学的要素を切り離すという、結果的には準備作業になった理論的展開があった。

上野　そうなりますね。

小熊　それは年齢的な変化も並行してということですか。

上野　それだけでなく、社会の変化があります。どういうことかというと、家族とケアが分離可能になってきた。それを分離可能にしていったのは介護保険です。そうなると、実際上、「女」の問題と呼ばれてきたものは、疑似問題だったと考えられるようになった。

小熊　上野さんはいま「女という形で論じられてきた問題」という言い方をしましたけれども、私の言い方をすれば、「上野さんが女の問題として考えてきた問題」ということですね。誰にとっても同じではない。

上野　そうですね。はい。

小熊　では、それを依存的存在という形にずらしていくとするならば、たとえば経済的にも自立し、自分ひとりでも生きていけるという女性は、「女」に入りますか？

上野　もちろん、入りますよ。
小熊　どうしてですか？
上野　そういう人も、社会的に女性としてカテゴリー化されていますから。たとえば、ケアという問題から逃れるための一番簡単な方法は、結婚せず子どもも産まないことです。だからといって、その問題から逃れていることにはならない。なぜかというと社会における女の構造的位置がそういうふうに出来上がっているからです。個人のオプションとして結婚しない、出産しない、あるいは親の面倒をみないということを選んだとしても、社会からその女性がどういう処遇を受けるかという抑圧からは逃れられない。たとえば実際にはケアの負担がなくてもケアを担当する者として女性が労働市場で受けている処遇とか、ケアを免れることによってさまざまな規範的圧力を受けるとか、そういう構造上のしくみから個人の選択によって逃げることはできないからです。
小熊　その論理には異論もありえますが、上野さんとしては、社会構造的に女というものが構築される構造は変わっていないというわけですね。
上野　あたりまえです。なぜかというとジェンダーというカテゴリーは社会的なカテゴリーですから。個人が自由意思でいち抜けできるようなものではない。
小熊　今後も変わる見込みはないですか？
上野　それは、個人の実践と社会全体のルールとが、徐々に変わっていくことによって変わりうるでしょう。だけど、それは一人だけ脱け出すことができるような構造ではないと言っているんです。
小熊　では、フェミニズムは終わらない、という結論になりますね。そしてそれは、「女」というカテゴリーは「女」を解体するためにあるという、『ナショナリズムとジェンダー』のくくりの言葉の含意するところでもありますね。一抜けすることができない以上、「女」が解体するまでは、「女」で問題を論じなければならないと。

上野　そのとおりです。が、ジェンダーだけでは社会を論じることはできないが、ジェンダーぬきでも社会を論じることはできない、というところまでは来ました。

『おひとりさまの老後』の戦略

小熊　ところで上野ケア論について、批判や議論がいくつかありました。たとえば『おひとりさまの老後』(法研、二〇〇七年／文春文庫、二〇一一年)は、厚生年金がもらえる元専業主婦の団塊女性しか想定していない、という批判は多い。あのベストセラー一冊だけで判断されるのは、たまったものではないでしょうけれども。

私としては、あれは読者を限定してお書きになったんだろうなと思いましたし、それは決して悪いことではない。後続世代はどうなるんだという批判に対しては、後続世代のあなたが考えなさい、とお答えになっています。

しかし私がここで問うてみたいのは、それを論じることが社会全体を論じるということになるのか、ということです。つまり、八〇年代に上野さんが主婦を論じたということは、日本社会の全員ではないにしても、代表的部分を論じているという感覚をかなりの人に与えていたと思うんです。

いまから見れば、高学歴の団塊世代の三〇代の主婦しか論じていない、ということははっきりわかる。論じている「女」に対立が想定されるとしても、高学歴の団塊女性のなかで、働くことを選んだ人たちと主婦との対立、あるいは活動専業・主婦と単純専業主婦の多様性みたいなことが描かれているだけであって、いまからみればごく一部の人たちのことが論じられているという感じがします。しかし、当時はこれが日本社会の多数派ないし中核的な部分を論じているという印象を与えることができた。それはやはり一億総中流意識の時代で、専業主婦が多数派であり近代家族が多数派であって、農村女性とかもいるけれどもこれもいずれは高学歴中産階級に入っていくだろう、というような未来像が持てていたからだと思います。

いまはそれがない。要するに「おひとりさま」で想定されている、夫が資産を築くことによってインフラや年金が残され、人脈も築く時間があった女性というものを描いたときに、そんなのは例外的な存在じゃないかと受け止められるようになってしまった。もちろん、それは人口的にはボリュームゾーンであって、これから「おひとりさま」は増える、という言い方もできます。それでも、こんなのは例外的な女性だ、と言われてしまうということに対しては仕方ないことでしょうか？

上野　そこは受け止め方に誤解があると思います。わたしが同時代、同世代の同性集団のなかのマジョリティを代表、代弁してきたというあなたの捉え方がまず誤解です。

小熊　結果的に代弁してきたと思いますよ。

上野　「女縁」の研究は確かにそうでした。結果的にわたしは「女縁」の研究で主婦層という、わたしのライフスタイルとはまったく異質の女性たちを研究対象にしたことになります。『当事者主権』で扱ったのは障害者です。障害者というのは人口学的には絶対的マイノリティであり、マジョリティになるべくもない人たちです。高齢者のなかでも、要介護高齢者というのは高齢者人口のなかの二割弱ですから、これも絶対的なマイノリティです。すべての人が要介護者になるわけじゃないし、要介護になるかもしれない不安を持っている人は多いけれど、そうならずに死んでいく場合も多いわけです。

わたしは『当事者主権』のあたりからマイノリティの側に立つという趣旨の本を書いてきているわけで、別に同世代、同性の集団のマジョリティに向けて書くという戦略はとってきていません。『おひとりさまの老後』のターゲットはなにかというと、本のあとがきにも書いてありますけれども、高齢者という人口学的なマイノリティのなかのさらなるマイノリティ、つまり同世代のなかではまったくみじめの一言に尽きる高齢シングル女性でした。この本は、高齢シングル女性のイメージ転換をはかるために書いた、戦略的な本なんです。それが、想定外の読まれ方をした、ということでしょう。

小熊　なるほど。わかりました。八〇年代は上野が論じることは日本社会の、少なくとも日本女性の中核を論じていることだと受け止められ、二〇〇〇年代には例外的な存在を論じていると受け止められてしまうのは、それはもう自分の意図的な変化もあるし仕方のないことだと。

上野　もし例外というのなら、要介護高齢者を論じることは例外を論じることになるでしょうか？　わたしは決してそうは思いません。人口学的な少数者だとしても、障害者を論じることは例外的な問題を論じることになるのでしょうか？　わたしはそう思いません。どんな少数者であってもそのなかにある種の典型を見ていくことができるからです。自分は決して要介護者にならないと根拠のない信念を持っている人もいれば、実際にそうならない人たちも多数いるなかで、少数者である要介護高齢者の問題を論じるということは、それを通じて、日本社会のひとつの現実に光をあてることだからです。

『ケアの社会学』のなかでわたしは、経験的な分析のほぼ半分を、「協セクター」にあてています。「協」セクターはいまの日本の介護保険のもとのサービスプロバイダーのなかでは、五％程度を占めるにすぎません。はっきり言って少数派です。日本の介護保険のサービスマーケットの中でマジョリティを論じようと思ったら、当然、官と民を論じなければなりません。

わたしのあの本は、協セクターを称揚するのはいいが、官および民との比較をすべきだ、それをあなたはちゃんとやってないではないか、という至極もっともなご批判を受けています。にもかかわらず先端的な少数派を扱っていることに価値がないとは少しも思っていません。

小熊　例外部分を扱うことは価値がないということを言っているのではありません。八〇年代にも、いまから見れば例外的なものを論じていたにも関わらず、人びとがこれは中核部分を論じていると見てくれた。けれども二〇〇〇年代には、もしかしたら要介護になる可能性もおひとりさまになる可能性も大きいかもしれないのに、それでも『おひとりさまの老後』に書かれているのは例外的な恵まれている人たちだと言われてしまう。その代表性の問題を言っているわけです。

上野　ちょっと待ってください。まず人口学的にいうと、子どものない高齢者よりも子どものある高齢者が圧倒的な多数派です。次に子どものない高齢者のなかで金のある高齢者と金のない高齢者がいますが、金のある単身高齢者は女性のなかでは少数派です。わたしが『おひとりさまの老後』でこれまでネガティブ一色だった単身高齢女性イメージの転換をはかろうとしたら、そのなかの貧困層を扱っては、目的は当然達成されません。

小熊 では、そこは確信犯的に恵まれた層をとりあげたと？

上野 あたりまえです。あの本であげられている実例は、高齢シングル女性のサクセス事例ばかりです。サクセス事例というのは、それ相応の経済力や資源調達能力を持った人たちに限られている。その人たちがパイオニア事例を作ってきました。それを取材して書いたものですから、そうじゃない人は登場しません。

小熊 あえてそういう恵まれたマイノリティを論じる戦略をとったと。

上野 『おひとりさまの老後』というタイトルからして、その意図はあきらかでしょう。これまで単身高齢女性は、最底辺の存在だったんです。家族のない、子どものいない、みじめな老後、とね。しかしサクセス事例とはいえ、富裕層は登場しません。庶民的な事例ばかりです。

小熊 実際にみじめな人が多いですものね。

上野 実際、そのとおりです。

小熊 じゃあ、それは六〇年代の学生運動の用語で言うなら、一種の「先駆性論」ですね。つまり、学生というのは特権層で、労働者階級本隊ではないけれども、目覚めた前衛として、学生の恵まれた特権的位置を活かして先駆的な役割を果たし、革命の起爆剤になると。

上野　そう受け取っていただいてもけっこうですが、社会学的にいえば、先進事例を選別したパイロット・サーベイですね。もともと高齢女性というマイノリティのなかのさらに非婚シングルというマイノリティの、自助努力のための本ですから。それをそうじゃない人たちが読むのは、読者論で言えば、正統な読者と非正統な読者のうちで、後者に圧倒的に読まれてしまったという想定外の事態が起きたんですね。

小熊　そういう形態で、大勢に読まれてしまう、というのが上野さんらしいところです。

近代日本における国家とは

小熊　さてそれでは、根本思想と変遷についての質問は終えましたので、第三段階で「近代日本思想のなかでの上野千鶴子」を位置付けてみるということをやってみたいです。

上野　おそろしいことを（笑）。いずれ消えゆく運命にあると思いますが。

小熊　いやいや（笑）。

上野　たとえば何十年後かに第二の小熊みたいな人が登場して、小熊さんの『〈民主〉と〈愛国〉』（新曜社、二〇〇二年）のような本をお書きになるとしたら、小熊さんがあの本から清水幾太郎を消したように、消えていく人が何人もいるでしょう。

小熊　それは仕方のないことですけれどもね。

さてそこで本題に入ります。上野さんは今までお聞きしてきたように、七〇年代から八〇年代、そして九〇年代から二〇〇〇年代という時代の落とし子であって、まさに時代と伴走している。しかしそれと同時に、近代日本の落とし子でもあって、またそうであるがゆえに、近代日本思想の特徴と限界というものを、上野さんの思想も色濃く帯びているのではないかというふうに思っております。これは七〇年代、八〇年代というような、一〇年単位で移り変わるものではない、「近代日本」という枠でのことです。

そこで問題設定です。明治時代のいつごろから形成された考え方なのか、ちょっとわからないのですが、日本の知識人の大好きなテーマとして、「公と私」あるいは「国家と個人」という問いがあります。これは戦後だけとっても、丸山眞男から小林よしのりまで、とても多い。そのヴァリアントとして、上野さんを考えてみたいと思っています。よろしいでしょうか?

上野　はい、どうぞ。

小熊　私は「公と私」とか、「国家と個人」とかいう問題の論じ方を、かなり近代日本に特徴的なものではないかと思っています。私もそこまでたくさんちゃんと読んではいないのですが、西欧の近代思想を読んでいて、そんな思想のヴァリアントに出会ったことがないなという気がしています。

もちろん西欧にも、国家と個人の関係を論じたものは、結構あるんです。しかしその場合、国家のイメージというものが、たとえばホッブズのような、剥き出しの権力そのもので、まったく愛着を覚える対象でもなんでもない、ただの人工装置であったりする。あるいは個人のイメージも、初めから公共的機能をもっている有産市民であって、それが社会契約をして人工装置として国家を作る、という考え方をする。西欧の国家というのは、歴史的にもしょっちゅう国境も動くし、人工国家であるのが誰にとっても自明ですから、それが前提であるわけです。そもそもキリスト教世界という、国家より大きくて国家以前から存在する公的領域兼共同性があるから、国家は人工的な契約機関だ、と気負わずに淡々とみなす感覚もあったりする。

ところが近代日本の場合、国家はあたかも村落みたいな共同体のように描かれて、人工装置であるという感覚が薄い。個人も国家に所属しない限り公共機能がないようにイメージされていて、「個人」というとまったく社会から遮断された、世捨て人みたいな描かれ方をしたりする。そうなると結局、社会関係を絶って「私」を保つか、「公」なり「国家」なり「共同体」なりに飲み込まれてしまうか、そのどっちかしかない、というようなものの考え方が近代日本には強いという印象を持っています。

上野　わたしのほうからお聞きしていいですか。近代日本の落とし子と上野をお呼びになるのはまことに至当なことではありますが、小熊さんの見立てにおいて思想家のなかで近代日本の落とし子ではないといえる人はいますか？

小熊　いや、みんなそこから出発しますね。

上野　だったら例外がないじゃないですか。例外のないこういう一般命題は、言っても意味をなさないのではないですか。

小熊　いえいえ、その大枠のなかで上野さんがどの位置を占めるか、という問題をこれから論じたいのです。

上野　はい。

小熊　「公」と「私」、あるいは「国家」と「個人」という二項対立のバリエーションとして、「政治と文学」という論じ方をする場合もあります。つまり、政治というものは最終的に国家変革や国家政治、つまり革新的なルートと保守的なルートがあるわけですけれども、国家の変革に関わるか、国家の運営に関わるかという形で責任を負うということになる。それにたいし文学というのは、あくまで「私」というものにこだわる。その対立をどう解けばよいのだろうか、という問題設定です。

この問題設定も、近代日本の知識人たちが大好きなもののひとつでした。そこでもやはり、それは両立しないのだとか、なんとか両立できないのかとか、そういうことを延々と論じていたわけです。この問題設定というのは、一九二〇年代から三〇年代のマルクス主義文学論争でも非常に強かったですし、戦後知識人の間でも強かった。いまでも根強いことは、たとえば宇野常寛さんのような例を見ているとわかるわけです。

その問題設定の枠の中で、いくつかのバリエーションが生じる。一つは、「私」とか「文学」に徹底的に閉じこもって、社会なんか知ったことではない、男のくせに責任を負わなくていいのかといわれても気にしないというような、永井荷風みたいな開き直った路線がある。あるいは、国家や政治なんかはどうでもいい、文体とか伝統とか職人の手業のなかに美しさがある、みたいな路線もある。小林秀雄あたりでしょうか。このあたりの区分けは難しいですけれども。それとは逆に、文弱な私でも国家の責任の責任を負わなければ「父」になれない、という江藤淳みたいなパターンもある。

近代日本の女性の思想家も、私が本に書いたのは高群逸枝だけですが、私はもちろんいくらか読んでいます。女性の場合の特徴は、「国家と個人」を論じるよりも、まず恋愛を論じるという傾向が非常に強かった。それはどうしてかと言えば、近代日本のある時期からのある階級の、ある年齢の女性にとってみれば、恋愛というものが自己を確立し、かつ社会につながる唯一のルートだったからです。

上野　そのとおりです。

小熊　一定の年齢がすぎると、「母」を論ずるほうにむかった人も多かったですが。とはいえそういうかたちで恋愛を論ずるというのは、男はあんまりしなかった。

上野　せずに済んだだけです。

小熊　男は国家や政治を論じれば、自己の確立と社会へのつながりは獲得できるわけですから、せずに済んだといえます。そういう「国家か個人か」という枠に回収されたくないという人たちは、どこに行ったかというと、地域共同体とか労働組合とか市民社会とか、そういったものを対置していったわけです。ただ日本で市民社会とかいっても、その実体は何なんだということは、あまりはっきりしていないということが大変多かったわけですけれども。

上野　労働組合とか市民社会とかは、最終的に範型は党的なものにいきますね。ある種のアソシエーションというか。

小熊　「最終的には党的なものにいく」という、そういう発想をすることを、上野さんの特徴として問うてみたいんです。

上野　そういう発想をするかしないか、ということですか。

小熊　そうです。私はこういう「公と私」という論じ方が強固な理由というのは、やはり近代日本社会の作り方というものが、陳腐な言い方ですけれども、いわゆる「公」というものをあまりにも国家が独占しすぎてきたことだと思います。しかもその国家があまりにも排他的な傾向が制度的にも強すぎたからでもあると思います。だから国家が共同体になぞらえられることが大変に多くあった。

たとえばの話、アメリカにおいて国家を村落共同体のように論じる人はあまりいない。論じる人もいますが、村落（タウン）のイメージが開拓村ですから、日本と村のイメージがちがう。二〇〇年前に人工的にできた国であり、開拓村だということ、つまり国家や村落がアソシエーションだということは、自明の前提です。

上野　そこはいくつか疑念がありますね。ひとつは公と私とか、政治と文学という二項対立の主題系そのものが、日本に固有かどうかに疑義があると思います。たとえば、西洋でも近代文学のなかで性が主題化されていった。性というのは自我に至る道として救済の手がかりになっていたわけですね。ヘンリー・ミラーとかローレンスのような人たちのことを考えれば、二〇世紀文学の最重要の課題は性を通じての自我への到達でしたから。政治を通じてではありませんでした。それに日本の文学も影響を受けているので、日本の文学だけが世界文学から離れ小島のように孤立していたわけではありません。

もうひとつ、公と私が国家と個人にスライドできるかどうかの問題があります。あなたご自身が留保をつけられましたが、国家が公を代表するかどうかには、疑義があります。たまたま国家に公が強く引きずられすぎたことが近代日本に固有の事情かもしれません。そこは留保しないといけないと思います。

小熊　もちろん「公」と「私」という論じ方それじたいは、近代日本特有ではないです。しかしキリスト教世界なら「神と個人」になるところが、「国家と個人」「党と個人」になる傾向があるとは思います。ほかの世界ならまた別のヴァリアントがあるでしょうが。

そして上野さんは大変頭のいい方ですから、相対化してそのようにおっしゃいます。しかし感覚的なところでは、国家イコール共同体、という論じ方をする傾向はじつは強い。

たとえば二〇一一年の『上野千鶴子に挑む』のリプライ文で、自分がなぜ国家がここまで嫌いかという理由として、それは国籍だけがほかのカテゴリーとちがって、卓越性、排他性、強制性、包括性を持っているからだと書いている。要するに国家は選択的な縁というものを許さない存在だからであると。そこから逃れるには、もう難民になるしかない、というわけです。

だけど私はこの論じ方というのは、たとえばインド人はするだろうかと考えました。彼らにとっては、カーストとか階級のほうがよっぽど運命的なもので、国籍なんか都合次第でいくらでも変えていいというのが常識的感覚だと思います。二重国籍だって、G8のなかで許してないのは日本とドイツだけで、国籍が排他的でない国は多いですよね。

要するに、上野さんのいうような排他性がある国家像というのは、近代日本の特徴なのであって、そういうふうに国家というものを位置付けるのが当然の前提として論じるという文脈に、上野さんはやはりかなり規定されているのではないかな、という気がしますけれども。

上野　それはそうですよ。わたしは「近代日本の落とし子」ですから（笑）。インド人に限らず、典型なのは香港人ですけれども、彼らにとって国籍は資源のひとつにすぎません。不利な資源なら捨ててしまうし、有利な資源ならゲットする。そういう操作的な国家像を日本人が持てない理由が、日本では公を国家が独占しすぎてきたことから発したという歴史認識なら、わたしも共有します。

しかしアメリカ人が排他性のある国家像を持たないかと言えば、わたしは疑問がありますね。ヒロシマに原爆を落としたエノラ・ゲイのキャプテンが乗員を指して言った言葉が"Look, they are patriots"ですからね。そこでは「愛国者」という言葉がナショナリズムに領有されています。そういう共同体から国家へのスライドはありとあらゆる国で起きているので、アメリカとて例外ではありません。

小熊　それはもちろんわかります。どこの国でもそうです。ただ近代日本は、近代日本だけかどうかはわかりませんが、度が強いなと。

上野　それは認めてもかまいません。

小熊　その度が強いために、国家が運命共同体的な印象を与え、共同体にアナロジーされてしまうことが多いわけです。これは明治の近代国家の作り方が割とうまくて、一〇〇〇年続いてきた天皇という資源があったからでもありますが、古代につなげることが比較的容易で、太古からの共同体というイメージで捉えさせてしまったということがあったためだと思います。しかし国家をそういう共同体として捉えるという考え方が、そんなに普遍的なものかというとそんなことはない。ただの装置だと思っている人は、世界に大変多いですよね。

上野　はい。いまわたしが言ったことはそういうことです。

小熊　人工装置だと思っているから操作可能だと思っているし、国家を論じるということは、法律制度や権力の問題として論じることだ、という傾向もやはり多いわけです。西欧の場合は法と正義の関係を論じるという系譜もありますが、これはキリスト教普遍世界における自然法や、社会契約論が前提です。

　ところが近代日本の知識人たちを見ていると、「国家と個人」という問題を考えるとき、たいてい生き方やアイデンティティの問題だったり、個人が共同体のなかに飲み込まれたときに私をどう保てばいいのかといった問題だったりして、あまり権力関係とか法制度とか普遍的真理とかは論じない。法制などを扱うのは、本当の実務家になってしまう。だから国家は、操作可能なものではなくて、「私」はそのなかで全面的にコミットするか、一人離れて文学に閉じこもるか、そのどちらかしかないみたいな論じ方をする傾向があるわけです。

　自分の体験から言いますが、私は『〈日本人〉の境界』（新曜社、一九九八年）という本を書きましたけれども、あそこでさんざん書いたことのひとつは、「日本人」という概念はまず法制度と立法過程と教育政策の問題なのであって、アイデンティティの問題とかよりもそちらの方が大きいということでした。戸籍制度がどうなっているのかとか、参政権が法律的に認められるかというところが重要だということです。ところがあんまりそのことは受け止められないで、差別とか偏見とか「心の境界」とか、あるいは『オリエンタリズム』（原書一九七八年／平凡社、一九八六／上・下、平凡社ライブラリー、一九九三年）の日本版を書いたみたいな、そういう形で受け止められた傾向がありました。

上野　法制が先にあるというのはもちろんのことですよ。法や制度の成立とナショナル・アイデンティティの成立との間には三〇、四〇年くらいの歴史的時差があります。アイデンティティはあとからついてきます。

小熊　もちろんフーコーもお読みになっているから、そのようにお答えになる。しかし上野さんも、あの本については、マイノリティの「二級市民」が国家にとりこまれていくジレンマとか、抑圧委譲とか、アイデンティティや人間関係の関心からお読みになって、法制度とかにはあまり関心を示しませんでした。もちろん、人の読み方はそれぞれですし、それが気に食わなかったとか言っているわけでは全然ありませんが。

そういうことを見ていても、上野さんを含めて近代日本の知識人には、国家を人工的な制度的存在だと見ないで、共同体的なものだと思っている傾向が強かったのではないか。上野さんも、ドイツにいらしたときに、東ドイツとソ連が崩壊したのをみて、初めて国家が崩壊することもある「人為的な仕掛け」だったとわかった、それがゆえに国民国家論に影響をうけたと、西川長夫さんの『国境の越え方』（筑摩書房、一九九二／増補、平凡社ライブラリー、二〇〇一年）の解説文で述べているわけです。吉本隆明の共同幻想論という下敷きがあったとしても、国家が共同幻想だといわれてそれが衝撃的だったということじたいが、近代日本だから成立したともいえる。世界的にみれば、自分がいま住んでいる国家は創業五〇年ぐらいだよ、いつまであるんだろうね、と思っている人はけっこう多数派であるはずです。もちろん近代日本だけが特殊なヴァリアントなのではなくて、どこの国もそれぞれのヴァリアントですけれども。

上野　それを言うなら、総力戦を戦った敗戦国の経験だと言ってもいいと思いますよ。

小熊　そうでしょうか。私は日本については、戦前のものもたくさん読みましたが。

上野　運命共同体という意味においてです。

小熊　戦前は運命共同体という感じではないですね。でもやっぱり、共同体になぞらえるものはたいへん多いです。

上野　近代日本国家のイメージを共同体としてデザインした人たちがいるということであれば、たしかにそれにまんまと成功したということはあるでしょう。しかしやはり、生死を共にするという意味での運命共同体という、情緒的な意味での共同性を日本人が一番強く持ったのは、総力戦の敗戦国だからだと思いますけれども。

小熊　日露戦争後の日本には結構強いですけれども。満州は一〇万の英霊の血で贖った地だ、絶対に手放すな、みたいな言い方は多かったですよ。

そこはまあ議論が分かれるところとして、そういった発想の形態が近代日本を拘束していたということ、そして上野さんも例外ではなかったのではないかということです。上野さんの場合は女性ですから、「政治と文学」ではなく「政治と性」は両立しないというような問題設定の仕方を「対幻想論」でなさったわけです。この場合は文学のように私に閉じこもるためのものではなくて、私が別の回路を通っていくためのものではありますが、そういう設定の論じ方をなさるわけですよね。

上野　近代日本の思想家のなかで上野が例外ではないと言われたら、そう言っていただいてありがとう、というしかないですね。「近代日本の落とし子である」ということは、時代と社会の落とし子であるということなので、自分の思想が時代と社会をきちんと反映しているという意味でもありますから。ただ、そうじゃない人はいったいいるのだろうか、という反論にもつながりますけどね。「政治と性」の対立図式にしても、その図式はわたしが作ったわけではなくて、日本近代文学を作った男性たちが作り上げたものです。

小熊 はい。

上野 そのようなものとして日本近代文学があって、そのようなものとしてわたしが日本近代文学を正確に理解していたということの反映ですから、その解釈でけっこうだと思います。

江藤淳型と大江健三郎型

小熊 ところでここから、近代日本思想の中における上野千鶴子という問題に入りますが、文学がお好きなんですよね。

上野 はい。

小熊 近代日本文学思想をひきあいに、上野さんの占める位置というものを、ここで考えてみたいと思います。同じアリーナのなかでルールにのっとって動いているにしても、アクターによってそれぞれのパターンがあります。そのなかで上野さんがどの位置にあるか。

古典的な対立の形として、大江健三郎と江藤淳というものを考えてみたいと思います。江藤淳の場合には、中産階級出身の文弱な私というものを、一方で非常に恥じながら、「私」は何よりも大事なものであるというかたちで、一九六〇年くらいまではなんとかとどまっていた。ところが六〇年安保とアメリカ滞在を境にして、一気に明治国家というものを発見する。

江藤のおもしろいところは、都市中産階級出身ということもあってか、べたべたした人間関係は大嫌いで、共同体日本みたいなものは嫌いなんです。アメリカの日系日本人社会なんてべたべたして気持ち悪くて仕方がない、なんていうことも言っています。にもかかわらず、年齢とともに孤立に耐えられなくなり、文弱な私というものが、なんとかコミットできるものはないのかと探したところ、明治の日本にいきつく。そして、戦後日本に失われたものが明治にあるみたいなかたちで、一気に幻想の国家と一体化する領域に入っていくわけです。これは個人が共同体を嫌いながら、国家という幻想に行ってしまう道です。

反面、大江健三郎はどうかというと、かなり違っています。彼は四国の山村の生まれで、皇国少年だった。天皇を大樹木に例え、それに抱かれる夢などを見たりしている。ところが敗戦でアイデンティティの崩壊を経験し、どうしたらいいかということで自我をブルブル震えさせながら、自己存在を揺るがす問題として、性の問題にのめり込むわけです。一時は日本の性文学の代表みたいな評価もありました。そして天皇を崇拝する右翼少年が、テロで牢獄に入って、射精しながら自決していく小説を書いたりしたわけです。

ところがそのあと、障害のある子どもが生まれたところから性の主題では書かなくなり、『ヒロシマ・ノート』（岩波新書、一九六五年）で国家と戦う人びとを見出したあと、山村を国家と戦う共同体として意識するようになる。そして『万延元年のフットボール』（講談社、一九六七年／講談社文芸文庫、一九八八年）を書くわけです。そこから共同体に依拠しながら、あるいは樹木や森に依拠しながら、国家に相対していくという路線をとっていくことになります。井上ひさしの『吉里吉里人』（新潮社、一九八一年／新潮文庫、一九八五年）なんかも、大きくいえばこの系譜です。ただ井上は、キリスト教の影響が深いので、もっと普遍世界的ですが。

ほかには、国家と個人という枠そのものを批判した丸山眞男みたいな人もいますけれども、これはあまり広まらなかったと私は思います。大方の受けとられ方としては、丸山は国家と対立する市民を重視したのだとか、そうではなくて国家統合としての公共性を唱えたのだとか、結局は「国家と個人」のバリエーションの枠内でしか受容されなかったようです。

上野さんは丸山には関心がないのはわかっていますから、この系譜の問題は別として、江藤と大江の二人をまず二大類型としておきましょう。私は上野さんは、資質としては江藤に近いだろうなと思います。三島由紀夫にも近いですが。

上野　その根拠は？

小熊　だって、好きなんでしょう？

上野　あはは（笑）。それが根拠ですか。

小熊　江藤の『成熟と喪失』（河出書房新社、一九七五年／講談社文芸文庫、一九九三年）なんて、「涙なしには読めない」と書いていたでしょう（笑）。

上野　それが根拠ですか（笑）。資質としてはという言い方をされたら、分析抜きの問答無用の判定になりますね。なぜなら、そう感じたから、っていう。
小熊　ええ。それはご出身から考えたってそうですよ。
上野　中産階級の出自ということですか？
小熊　そうです。
上野　うーん。もう少し説明してください。
小熊　江藤と上野さんの共通点というと、まず「私」というものをものすごく大切にするんですよ。そして共同体に飲み込まれまいとするんです。
　ところが違いとしては、江藤はそこから一気に国家に飛ぶんです。その場合の国家というのは、共同体的なイメージでもあるんだけれども、いちばんは公共的責任のイメージであって、責任を負うことによって「私」の自立性を保てるんですよ。それによって、「私」を保ちながら孤立から脱する、ということが達成されるわけです。「家長の責任」を負うことによって、自己の確立とつながりの獲得を一挙に得る、という路線でもあります。江藤は実際には父親にならず、最後は「おひとりさま」状態に耐えられませんでしたけれど。
　三島の場合はもっとひねくれていて、彼の現実拒否とマイナー志向美学の表現として幻想の国家を持ってきて、現実の戦後国家を否定しますから、国家を重視するほど現実から遠ざかる。こういう幻想国家の傾向は江藤にもありますが、三島のほうが極端です。
上野　そうはいっても三島は、楯の会という共同体を作りましたね。
小熊　まあ、そうですね。

上野　それこそ生死を分かちあう、運命共同体でした。

小熊　彼にとって死ぬことは、みずからが老いていくことを含めてすべての現実の拒否の完遂で、この世にありえない究極の美の獲得ですからね。それはともかく、三島とか江藤とかお好きなんでしょう？　あまり大江健三郎が好きだという話は聞いたことがない。

上野　大江は好きになったことはないですね。文学の好き嫌いは資質の反映なんですか？（笑）

小熊　それは、たぶん、上野さんの本来的な資質の問題でしょうね。

上野　なぜならば、自分はそういう匂いを嗅ぐからという言い方をされてしまったら、分析抜きの裁断なので、あなたはそう感じるという以上のことではありませんから、わたしはそれを否定しようも肯定しようもないです。事実からいえば、わたしは三島の文学は「わかるから、きらい」です。江藤の評論も「わかるから、きらい」です。

小熊　愛と憎しみがあるわけですね。

上野　そうです。大江の文学はおもしろくないです。

小熊　そうでしょうね。自分に響いてこないんでしょうね。

上野　共感できません。

小熊　三島と江藤は響いてくる。二人とも国家に飛んだ男たちですが、同時に奇しくも、二人とも「老い」と現実を最後は受け入れられず、自決する道を選んだ人たちです。しかし、これは拒否しなければならない。

上野　そうですね。あなたがおっしゃる通り、理解可能だから逆に批判的な距離をとろうとしているということはありますね。

小熊　永井荷風はどうですか？

上野　永井荷風は、はっきり言ってキライですね。おもしろくないから読まないです。男がのめりこむ理由はわかります。荷風が好きだという男はキライです。

小熊　それはそうですね（笑）。上野さんからすれば、女を使ったオナニー男でしょうから、よくわかります。でも冒頭でも申し上げたように、一人でいることが結構お好きなところがあるんですよね。

上野　あなたの解釈は、下部構造還元論というか、わたしの階級的出自に還元していませんか？

小熊　中産階級だから一人が好きとは限りませんよ。パーティ大好きとかもいます。

上野　小さいころから子ども部屋を与えられた世代や階層では、他人といるほうが苦手なひとはたくさんいるでしょう。

小熊　そんなことを言ったら、中産階級といっても、出身が都会かどうかとか、いろいろありますから、そう簡単にはいえない。ただ、資質としてどちらかと言えば江藤型かな、ということです。

上野　雑魚寝はキライです、寮生活はキライです、集団行動はキライです（笑）。

小熊　そうでしょうね。

上野千鶴子の限界!?

小熊　しかし資質は江藤に近くても、国家に飛んでしまう男というのは、たくさん見てしまった。

上野　はい。許せませんね。

小熊　革命と党派に走る男も、かつて革命と言っていて保守ナショナリストになった男も、同世代でしっかり見た。それは絶対に全力で拒否したい。しかし、江藤淳は涙して読んでしまう。

上野　理解可能な範疇にあるからですね。だいたい理解可能なものというのは許せないですよ。そんなものだと思います。

小熊　だから拒否しなければならない。そこで彼らと唯一対等に戦える場として、性と対幻想を初期には持ってきた。

上野　そこで冒頭の対幻想の話になりますが、あなたが「公と私」という対立図式のなかでどういう姿勢をとるかについて、先ほど江藤類型と大江類型ということをおっしゃった。江藤類型は国家に飛ぶ。大江類型は共同体に依拠する。そこでの共同体が国家と対立するという構図は、たしかに大江のなかにあります。けれども、国家に対峙するのは共同体だけとは限らない。もうひとつ対幻想というオプションもありえます。

小熊　国家と個人の対立関係図式、つまり共同幻想と自己幻想の対立のなかで、国家の方に転んでいく男たちを見ながら、そうならない道を探したと、「対幻想論」のなかで書いていますよね。

上野　そうです。ですから、対幻想とは男を絶対に国家の方に転ばせないための装置ですよね。

小熊　だから、吉本さんの共同幻想論のなかでも、共同幻想と自己幻想ばかり男たちが論じていることを強く批判して、対幻想を押し出した。それはよくわかります。つまり資質としては江藤型に近いのだけれど、女性だったこともあって、恋愛つまり対幻想へ論じる方向へ行った、というのが巨視的にみた「近代日本思想史における上野千鶴子」のスタート地点だったといえる。ところが、やはりその考え方そのものが、近代日本という時代と状況に規定されていた。

上野 おっしゃるとおりです。

小熊 ここでその規定が上野さんにどう影響し、どう変化していったかに移ります。

まず家族というものの位置づけが、上野さんのなかでだんだん変わっていった。初期には、家族はいろんな要素を持っているけれども、やはりまずは対の関係というものが基礎にある。そして生殖と再生産は外部市場化できないという前提があり、だから家族の領域というものは国家（福祉国家）と市場経済に抵抗していく部分である、という論じ方を八二年の「国家という分配ゲーム」ではなさっておられましたよね。つまりは、対幻想を基礎とする家族は、自己幻想や共同幻想、市場や国家に対抗するものであると。

上野 はい。

小熊 ところが九〇年代以降から二〇〇〇年代になると、その位置づけを決定的に放棄していく。初期には家族が対幻想に近い位置づけになっていたのが、だんだん共同体のほうに近い位置づけになっていく。つまり家族の可能性を断念した。

上野 現実がそうではないということが赤裸々になってきたからです。現状分析においても、歴史研究においても、近代家族の現実が赤裸々になってきた。

小熊 それはつまり、八〇年代前半くらいまでは対幻想のなかにいた上野さんの同世代の女性たちも、八〇年代後半になるとそこに絶望して女縁にいくようになった。そうなると家族というのは、もう対幻想の場ではなくて、「わたし」を束縛する共同体にすぎなくなる。その時期から近代家族の歴史性というものを研究するようになる、という流れがあるわけですね。

上野　そうですね。そうなるとやはり現実の変化と理論の変化というのは随伴してますね。

小熊　そう思います。そういう家族の位置づけの変化があったから、二〇一一年の『ケアの社会学』になると、「私セクター」つまり家族を、「協セクター」以外のものとして措定する、ということが可能になったのだと思います。

ところがいまだに上野さんのなかでかなり強く残っているのは、共同体＝国家に対抗する対＝協という図式です。国家というものをそういうイメージで捉えるというのがはたして適切なんだろうか、とときどき思うわけですよ。

私が上野さんの二〇〇五年の『老いる準備』を読んで、ちょっとのけぞったことがあります。あの本では、官・民・協の三セクター類型を出されて、それぞれ英語があててありました。それが、官が「パブリック」、民が「プライベート」、協が「コモン」と書いてあった。これはアメリカ語なりイギリス語なのかな、そうじゃないなと思いました。民が「プライベート」はまだいいですが、官が「パブリック」というのは何だろうとね。要するに、上野さんのなかでは「パブリック」＝官なんだなというのを、あれを見て思ったわけですよ。

上野　ちょっと注が要ります。public と private という二項図式はそう簡単にわたしが勝手に変えることはできないものです。この public に公という訳語をあてるのは定訳になっていますが、それを採用しないであえて官という訳語をあてる理由が説明してあったと思います。

小熊　でも、そこで「公」を「官」に横滑りできるということ自体が問題なのでは？

上野　それは先ほどあなたがおっしゃった現状認識から来ています。日本では国家が公を著しく強く独占してきたと。

小熊　しかも、「国家」とは「官」だと（笑）。三権分立も何もあったものではないですね。

上野　日本ではpublicにあたる部分を著しく官が独占してきたという現状認識にもとづいて、それを批判的に言語化したということですね。公を官が独占してきたところに、もうひとつの新しい公を持ってこようと思ったら、publicと異なるなんらかの概念をもってこざるをえない。だから、わたしのみならず協セクターの研究をしているNPO系の論者たちが使いはじめていたcommonという概念を、暫定的に持ってきたという経緯です。

小熊　それは、七〇年代から八〇年代、あるいは八〇年代の半ばくらいから出てきた、日本のワーカーズ・コレクティブとかの流れで言われていた「コモン」という言い方ですか。

上野　そうです。概念の系譜をわたしが勝手に無視するわけにはいかない。ここでわたしが強引にやったのは、publicを「公」とせず、あえて「官」と訳したことですね。

小熊　しかし、あれは英語ですか。イギリス語だったら、commonというのはまず、貴族でない人たち、「庶民」という意味じゃないですか。

上野　いえ、そうじゃないです。commonは中世の共同体所有をあらわす「入会地」という意味ですから。

小熊　まあ、そう書いてはいらっしゃいますが。

上野 common people という意味ではない。ちゃんと概念史があります。common という概念はそちらから持ってきています。

小熊 しかし入会地は共同体のものであって、選択縁じゃないですよ。それを「協」の訳にあてますか。

上野 そうなんです。ですから、概念の変遷のなかで試行錯誤しているわけですよ。広井良典さんはすごく簡単に「コミュニティの復権」と言いますが、わたしはコミュニティという概念をできるだけ避けたい。

小熊 あくまで「アソシエーション」だとおっしゃいますね。しかし避けたいというのは、もう上野さんの感性であって、政策とか社会科学の問題じゃないでしょう。

上野 そうですよ。もちろん、好みです。こだわりというか好み。

小熊 だからそこが上野さんの思想の特徴であり、ある種の限界をかたちづくっていると思うんですよ。

上野 特徴だというのはその通りですが、限界とおっしゃるのはどういうことでしょうか?

小熊 たとえば「協セクター」に過大な期待を寄せるとか、あるいは上野さんが「官」や「民」と位置付けたものに関してはそれほどの注意を払わないとか、あるいは「官」や「民」を制度的に変更できるものとしての姿勢をあまりとらないとか。

上野 それは、まあ、おっしゃるとおりですが、どんな研究だって選好や関心をもとに行うものです。ですから、官・民・協のセクターのなかでわたしの選好が、協セクターにおかれていることは、最初からあきらかにしています。協セクターを強調するのは、それが少数派だからこそ、あえて強調する必要があるからですよね。そのこと自体は決して咎められることでもないし、限界でもないと思います。

小熊　咎められることだと言っているのではなくて、特徴ということですね。

上野　限界ではなく特徴だと言っていただければ。介護保険の客観的な研究とか、社会保障制度の比較研究などは、どなたか他の方がおやりになればいいことで、わたしは協セクターを対象にした研究を自分の選好から行った、ということです。もし限界というのならば、自分でも他のところで書きましたけれども、いわば社会科学者としては犯してはならないバイアス、つまり協セクターを過大評価したという傾向はあるでしょう。

小熊　それぞれに特徴があっていい、役割分担があっていい、という考え方ですね。しかしそれなら、それぞれに適応の限界が出てくる場合がある。

上野　過大評価の限界について述べましょう。女縁の研究に際して、わたしは確かに実証的な調査をしました。外国で講演すると、日本の女性の何％がこういう活動に参加しているのですか、とよく聞かれます。あなたが先ほど代表性をいうことをおっしゃいましたけれども、では女縁の活動に参加している人たちが日本女性のマジョリティかというとそんなことは決してありません。

小熊　もちろんそうです。

上野　何％かなんて聞かれても、まずデータがありませんし、女縁活動とは何かという定義がありませんから、測定不可能です。あんなにアクティブで前向きで資源に恵まれた人たちははっきり言って少数派でしょう。一般的に主婦の問題群を扱えば、むしろ斎藤茂男さんの『妻たちの思秋期』（講談社＋α文庫、一九九四年）症候群のほうが、もしかしたらマジョリティかもしれません。

小熊 斎藤さんの本が扱っているのも、やはり結局、中産階級高学歴女性の専業主婦ですよね。

上野 それはそうです。マジョリティを人口学的な多数派、少数派ということで論じるかどうかはまた別にして、そうであるならなおさら、女縁の活動に参加した女性たちが多数派であったとは決して言えない。そうは言えないけれども、女性の先端的な活動を研究する意味はあります。その際、わたしが自覚的に採用した戦略的な方法がありました。研究の際にネガティブな情報を得ても、データのねつ造はしませんが、表に出しませんでした。

小熊 それは運動家としては正しい姿勢です。

上野 ポジティブな情報を積極的に出すようにしてきました。それはわたしの戦略的な選択です。

小熊 『おひとりさまの老後』もそうですが、一貫してそうであると。

上野 戦略的にそうしてきましたから。『おひとりさまの老後』に高齢シングル女性のネガティブな面が出ていないじゃないかというと、もちろんそのとおりです。出さなかったからです。それを限界とお考えでしょうか。

小熊 それを評価したうえで、ここで考えてみたいのは、やはり基本発想の限界の問題です。先ほど根本思想と時代変遷を聞いたところで、やはり上野さんの思想形成は七〇年代後半から八〇年代の、ジャパン・アズ・ナンバーワンとか一億総中流とか言われた時代を前提としたものの考え方であって、基本発想がそこに規定されていた。しかし同時に、社会や年齢の変化とともに、適合をはかってきたという話を先ほどおうかがいしました。けれども、そういう短期的な規定とは別に、近代日本の知識人としての規定の方はどうか。

やはり上野さんのものを読んでいくと、いくつかの限界があると思います。たとえば「協」への過大な期待ですが、いちばん重要なのは、そういう発想形態が、いまの時代に即しているかどうかです。

たとえば上野さんが「民」＝市場と位置づけた部分に関してですが、それが現在は社会的起業という形で、「協セクター」と混合がかなり起きて、特に若い人たちはそれを当然と思う感性を身に付けつつある。そういう若い世代から見ると、「官」「民」「協」を分けるという発想じたいがわからない、あるいは古い時代の感性だと感じられるのではないか。上野さんが唱えている、「地縁」「血縁」「社縁」「選択縁」という四大類型も、いまの若い人にとってはすべてが選択縁で、選択縁という類型を出されても意味がないと感じるかもしれないし、「社縁」が「地縁」「血縁」にならぶ存在だというのも、おそらく感覚を共有できる世代と社会は限られるでしょう。

ほかにも、社会運動はほとんど必ず党的なものになり、排他的・運命的な「ミニ国家」が生まれて粛清に行きつくといった意識も、「国家と個人」「政治と文学」のバリエーションで、近代日本や帝政ロシアの知識人はこういう論じ方が好きですが、やはり地域限定・時代限定だと思います。女性が男性と対等に戦える唯一の場は恋愛だ、というのも、こちらは日本に限らず根強い感性ではありますが、やはり階級限定・時代限定でしょう。

ですから、上野さんは七〇年代に形成した根本思想を、たくみに時代に適合させてはきたけれども、より大きくいえば、近代日本に規定された発想の部分の前提が、いまは移り変わりつつあるのかもしれないとも思うわけです。

上野 協セクターの事業体は、すでに市場に参入していますよ。

小熊 だとしたら、「民」と「協」を分けるという意味はどこにあるのですか。

上野 分析概念ですから。たとえばNPOだって市場に参入していてもNPOと定義します。NPOというのはそうやって定義することによってはじめて浮かび上がった領域なのです。定義をしてある対象領域を析出することによって、たとえばアメリカのレスター・サラモンは、NPOの概念をつくることによって九〇年代にNPOのGDP貢献率が五%であるとかいう数値を出すことができたわけです。NPOとは、定義がなければ存在しない概念なんです。協セクターは、実態として存在する領域ではありません。

小熊 概念設定によって浮かび上がらせるという行為がたいへん重要なのはわかります。しかし浮かび上がらせたことが、有効な装置として人びとに受け入れられるかどうか。

上野 そうです。有効かどうかです。

小熊 それがいままでは、ある一定以下の年齢の人たちになってくると、感覚的にわからないということが出てこないかということなんです。

上野 どうでしょうか。官・民・協・私の分類は、わたし一人が考えついたわけではありません。福祉社会論者が共通して使用している概念です。どんな概念にも背後に概念史がありますから、自分勝手に作ったり使ったりするわけにはいきません。官・民・協・私のなかで協セクターに対する非常につよい思い入れ、過大評価が上野の研究の特徴であり限界である、と言えばたしかにそうでしょうが、同じ特徴と限界をＮＰＯ系の論者も持っていますし、生協系の論者もそうです。なぜかというと、本人たちが担い手であり、牽引力だからです。コミットせざるを得ないわけです。そういう人たちにわたしは肩入れしているので、過大評価の傾向があるのはたしかです。なぜそのようなカテゴリー装置を作るかといえば分析に有効だからです。こういう分析概念に有効性がないと判定されれば、やがてすたれるでしょう。

いまのあなたの言い方だと、われわれの世代がそういう分析概念を作り出した（笑）。近代日本の落とし子というけれど、けっこう、外国の影響を受けていますけれどね。それなのに、それを共有できない世代がすぐ直近にせまっていて、こういう理論モデルがただちに破産を宣告されるであろうというのが、あなたの見通しなのですか。

小熊　わかりません。そこまでは急激に変わらないと思います。ただ、福祉の領域などでは少しずつ変わりつつあるのかな、というふうに思わなくもないですが、私はそんなに調べていないのでわかりません。

先ほど概念史ということをおっしゃり、上野さん一人で作ったのではないと強調され、外国の研究も踏まえているといわれました。しかし私は、やはりそこで施された若干の流用に、上野さんのバイアスを感じます。たとえば官・民・協・私ですが、二〇〇五年の時点では最初は上野さんは官が「パブリック」、民が「プライベート」、協が「コモン」としていた。ところが二〇一一年の『ケアの社会学』では、アメリカかイギリスかオーストラリアか、英語圏系の名前の研究者の分類を引用して……

上野 イギリスです。

小熊 イギリスですか。それでその分類に、上野さんの日本語訳があててある。それだとstateが「官」、marketが「民」、civil societyが「協」、familyが「私」となっている。これの英語のほうは、イギリス語だというのはわかります。アメリカ語でstateといえば、「州」になってしまいますからね。そしてマキャベリいらい、stateは共同体とは区別された統治機構のことを指すというのは政治学でもいわれていることですから、これが統治機構としての「国家」だというのは妥当です。しかしこのイギリス語に、官・民・協・私という訳語をあてるのが適切かな、とくにcivil societyの訳が「協」というのは本当に「上野語」だな、という思いはあります。

上野 それは同意します。

小熊 もちろん、アメリカやイギリスの言葉使いとおりにすれば普遍的という問題ではありません。しかし、上野語は社会限定、時期限定かもしれない。

上野 概念も理論も有効期限付きですから、それはおっしゃる通りです。賞味期限付きの概念は、現実が変われば、破産を宣告される運命にありますから。あたりまえでしょう。

最後にのこされた問題

小熊 さて最後にとっておいた問題なのですが、上野さんの基本的な思考形態には、根本的な矛盾があると思うんです。それは、上野対幻想の両義性です。

つまり対幻想は、非常に希望として考えられている。しかし一方で、対幻想に期待を抱いてその領域に入っていけば、まさにそここそが、「愛の不払い労働」が待っている場であり、一番の搾取の場であるとも位置付けられている。それがずっと尾をひいていて、たとえば「協セクター」というのは、実は一番低賃金の場でもありますよね。

上野　そうきましたか。

小熊　家事が「愛の不払い労働」であったように、「協セクター」は「やりがいの搾取」が行われている部分ともいえますよね。それを不払い労働だというと、上野さんが実際に体験したように、現場からは批判を受ける。それを解決しようとするならば、「官」セクターか「民」セクターかに近づけていくという方向性しか、なんとなく見いだせていない。その状態で、あくまで「協」にこだわっていらっしゃるんだけれども、そこに根本的に矛盾がないかと私は思いますけれどもいかがでしょう。

上野　概念の対応にねじれがありますね。最初に訂正しましたが、共同幻想・個人幻想・対幻想が官・民・協に対応するのは間違いです。

小熊　そうですか？

上野　対幻想は「私」、つまり家族に対応しています。まず第一に「私」の領域における対幻想の暴力性や搾取性についてはすでに十二分に暴かれたので、わたしは家族には幻想を持っていません。「協」というのはあとから登場したセクターです。協というのは閉じられた集団ではなくて、第三者を呼び込むような開いたつながりのあり方ですから、そこは対とはまったく違います。対幻想と呼ぶものと協セクターが概念的に連続するという理解は間違っています。

小熊　そうでしょうか？　たしかに八二年の「対幻想論」では、対というのは必ず閉鎖性を作り出す、理想的な対を作れば第三者を呼びこまないと書かれている。これを読むと、八二年当時の上野さんは、ロマンティック・ラブ・イデオロギーのなかにいたんだな、とよく分かります。しかし八〇年代の後半くらいに、さすがにそれは破れたんだろうなと思いますし、家族というものの位置づけも変えていったのは分かります。しかし八二年の時点、あるいはもっと早くからかもしれませんが、「個人と国家」ないし「個人と共同体」の二項対立を乗り越えるものとしての対幻想、という位置づけをなさって、その問題意識がいまでも続いていると思いますけれども、いかがでしょうか？

上野　あなたの理解をわたしが再解釈すると、対幻想という概念のなかには、二つの要素が未分化に含まれていたと言えます。一つは閉鎖的で完結的なつながいという要素。もうひとつは、差異をもとにした絆・つながりの連携という要素です。ふたつの要素が分解して、一方が家族に行き、他方が協セクターにいったという、そういう理解の仕方をあなたがなさっているというふうにわたしが理解してもいいですか。

小熊　その自己解説がいちばん妥当かもしれませんね。そこに、「ひとり」になったときに語らった女性たちとの「女縁」、シスターフッドの喜びも、遠くで響いているようにも思います。

上野　当時のわたしが対幻想という概念に託していた、公でもなく私でもない、抵抗の拠点としての差異をもとにしたつながりを、協セクターというあらたな概念のもとに見出したというあなたの解釈は、受け入れてもかまいません。

小熊 さらに言えば、その「公」と「私」という区切りかたが、近代日本のあり方に規定されていた。

上野 それも認めてもかまいません。ただ、近代日本のあり方に規定されているのは、近代日本のもとで思想形成したすべての人たちにほぼ共通したことでしょう。あなたがご自分を例外だとおっしゃるなら、それはそれでかまわないけれども。

小熊 もちろん例外だとは思っていないですよ。

上野 わたしが例外ではなかったというだけのことだろうと思います。そのなかで公でもなく私でもなく、個人に還元されず国家に回収されない抵抗の拠点として、希望のカテゴリーとしての協セクターにわたしが強い期待と過大評価を持っているというのはその通りだと思います。矛盾というよりは、最初から両義性がはらまれているというしかないですね。

小熊 思想家をいろいろ読んでいると、人間は一番愛しているものに対しては両義性をはらむものだな、と思いますが。

上野 わたしが愛と憎しみを持っているという意味の両義性ではなくて、協セクターのなかには希望と搾取、自由と抑圧、この両方が含まれているという両義性は、そのとおりだということです。たとえば不払い労働を愛の労働と、その逆に愛の労働を不払い労働と、言いかえることもできる。同じように、協セクターにおける労働を搾取と呼ぶこともできるし、自発性と呼ぶこともできる。この両義性は最初からはらまれています。それは認めますが、それを矛盾というふうに言っていいのでしょうか？

小熊　それを矛盾とまで言うかどうかは、上野さんの戦略的判断です。しかし最初にそこに希望と絶望を見出したところに、根本的な自己矛盾があるのではないか、ということです。

上野　両義性はもちろん持っています。『ケアの社会学』にも書きましたが、協セクターにおける有償ボランティアのような労働の仕方が、結局はケア労働の市場価格の価格崩壊につながっているということが起きています。では、両義性のどちらを強調するか。渋谷望さんのようにマイナス面だけを強調する人もいます。もう一方で生協系の論者のようにプラス面だけを強調する人もいます。

協というカテゴリーは、概念を創ったことではじめて析出することができ、しかも現実に生成しつつある領域で、その生成をわたしが期待し、望んでいるという領域です。そうであるなら、ネガティブな論じ方よりはポジティブな論じ方をすることは、戦略的には正しいと思っています。ネガティブな部分をわたしが知らないわけではなく、言及していないわけでもありません。ですがわたしが渋谷さんのような批判的な論じ方に対して不快感を持つのは、彼が傍観者にとどまっているからですね。

小熊　上野さんは、その思想を生きた人でなければ、それを乗り越えることはできない、というのが持論ですからね。

上野　はい、そのとおりです。ですからわたしは、矛盾だと思っていません。

エージェンシーについていえば、女だってこの社会をこんなふうにした共犯者でした。結婚によって主婦という不払い労働者に、恋愛という盲目的なエネルギーをスプリングボードとしながら、女は自らすすんでそこに入っていったわけです。これもジェンダー研究では情熱恋愛の果たした役割について、テリー・イーグルトンなどが明らかにしています。そうした両義性は、ジェンダー研究のなかでは避けて通るわけにはいかないので、矛盾というわけではないと思います。

小熊 田中美津さんは、矛盾していてなにが悪いの、とおっしゃいましたけれど。

上野 わたしは両義性がもとからはらまれていると思っています。

小熊 では、両義性はもとからはらまれているのであって、上野さんもそれを反映していた、ということにしておきましょう。

ところで、その両義性の上野さんのなかにおける展開ですが、先ほどの位置づけで拡大解釈していくと、こうなりますか。対幻想のなかにあった性愛にからまる部分を、九〇年代から二〇〇〇年前後にかけてだんだんふるい落としていく。それと並行して、家族の位置づけも変わり、女という概念も、当事者主権という形に切り替えていった。その過程で対幻想の概念が、一部は「協」の概念に移り変わっていった、そう解釈していいですか。

上野 対幻想の一部がね。

小熊 そうですね。上野さんが対幻想という言葉で論じていたものの一部。

上野 対幻想という概念に仮託した、ある希望の一部です。

小熊 そうした「ある希望」を、ある時期は対幻想という形で仮託したけれども、二〇〇三年に『当事者主権』を書いて、私が四〇年間考えてきたことはこのことだった、と宣言し、さらに「協」という概念に展開させたということですね。そして上野版の対幻想のうち、自己完結的な対という部分は、「私セクター」として表現されていった。つまり対幻想に仮託していたものが、途中で振り落とした「性愛」のほかは、「協」と「私」に分裂したということになりますか。

上野　そういうふうに言われると、なるほど対話を通じてはじめて到達する自己理解があると思えます。腑分けされて――腑分けというのは解剖学のことですが、文字どおり解剖された思いです――はじめて自分の臓物を見ると、なるほど官・民・協・私までいったところで、手つかずの領域が最後に残ってしまったなという感触を、いまこうして話していて思いました。それはセクシュアリティの問題ですね。しかしそれはおそらく誰にも答えはないでしょう。

小熊　たしかに、性愛を落とした時点で、セクシュアリティは落ちたでしょう。上野さんはもともと性愛の問題についても、関係やつながりの方に重点をおきましたからね。

上野　そちらに持っていきましたからね。つまり論じることのできるものだけを論じた。論じることのできないものは手つかずに残っていることになりますね。

小熊　それは逆に言えば、上野さんが当時流用することのできた学問的な言葉なり言説資源なり男の言葉なりのなかに、それを表現する資源がなかったということでしょうか?

上野　それもあるでしょう。その後セクシュアリティ研究の人たち、とりわけゲイとレズビアンの人たちがやってきたと思いますが、多数派と少数派ということで言えば、残念ながらヘテロセクシュアルの人たちが多数派です。わたしはセクシュアリティ研究のなかでもっぱら性的マイノリティばかりが主題化されるのはおかしいと思っています。セクシュアリティ研究がまっさきに取り組むべきは異性愛であるはずです。セクシュアル・マイノリティは異性愛という制度を顕在化させるために問いを立ててきましたから。なぜ人間の欲望のなかで他者の介在を得なければ充足できない欲望があって、その欲望はなぜ異性を愛せよとの命令と禁止を伴うのかが問われるべきでしょう。生殖に関わらない異性間のセクシュアリティがあることを思えば、異性愛を再生産に還元することはできません。

幸いなことに、加齢が性欲を低下させます。田中美津さんに、「性欲が減ると人生がずいぶんと平和になった」と言ったら、彼女はそれをほかのところで引用して、「上野さんにこの前会ったら、性欲がなくなると人生が平和になった、と言っていた」と書いていたので、あとでクレームをつけておきました。「なくなったん」じゃなくて、「減ったんだ」って(笑)。性欲が減ったりなくなったりしたからと言って、問題がなくなっているわけではありません。先送りされたり目の前からとりあえずは見えないようになっただけのことで。

小熊 私の見方では、七五年の「構造主義の認識論」の脱中心化論のほうが、むしろセクシュアリティやエロティシズムを扱っていたように思いますね。

上野 概念や装置がないということから言えば、セクシュアリティを論じるための装置はまだまだ足りないと思います。

小熊 さて、それでは対談の締めの言葉に入りましょう。上野さんは、社会学とは人と人との関わり、つながりを研究する学問と『上野千鶴子に挑む』のリプライでおっしゃっています。

上野 人と人との間です。

小熊 つながりではなくて間ですか?　それでもいいですが、それをやる過程のなかで、常に同時代の人びとの「ニーズ」、つまり叫びないしコールに応答してきた。そして、ご自分でも女たちへ、男たちへ、もっと多様な人たちへ、ラブコールを発した。

上野 そうですね。

小熊 そのラブコールが、誤解をされたり論争を生んだりもした。けれども、上野さんがそのときどきの時代の要請、あるいは人の要請に応答して発したラブコールが、いろんな学問を生み、多くの人の共鳴を生んだということも言えると思います。今日はそれを学問的な軌跡という形で聞きました。今後、どう転回されるかますます期待しております。

上野 最後の言葉が今後への期待とおっしゃるのは、人生の過半が過去に属するような人間に対して言うセリフではないと思いますが（笑）。あなたにこういうふうに腑分けしていただくと、自分のなかで何が白日にさらされ、何が問題として残っているかがまざまざと分かるようになりました。後からきた人は、そういう位置づけをやる特権を持っています。こういうふうに位置づけていただくと、自分が大変幸福な研究者であったというふうに思います。今日はほんとうにありがとうございました。

（初出：『現代思想』二〇一一年一二月臨時増刊号、青土社）

第2章

団塊世代は逃げ切れるか

×北田暁大（きただ・あきひろ）

1971年生まれ。東京大学大学院情報学環教授。専門は理論社会学、メディア史。著書に『広告の誕生』（岩波書店）、『責任と正義』（勁草書房）、『「意味」への抗い』（せりか書房）、『嗤う日本の「ナショナリズム」』（NHKブックス）、『増補　広告都市・東京』（ちくま学芸文庫）、共著に『歴史の〈はじまり〉』（左右社）、共編著に『戦後日本スタディーズ（全3巻）』（紀伊國屋書店）など。

『おひとりさまの老後』への批判

北田　東浩紀さんが『SIGHT』誌で、上野さんの著作『おひとりさまの老後』（法研、二〇〇七年／文春文庫、二〇一一年）を取り上げました。少し長いですが以下がその引用です。

『おひとりさまの老後』は、よく知られるとおり、女性学やジェンダー研究で知られる上野氏が、同じ団塊世代の単身女性に向けて書き下ろしたエッセイというか、一種のマニュアル本だ。昨年夏の出版直後から話題になり、いまや七五万部のベストセラーになっている。話題の本なので、手にとった読者も多いかもしれない。

この本の主張はシンプルかつポジティブで、「単身女性で家族がいなくても老後は大丈夫だ」というものである。言いかえれば上野氏はここで、標準的な家族像、幸福像に悩まされ、自分の人生をうまく追求できない単身女性に、「あなたは個人主義者でよいのだ」と救いの手を差し伸べている。その功績はとても大きい。筆者は対象読者とは性別も世代も異なるが、それでも随所で頷きつつページをめくった。まずはそれを記しておこう。

しかし、そのうえでどうしても気にかかる点があった。

単身女性でも老後は楽しく生きていける。それはそうだが、やはり資金は必要だ。ではその資金はどこから来るのか。上野氏はそこで、団塊世代は持ち家率が高いと指摘したうえで、つぎのように述べる。

「団塊世代には、大都市圏に移住してきた次男坊や三男坊とその妻がつくりあげた核家族が多い。親からなにも受け継がなかった代わりに、自分一代で築いたものを自分一代で使いつぶすのは勝手だ。団塊ジュニアはあてがはずれるだろうが、そこは自己責任と思ってもらおう」。「団塊ジュニアが［……］老後を迎えるまでのあいだに、高齢者が個人でストックを貯めこまなくても生きていけるだけの社会保障システムが、日本に確立していることを期待しよう」。「子どもへは正の贈与も負の贈与もやめる。子世代の自立には、これがいちばん。実のところ、団塊世代の親には、子の世代に気前よく贈与を与えつづける余裕などないはずだ」（一六五―一六六ページ）。

団塊世代（の女性）は個人主義を貫けばよい、死後に財産を残すことなど考えず幸せに邁進せよ、というのが上野氏の主張だ。筆者はその主張を前に考えこんでしまった。

引っかかった点は三つある。まず第一に、団塊世代は独力で資産を積み上げてきた、という自己認識について。これはほかの世代から反発を買いそうだ。

前回筆者はこのコラムで、若手論客の赤木智弘氏を取り上げた。彼に代表されるように、団塊ジュニアからロスト・ジェネレーションにいたる世代には、団塊世代は高度経済成長の果実を独り占めし、しかも年金や財政破綻など、膨大な負の遺産を次世代に残したとの認識が広まっている。「希望は戦争」といった極端な言論が出てくる背景には、その世代間格差がもはや絶対に埋められないという絶望がある。その立場からすれば、団塊世代はせめて私的に遺産ぐらい残すべきであって（だって団塊ジュニアは年金も貰えないし資産も形成できないのだから）、上野氏の主張は「既得権」への最悪の居直りだということになるだろう。

第二に、いまの点と関連する話だが、団塊ジュニアの老後問題について、将来の社会保障の充実に「期待しよう」と突き放した点。ここには上野氏の異様な冷淡さが現れているが、それはそれでいいとして、そんなふうに突き放して済む問題だろうか。

上野氏が提案する老後生活は、年金と資産運用で成立することになっている。しかし、少子高齢化が進むなか、日本の社会保障がいつか破綻するのはだれもが知っている。それは必ずしも団塊ジュニアだけが直面する問題ではない（ましてや団塊ジュニアの「自己責任」によるものでもない）。団塊世代もあと二、三〇年は生きる。年金制度も介護保険も現行のまま続く保証はない。そんな環境のなか、これからは高齢者にも応分の負担が求められていくことになるだろう。社会保障制度を維持するためには、団塊世代も生前にかなり譲歩しなければならないはずである。つまりそれは彼ら自身の問題なのだ。

そして第三に、筆者がもっとも不審に思うのは、上野氏がこれらの問題を自覚していないわけがないという点だ。

実際、本書の三か月前に出版された著書、三浦展氏との語り下ろし対談『消費社会から格差社会へ』（河出書房新社）では、上野氏の論調は微妙に異なっている。そこでは彼女は同世代に厳しい目を向け、日本社会の将来に対してもおおむね悲観的だ。団塊世代の個人主義が団塊ジュニアの下流志向を産んだ過程を、上野氏は冷笑的に見ている。少子化対策を問う三浦氏に対して彼女は、日本なんて滅びてもいい、女性が不当に子育てを強要されるよりそちらのほうがましだし、そもそも戦後日本はダメな連中しか育ててこなかったからこうなった、と言い放つ。そんな国ではおひとりさまの老後こそおぼつかないはずだが、筆者はむしろこの「暴言」のほうに上野氏の誠実さを感じる。彼女の個人主義は、じつはそのような酷薄な現実認識と表裏一体なのだ。

だから上野氏は上記の二点など理解しているはずである。にもかかわらず、『おひとりさまの老後』では上野氏のそのような面が巧みに隠されている。そこが居心地が悪い。

本書は言ってみれば、上野氏が同世代の女性に対し「みんな、これからはわがままに生きましょう」と呼びかける書物である。現代女性を取り巻く状況を考えたとき、上野氏がその呼びかけが必要だと考えた理由は理解できる。

しかし、わがままに生きるとは残酷に生きるということでもある。上野氏のアドバイスは要は、運の悪い子の世代は見捨てて老後を楽しもうというものであり、それは残酷と言えば残酷だ。筆者はその考えそのものはアリだと思うが、そこで自らの残酷さを隠すために世代対立を導入し、団塊ジュニアの「自己責任」を持ち出すのだとすれば、それは不当と抗議せざるをえない。

筆者は、上野氏の立場をあるていど理解しているつもりである。しかし、それでも筆者は、団塊ジュニアのひとりとして、本当は彼女のような論客にこそ子の世代の将来について考えてほしいと思う。その理由は単純に、親が子がという以前に、団塊世代も団塊ジュニアもそれ以外の世代も、基本的にみな同じ社会で生き、同じ問題に直面しているからである。そしてそれは協力して解決すべき問題だからである。もし団塊世代が団塊ジュニアに対し「贈与の余裕などない」と言い出すなら、筆者たちの世代はまったく同じ言葉を団塊世代に返すだろう。それでは本当に国が滅びる。

日本の言論界は、なぜか世代の共通感覚に支配されている。世代の壁はこの国では、地域よりも階級よりも、ときに性別よりも強い。『おひとりさまの老後』も筆者には、女性のための書物である以上に、団塊世代のための書物であるように感じられた。しかし、いま必要なのは、複数の世代がみな同じ目線と関心で読める、世代横断的な（でも家父長制的ではない）家族論や社会保障論ではないだろうか。

（「東浩紀ジャーナル第9回・言論は世代を超えられないのか?」『SIGHT』Vol.36、二〇〇八年、一七四－一七七ページより。冒頭部分は割愛してある）

ここに書かれている批判は、『おひとりさまの老後』に向けられ得る批判を凝縮したものでもあると思いますので、これに応答していただきたいというのが今回の対談をお願いするきっかけでした。

近年、ロストジェネレーション論壇などと言われる、現代の格差社会の中で底辺に置かれた若者たちの苦境に照準した言説が一定の存在感を獲得しています。彼らの議論には、先行世代、とりわけ団塊世代と自分たち（団塊ジュニア）の置かれた社会的・経済的状況の落差に対する鬱積《うっせき》、不満といったものが多く見られるように思えます。

こうした状況の中で『おひとりさまの老後』という本がどのように読まれ得るのかということを、東さんのこの文章は集約的に語っている部分があるように思います。ブログやネットの書評などで、『おひとりさまの老後』の感想を見渡してみると、「リッチな団塊シングル女性を特権化している」「ごく一部の女性にしか当てはまらないような老後モデルを提示しているのではないか」、そして「今の若者たちを突き放しているのではないか」というような批判を読むことができました。私の知り合いでも同様の印象を持つ人はちらほらと見かけますし、そういった印象は少なくない人が持つように思えるんですね。

基本的には「すべての人に当てはまるモデルを提示する必要はない」と思うのですが、世代間の再配分、自己責任という問題系については、ここで上野さんに直球で応答をしていただいたほうがいいのではないかと思います。

上野　まず、東浩紀さんの文章には「言論は世代を超えられないのか？」というタイトルが付いていますが、そもそも世代を超える意図なく書かれたものを、超えられないからといって批判するのは、単なる外在的批判、ないものねだりというもので、虫について書かれたものに鳥について書いてないというのと同じような批判です。この本は、同世代のわたしと同じような状況にいるシングル女性のために書かれたわけで、いわば自助努力、自己救済の本です。女性のための自己救済の本が、オレたちも救ってくれないからけしからんというのは、批判になっていません。それがまず第一です。

それから二つ目には、「わたしと同じような状況にいるシングル女性」といっても、上野千鶴子本人の社会的な立ち位置は高学歴・高所得、しかも正規雇用者ですから、この本は上野の書いた老後の本というだけの理由から、上野に通用するシナリオはわたしたちには通用しないという、著者に対する短絡的な批判があります。しかし、この本を実際に読んでもらえればわかるように、中間層のマジョリティの経済階層で生きてきた庶民女性にも手が届く解を、具体的な事例に基づいて提示しています。例えば入居金数千万円もするような富裕層向けの事例は全く出てきませんし、特権層向けの解を避けるようにしました。そこを踏まえた批判なのかどうか。読みもしないで、たんに上野が書いたからけしからんという、全く批判以前の反応のような気がします。

そのことを踏まえて、まず東さんの批判とおっしゃるものをブレークダウンして、どこが批判点かということを一つひとつ言っていただけますか？

団塊世代はゼロからのスタートだった

北田　東さんの書かれた文章は短いものなので、なかなか伝わりにくいところがあるんじゃないのかと思うので、わたしなりに補いながら質問させてもらいます。

東さんが引用している「親からなにも受け継がなかった代わりに、自分一代で築いたものを自分一代で使いつぶすのは勝手だ。団塊ジュニアはあてがはずれるだろうが、そこは自己責任と思ってもらおう」という箇所に引っかかった人は多いと思うんです。

先ほど話したように、団塊ジュニアからロスト・ジェネレーションにいたる世代の論壇的言説には、団塊世代と自分たちの置かれた社会的状況の落差に対する鬱憤、不満が見られます。団塊世代は、高度経済成長の果実を独り占めし、しかも年金や財政破綻など、膨大な負の遺産を次世代に残したのに、後の世代に対して「自己責任」とは何事かと。この批判に対して、上野さんはどのようにお考えですか。

上野　まず事実認識からいきましょうか。事実認識からいうと、団塊世代は、先行世代から正の贈与も負の贈与も引き継ぎませんでした。東さんは『既得権』への最悪の居直りだ」と、この事実認識が誤っているかのように言っていますが、何を根拠にそう言うのでしょうか。

北田　東さんやロスジェネの批判は、事実認識そのものよりも、相対的な社会的充足感みたいなものを問題にしていると思うんです。が、そちらへ話を移す前に、事実認識という点で言えば、団塊世代が若かった頃の平均的な暮らし向きが、今の下流と呼ばれている若者に比して恵まれていたわけではないし、安定した社会システムが整っていたわけでもない。単純な意味では、言い方は悪いですけれども、団塊が若者だった時期よりは、今の若者の置かれている状況は「改善」されている。

上野　はるかにそうですね。

北田　「今の若者のほうがかつての若者よりも恵まれていない」とは言えない。

上野　学歴についても確実にそうです。

北田　若い頃恵まれていた団塊は、恵まれていないジュニア世代に負債を負っている、というのはミスリーディングだということでしょうか。

上野　全くの間違いです。世代間の贈与関係についてざっくり言うと、近代化のプロセスで、初期の都市移民世代は、親から正の贈与を受けないどころか、負の贈与（つまり子から親への逆贈与）をしてきました。つまり仕送りするとか、出稼ぎに行くとか、家族の進学を自分の働きで支えるとか、場合によっては身売りして家計を支えることまでして負の贈与を背負ってきた人々です。その後に登場した団塊世代は、親の世代から正の贈与も引き継がなかったが、負の贈与も背負わずに済んだ希有《けう》な世代だと思います。

学歴に関しても、団塊世代は親の教育投資効果がそんなに顕著に現れていません。高学歴者と親の経済階層が今ほどは相関してない世代です。それからもちろん、塾や予備校のような教育投資も今ほど親から受けていません。物質的にも、今の学生の生活水準は、団塊世代の大学生の生活水準より圧倒的に高いです。団塊世代には親に経済力がなくても進学し、仕送りがなくて自分で学費を稼ぐ苦学生が大勢いました。アルバイトで親に仕送りしている学生までいました。したがって、学歴資本の形成も単純に親からの贈与だったとは言えません。ただしそれができたのは、中卒や高卒でただちに働いて親に負の贈与をすることを親から期待されなくてすんだからです。次男坊や三男坊がまだ相当数いたこととも関連しています。それをわたしは、親からの正の贈与も負の贈与もなかった、と言っているのです。それは今の団塊ジュニアが、学歴資本は親からの当然の贈与だと考えていることに比べると、著しく違いがある。そこのところは事実認識として踏まえてもらわないと大変に困ります。

そのうえで、経済階層を語るときに多くの人が間違うのは、フローとストックの両面を見ないこと。ストック形成に関していうと、親世代からの正の贈与がなかった、つまりゼロからのスタートだった団塊世代が千葉や埼玉の首都圏郊外住宅地に持ち家を取得していった過程は、一生を抵当に入れて社畜化することによって初めて形成された、惨憺《さんたん》たる犠牲のもとの達成であって、親世代からのストック移転ではないということははっきり踏まえておいてもらわないと困る、だから、団塊世代の持ち家は一代資産なんです。

団塊世代の次の世代が、メンタリティとしてストック形成の志向を持つか持たないかについて考えると、一般的に団塊ジュニア世代は、親世代がすでにストック形成をしてきたことから、ストック形成のモチベーションを持たないで育ってきています。少子化世代の息子や娘たちは、結婚すれば自分か自分の配偶者の親のストックを継承できると期待できたからでしょう。子世代がストック形成の意欲を持たなかったことの責任は誰がとるかということですが、少なくとも親世代の形成したストックを自分の既得権だと見なす権利は子世代にはないはずです。

それだけでなく、ストックに経済資本のほかに文化資本を含めれば、学歴資本形成については、団塊世代の親は子世代にものすごく所得移転しています。それには父親のみならず、母親の所得移転がすごく大きい。子どもの高等教育在学期間に母親の就労率は上昇します。これはデータで実証することができます。ここまでしてもらって、何をそのうえ要求するんでしょう。

団塊女性にストックはない

北田　そういう経済的な資本や学歴資本の移転に関しては、客観的に見ればそのとおりかもしれません。しかし、東さんやロスジェネの主張を汲み取るならば、彼らは、絶対的な経済的財に関する世代間不均衡配分ではなくて、社会的な承認欲求に対する充足感を問題にしているんじゃないでしょうか。それをどう定義するのか非常に難しいんですけれども、とりあえず、「将来的に社会がよりよくなっていって、自分もその社会の一員として、尊厳ある生活を送ることができる可能性への信憑《しんぴょう》」と言っておきます。そういうものを団塊世代は若い頃に持つことができたが、俺たち今の若者はそれを持つことができないじゃないか、と。それどころか、ニートだのパラサイトなどと呼ばれて社会的に排除されている。社会的な承認、充足みたいなものを世代間で公正に再配分してくれ、そのためには金も要る――つまりロスト・ジェネレーションを社会的に包摂してほしい――というような主張のような気がするんですね。

上野　団塊世代は、たまたま日本の高度成長期と青春期が一致したために、現在よりも将来にわたって事態はよくなるという希望を持つことができた。けれども、誰も時代を選んで生まれてきたわけじゃないので、それを世代的な責任かと言われればそうは言えないでしょう。例えば、戦争中に青春期を送った若者たちは、二〇歳が自分の寿命と考えて生きてきたわけですね。極限的な閉塞感ですよ。そのことに対して、もちろんそういう運命を彼らにもたらした上の世代をその当時の若者が批判することはできたでしょう。でも、その前の世代、大正モダンの時代にモガ（モダン・ガール）・モボ（モダン・ボーイ）として青春を謳歌《おうか》した世代に対して、「おまえら、いいめを見やがって」と責めてもしかたがないでしょう。

北田　でも、そのあたりが引っかかっているんだと思うんです。ある特定世代に生まれてきてしまったことの責任を引き受けてほしい、ということなんじゃないでしょうか。倫理学でいう「モラル・ラック（道徳的運）」の責任が問われている。

上野　そういう問題の立て方だとほとんど気分の問題、世代のエートスの問題になってしまうので、そこに話を飛ばす前に、もっと事実関係をきっちり詰めていきましょう。

先ほど説明した世代という変数のほかに、ジェンダー変数がものすごく重要です。団塊世代の男女は全く別の人生コースを歩みました。今言ったストックの話は全部、団塊の男にしか当てはまりません。団塊世代のストックはほとんど九〇％以上が男名義で、女のものではありません。だから、団塊世代におけるジェンダー間のストック配分は著しく男性に偏《かたよ》っていて、ストックという点では女性はほんとうに貧困です。

『おひとりさまの老後』を書いたのは、高齢シングル女性が抱える無年金、低年金、貧困をどうにかしなければと思ったからです。六五歳以上のマクロデータで見たら、貧困の女性化は明らかで、とりわけ八〇代以上の超高齢シングル女性は、貧困そのものですよ。

『おひとりさまの老後』が出している解は、現在の五〇代、六〇代には当てはまりますが、八〇代以上の女や四〇代以下の女には当てはまらない。当然です。そのようには書かれていないからです。八〇代以上の女性の問題は、この本では全く解決できません。

じゃあ、今の五〇代～六〇代の団塊世代の女たちに何が可能なのか。団塊世代の女たちは、既婚率が著しく高く、離婚率が相対的に低かった世代です。婚姻《こんいん》の安定性が高かったわけです。それから、夫の雇用労働者率が高かった。これだけの条件のもとで、夫たる男は、社畜化してストック形成してきました。ただ、夫の社畜化の過程で、妻や子どもは大きな犠牲を支払っています。専業主婦の妻たちは、社畜化してきた夫に連れ添って看取《みと》るという「上がり」までいけば、ご褒美がいただける。それが、ストックつまり遺産の相続とフローつまり遺族年金の受給権です。遺産の相続権は妻に手厚くなって二分の一まで増えました。それから、遺族年金の受給額も増えて四分の三になりました。

つまり、夫の看取りまでやればある程度のご褒美はもらえます。けれども、そのために五〇数年間にわたって、場合によってはDVを含む犠牲を払っているということは絶対に忘れてほしくない。途中で投げだして離婚したら、すべての権利を失います。最近の離婚時年金分割権でようやく少しはましになりましたが。だから、遺産相続権を持ち、遺族年金を受給する女性たちは、自分たちの無形の貢献――見えない貢献というよりも「無視されてきた貢献」ですが、わたしはそれをアンペイドワークと呼んで、一貫して主題にしてきました――に対する当然の報酬だと彼女たちが考えても無理がないぐらいに、実のところはちゃんとコストを払って手に入れたものです。このジェンダー格差は見逃してほしくありません。

二つ目に、結婚の外にいる女たちはどうか。婚姻率が著しく高かった時代に、非婚シングルを選んだ女は絶対的な少数派です。同世代人口で五％に満たない数ですね。その女たちは、親から正の贈与も負の贈与も受けず、しかもありとあらゆる職業上の差別に耐えて、自分で自分を養わざるをえなかったから、たいがいのシングルの女たちは何らかの形で雇用を継続しています。わたしもそのひとりです。わたしはたまたま正規雇用に恵まれましたが、大半の女性は低賃金の雇用ですよ。日本で定年までの雇用継続を果たした最初の世代は、戦争で結婚相手を失った「独婦連（独身婦人連盟）」のシングル女性たちです。戦争未亡人なら恩給がもらえましたが、若すぎたので未亡人にもなれなかった世代ですね。

ただ、ジョブ・セキュリティー（雇用保障）は現在よりは相対的に高かった、つまりどんなに低賃金で、男性の補助職で、下位に固定された業務でも、イヤがらせに耐えながら定年までの雇用の継続は保障されました。このことによって、フロー収入の安定と年金権の取得とわずかながらのストック形成をやってきた。この女たちが自分の老後を考えたときに、ささやかなシナリオの提示ができる。それがこの本でも紹介した西條節子さんたちの「ＣＯＣＯ湘南台」の事例で、彼女は自分のようなシングル女性でも手が届く選択肢を示そうとしました。入居金三七〇万、月額一三万円のシニアハウスはけっしてぜいたくではありません。これは、制度も、家族も、行政も、どんなバックアップもないところで、シングル女性という絶対的少数派が自助努力でつくり出した解だったということを忘れてほしくない。そのような自助努力の果てに生まれた女性たちのシナリオを見て、そのうえ、オレたちの面倒まで見ろと下の世代は言うのでしょうか。

ストック劣化という予想外のシナリオ

北田　もう少し食い下がらせてもらいます。「事実」で応答するのはもちろん重要ですけれども、一方で、団塊ジュニア言説がリアリティを持っている、というのも社会的な「事実」です。それを分析するのも社会学の役目だと思うんですね。

上野　いいですよ。でも、そこに行く前にまだ詰めておかなきゃいけないことがあると思う。それは、これから先の超高齢社会で、団塊世代が形成したストックをめぐって、世代間でどのような綱引きが起きるか、ということです。

まず、親世代は、ストック移転の意思を持っています。これはデータを見ればわかります。自分の持っている資産を子に残したいと思うか、それとも使い果たしたいかという問いに対して、二対一で、多数派が残したいと言い、少数派が使ってかまわないと答えています。

ただ、ここでシナリオの目算違いが起きる可能性があります。なぜかというと、団塊世代は今日のような著しい超高齢化を予測しなかったからです。だいたい七〇代ぐらいに平均寿命で死ねるかと思っていたら、今は、八〇代、九〇代を予見しなければならなくなりました。しかも、要介護状態になってから長期の介護期間が継続することも想定外でした。

想定外の事態に対してどんなことが起きるでしょうか。今の介護保険は利用量に上限がありますから、十分な介護ができないことがわかっています。そうすると、介護を最後まで自己負担でやるためには、自己資産をフロー化するかどうかという決断を親世代は迫られることになります。このとき、親世代には子世代との関係で二つの選択肢があります。おまえの世話にはならないが、そのかわり自分の資産は使いつぶして死ぬよ、という選択肢か、さもなければ、おまえに資産は残すから、そのかわり介護は頼んだよという選択肢か。そうなったら子世代はどちらを選ぶでしょう。これがシナリオの目算違いの第一です。

もうひとつはもっと怖いシナリオです。営々と一生を抵当に入れた資産価値が劣化しています。劣化した最大の理由は、首都圏バブルがはじけたということ以上に、団塊世代の持ち家の主たるものが集合住宅だったところにあります。

北田 郊外に広がるニュータウン的なものですね。

上野 日本では、資産は土地資産にしか価値が発生せず、家屋には査定も評価も発生しない傾向があります。担保力は土地資産しかありません。土地資産は地域間格差が非常に大きい。首都圏は地価が下落したといっても、相対的な下落度は低い。他方、地方都市は著しく下落しています。そうすると、地方都市や首都圏からうんと離れた地域に住んでいる人たちはストックが残っても、資産価値がありません。

首都圏で土地を取得できなかった人たちの多くの持ち家はマンションです。マンションの資産価値は劣化が激しい。二〇年たてば劣化が始まり、四〇年たてばスクラップになり、ニュータウンはスラムになります。これも団塊世代の目算違いのひとつですね。これを言うとみんなパニくるからあまり言わないようにしていますが。リバースモーゲージ（不動産逆担保融資）では、マンションには担保価値がありません。そうなったとき子世代はどうするでしょうか。

北田　そうすると、団塊世代が残していたストックは、劣化したものである可能性が一般的には高いですよね。受け取ることができて万々歳みたいなケースはほんの一部で、多くの人は、そんなもの引き継いでも……。

上野　仮に、親の資産が劣化したとしても、子世代が、自分がそれを劣化した形で引き継ぐことに対して怒る資格とか権利があるでしょうか？　親世代も自分の資産形成のために営々と働いてきたんだから、同じように自分たちも自力で資産形成をやるべきだと普通は考えるのじゃないですか？　何で親の資産を当てにする権利や資格が子世代にあるのか、わたしには理解できない。「おまえらだって上の世代から受け継いでいるだろう。だったら自分たちが受け継ぐのは当然だ」という言い分だったらわかりますよ。でも、事実はそうじゃないと言っているのです。

いいですか。高度経済成長は、フロー・リッチを生みました。ストック・リッチについては話は別です。フローをストックに変えたのは団塊世代のストック形成のモチベーションと社畜化ですよ。団塊の親世代が、自分の一生を抵当に入れたということを忘れないでくださいね。それじゃないとローンは組めませんでしたから。しかも三五年ローンですよ。

非正規雇用が問題化した背景

北田　むろん、団塊世代が全く楽をして生きてきた、なんて思う人はいないでしょう。実際団塊男性たちは社畜になること、三〇年以上のローンを抱えて生きていくというライフコースを「余儀なくされた」わけですから。しかし、社畜になることによってほどほどの社会的承認を受けることはできた。一方、現在の非正規雇用の若者たちは、「社畜になる権利」すらないわけです。社畜になる権利を得たうえで、それを行使しないというのではなく、端的に権利がないとされてしまう。

上野 社畜になりたいわけだ。

北田 今の状況から抜け出すことができるなら、親や友人、世間がほどほどに承認してくれるような場所を与えてくれるなら、社畜になってもかまわない、という人はいるかもしれませんね。社畜になれば、体はきついかもしれないけれども、親は一安心だし結婚もできるかもしれない。団塊世代は、高度経済成長で形成されたシステムの中でライフコースを描けたじゃないか。それが社畜として縛られることであったとしても、そして一定のリスクを負って、相応のコストも払ったのだとしても、人間として社会で生きていくうえで必要な承認は得られていた。団塊世代は、親から資産を与えられていないかもしれないが、言ってみれば社会から資産と尊厳を与えられたようなものなんじゃないか、と。「自助努力で生きていける」という希望と権利を手にしていた団塊世代——それに比して、現在の若者は自助努力をしていくうえで必要な社会的環境を与えられていないにもかかわらず、自己責任論を押し付けられる——は、社会から、モラル・ラックによって利益を与えられたのだから、ちゃんと社会的な世代間責任を果たしてくれ、ということですね。

モラル・ラックによって、たまたまそこに生まれ落ちたにすぎないとはいえ、「自助努力すればなんとかなる」と思えるような社会環境の中で、一定の利益を得てきたのだから、後続世代に対して一種の責任があるだろう。少なくとも「自助努力が足りない」と言って若者を責めるのは筋違いではないか、と。「自助努力すればなんとかなる」と思えるような社会環境が壊れた状況のもとで苦しんでいる——あまつさえ、自助努力が足りないと説教されてしまう——若者たちに、ちゃんと応答責任を果たしてくれというわけです。

上野　雇用のパイは、世代が生み出したものではなくて、景気が生み出したものです。それに世代的な責任はありません。あるとしたら、雇用の過度の規制緩和をすすめた政府・財界・与党とそれを支持した有権者に責任があるでしょう。そしてそれ以前に、ジェンダーという視点から見ると、そのパイから女は組織的・構造的に排除されてきました。

それだけでなく、雇用だけが労働の形態ではありません。日本では自営業者の比率もけっこう高いです。終身雇用・年功型賃金・企業内組合という、いわゆる日本型経営の三点セットの恩恵にあずかれる労働者の数は、八〇年代でも全労働者のうちの二〇％弱という数字があります。そのぐらいのものなんですよ。団塊世代の分け前をよこせという人たちは、学卒の大企業雇用者しか目に入ってないんだと思う。自分の家庭環境がそうだからなんじゃないですか。

それだけではありません。正規雇用のパイをよこせと若者は言いますが、非正規雇用の問題は最初は女性の問題でした。そのときにはメディアも、研究者も（女性学の研究者を除いて）、誰も問題だと言いませんでした。

北田　男が非正規雇用になると、社会問題化されるようになる、と。

上野　はい、そのとおりです。非正規雇用の問題が脱ジェンダー化した。つまり男も格差の対象になって、初めて政治とメディアが社会問題だと言い始めました。もうひとつは、非正規雇用の高学歴化です。非正規雇用が中卒や高卒の低学歴層の問題である間は誰も問題だと言いませんでした。六〇年代に「金の卵」と呼ばれた中卒者たちが集団就職で都会へ移動した。工場だけでなく、サービス業などに就きましたが、離職率も高かった。離職した彼らがその後どうなったか、フォローする調査はほとんどありません。低学歴と貧困が結びついてもそれを問題にする人はいませんでした。永山則夫の『無知の涙』（合同出版、一九七一年／河出文庫、一九九〇年）などが告発する以外には。これに対して、高学歴の男性すら非正規雇用、使い捨て労働力になったときに初めて「格差」が問題化されました。これは歴史的に記憶しておくべきことだと思います。

北田　つまり、言論生産に携わる可能性の高い高学歴・男性層が、使い捨て労働者となるようになったからこそ、社会問題化したのであって、それ以前の女性や低学歴の非正規雇用、使い捨て的雇用形態は、問題として構成されなかった。そこにジェンダーバイアスがある。高学歴男性の非正規雇用が社会問題化されるにつれ、遡及《そきゅう》的に「かつての高学歴男性たち（のみ）が享受していたライフコース」が「かつての日本人が普通に享受していたライフコース」として思い描かれるようになった、ということですね。ではそのライコースが本当に一般的な、「普通のもの」であったかどうかは怪しい。女子労働力率のM字型曲線の底が一番深かったのが七〇年代半ば、すなわち団塊が二〇代後半であった時期ですが、その最も深い底であっても女子労働力率は四〇％を超えている。「サラリーマン（社畜）＋専業主婦＋二人ぐらいの子ども」という、「ささやかな、普通の幸せ」を体現しているように見える世帯は、実はそれほど「ささやか」でも「普通」でもない。標準世帯モデルに当てはまるような世帯の比率は一番高いときでも、それほどの数字ではなかったように記憶していますが。

上野　夫婦と未婚の子のみからなる核家族世帯は六〇年代でも四割台ですし、今は三割台にすぎません。ただし、核家族世帯は、世帯構成だけで見ていますから、夫がサラリーマンで妻が専業主婦という厚労省の想定する標準世帯とは違います。実際には自営業者もいるし、いろいろある。だから、正社員にさせろという人たちは、選ばれた特権層だけを視野に入れて、本来ならば自分たちもその層に入れたはずなのに、と言っていることになります。「オレたちも特権階級にならせろ。その資格条件があるのに」と言っているわけです。ジェンダーのうえでも、階級のうえでも、差別的ですね。

エリート女性のネオリベ化がもたらしたもの

北田　たしかに、そこにはある種の逆説があるのかもしれません。団塊世代の世代的特権性を批判する人が、団塊世代の中でも特異な位置にある特権層を標準として捉え、「失われた既得権益」としての「特権」を要求する、ということですね。新しい特権階層、新しい既得権益保持者としての強者女性――まさしく上野さんのようなエリート・フェミニストですね――が、男性弱者のことを考えていないのではないか、という問題提起がなされたりもしています。赤本智弘さんは、「正社員であることが利権である以上、ウーマンリブの論理が弱者男性から社会参加の可能性を奪っていることには違いない」と言っています（『深夜のシマネコ Blog』二〇〇六年七月六日）。それは上野さん的な視点からすれば、敵を見誤った錯誤ということになるんでしょうか。

上野　まず経済力を持ったエリート女性を、「フェミニスト」と呼ぶのは端的な間違いであることを指摘しておきたいと思います。ウーマンリブが女性が正社員になることを要求したというのは間違いです。それどころか、一九八五年の男女雇用機会均等法成立のときには、女が総合職になることがフェミニズムのゴールだろうかと、疑義が出されているくらいですから。

リブもフェミニズムも一貫して「男なみの働き方」を批判してきました。たしかにキャリアウーマンはいますが、彼女たちは多数派でもなければ、かならずしもフェミニストでもありません。赤木さんの言い分は、たんなる無知ですね。よく知らないことに対して見当違いな批判はしないものです。赤木さんの批判は、錯誤というか、ねじれです。つまり、弱者は自分が一番叩きやすいターゲットを見つけるということです。なぜ彼らは既得権益を手放そうとしない強者男性をターゲットにしないのでしょう。叩きにくい強者はターゲットにしない、それは弱者の攻撃性がさらに弱者に向けられる「抑圧移譲」のセオリーどおりの展開です。

ネオリベ改革が女性に対して困った影響があったということには、同意します。フェミニストはそれを支持しているどころか、批判する側にまわっていることは忘れないでください。多くの人たちは、二〇〇〇年代になってから格差が拡大したと思っているようですが、女にとってのネオリベ改革は、八五年の均等法からすでに始まっていました。外からはネオリベ改革と国策としての男女共同参画行政が手を結んだように見えたでしょう、それが、今のバックラッシュ派にとって格好のターゲットを提供しました。

単純化して言うと、ネオリベ改革は二つの効果をもたらしました。そのひとつは、既得権益を持っている層に楔《くさび》を打ち込んで選別・分解するという効果、もうひとつは、既得権益のない層にも楔を打ち込んで選別・分解するという効果です。既得権益を持った層の人たちは、既得権を失うことで、危機感や不安感が高まります。既得権益を持たない層の人たちはマイナスやゼロの状態から脱けだす可能性が出てくれば、改革を歓迎するでしょう。

その動きが起きたのが、男女雇用機会均等法のときの女性の分断です。均等法と引き替えでなされた労基法の女性保護規定の緩和や廃止、具体的には夜間労働、長時間労働、残業制限等の緩和を、手を叩いて歓迎した女性労働者たちがいました。管理職やジャーナリストなど、ほんの一握りのエリート女性労働者たちです。この人たちと、このような規制撤廃が起きたら条件が変わらないまま労働強化が起きるだけだと予見した大半の女性労働者たちとは、共闘できませんでした。

保護の撤廃を歓迎した女性労働者の中にはメディアの女性労働者たちがいましたから、メディアも均等法支持のほうにシフトしました。メディアがあまり報道しませんでしたから多くの人は知らないかもしれませんが、男女雇用機会均等法の成立をめぐって、当時、多くの女性団体は反対に回りましたし、今日に至るまで均等法は功罪半ばと評価されています。均等法は日本の女性運動の敗北だと位置づける人までいます。わたしも均等法のもたらした効果については、批判的な一人です。

均等法は、既得権を持たなかった層にも楔を打ちこんで、選別と競争を持ちこみました。「機会はあげよう。望むなら総合職にもならせてあげる。男なみに働いたら男なみの均等待遇をあげよう」というわけです。たしかに機会均等になった結果、男と同じチャンスを与えられた女性は能力を発揮した。女性にリーダーシップがないと考えられていたのは、たんにそれを発揮する機会を与えられなかっただけだったからだ、ということも明らかになりました。今や競争が厳しくなったグローバルマーケットのもとで、使える女は誰でも使おうということになり、使える女は応分の処遇を受けていきました。その際、選別に勝ち残ったいわゆる「勝ち組」の女たちが、既得権を持てるはずだったのに当てが外れた「負け組」男たちの怨嗟《えんさ》の対象になるという構図が成立しています。ここにあるのは性差別意識でしょう。女だと叩きやすいから、叩く。彼らはどうして「勝ち組」のエリート男を非難しないのでしょうね。

北田 そこは難しいところですね。関東社会学会のシンポジウムでご一緒したときにも申し上げましたが、自分のことを生活水準で「下」だと思っている男性ほど、反フェミ、反ジェンダーフリーに走っているとは言いにくい。むしろ「下」男性は、フェミニズムもジェンダーフリーも「知らない」と答える人が多く、その点に着目したほうがいいのではないかというのが私の考えです

それは措いておくとして、その発表の際に用いたデータ（「性差をめぐる意識・価値観、およびコミュニケーション行動にかんするアンケート」調査）でちょっと気になったのが――あくまで「参考」程度の数字ですが――「女は女というだけで損をしている」という質問に対する回答です。男性の場合は「そう思う」が主観的な生活水準上層（上、中の上）で二三・五％、中層（中の中）で一八・〇％、下層（中の下、下）で一九・七％ですが、女性の場合はそれぞれ二一・五％、二七・二％、三〇・二％となっているんですね。上層の女性の数字が案外低い。もちろん主婦で上層の「主婦系勝ち組」で、「女というだけで損とは思わない」という人もいるでしょうから、専業主婦を除いて見て

みると、女性・上層で一九・四％と、もっと比率は小さくなってしまう。統計的にどうこう言える数字ではないですし、「女は女であるだけで損をしている」と思わないことがフェモクラット（フェミニスト官僚）な心性を表しているとは言えませんから、これだけでどうこう言えるわけではありません。もうちょっと調べてみますが、興味深い点ではあります。

上野　少しも不思議ではありません。成功も失敗も自分の努力や能力のせい、と考えることがエリートであることの属性だからです。たとえ失敗しても、プライドがあるから、自分の失敗をジェンダーというカテゴリーのせいにするのは潔《いさぎよ》くないと思っている。この優勝劣敗、自己決定・自己責任の原理こそ、ネオリベの原理です。だからこそネオリベが入ってきてから、フェミニズムはものすごく闘いにくくなったのです。

その理由は、女性に集団として訴求をすることが難しくなったことです。橘木俊詔さんが『女女格差』（東洋経済新報社、二〇〇八年）という本を出しましたが、「今さら」という感じです。すでに一五年前、九〇年代の初めに奥谷禮子さんがその言葉をつくっておられます。さかのぼれば、八五年の均等法から女女格差、つまり女性の間に楔が打ちこまれて分断が始まっていました。エリート女性労働者には、ネオリベ原理の内面化が起きていますから、強くて資源のあるパフォーマンスの高い女をフェミニズムは味方にできないんです。それが女性学に対するスティグマ（烙印《らくいん》、不名誉な徴《しるし》）を生みました。研究者の業界でも、「女性学とかジェンダー研究って、アタマの悪い女のやる学問でしょう」と思っている女はいっぱいいます。エリート女性研究者は「婦人科」ゲットーに隔離されることをいやがり、国際関係論とか保守本流に食いこむことを求めるようになります。そうなると、社会的弱者との連帯などとはいえなくなります。
　エリート男性がネオリベ改革を脅威に思わないのは当然。なぜかというと、ネオリベによって彼らはロスをせず、むしろ格差は正当化されてもっとゲインすることになりますから。しかも所得の高い妻というゲインまでおまけに付いてくる。まさに「ゲイン・ゲイン」です。だから、彼らがエリート女性を脅威に思わないのは当然でしょう。

北田　弱者男性というふうに自らをカテゴライズしている人たち（の一部）の怨嗟というのが、新自由主義的な、ネオリベ的な女性に向かっていくのではなく、「フェミニズム」という記号一般へと向かっていく。そこではフェミニズムが「男女差をなくして競争原理をよしとするネオリベ」と等値されてしまう。

上野　そこには、フェミニズムに対する短絡的な見解がありますね。たんに「自己主張するわがままな女」と同義になっている。フェミニズムを曲解したうえで叩く、という汚い手口ですね。フェミニズムがキライだから、そんなふうに意図的に曲解したいのでしょう。そこにはメディアによる誘導があります。たとえば田嶋陽子さんがフェミニストというと、林真理子さんも同じでしょうと言われちゃう。そうなれば、曽野綾子さんだって、上坂冬子さんだってそう。櫻井よし子さんだってフェミニストということになりますよ！　自己主張する強い女はすべてフェミニスト、という短絡的な誤解があります。

家族を当てにできない若者たち

北田　話を少し戻します。承認の格差の問題で、「団塊世代は承認を得やすかったじゃないか。それに対して俺たちの世代では承認は、既得権益層が占有する社会的な希少財となっている」という問題意識がある。承認を享受してきた団塊世代が老後で「やり得」で逃げていくのは許せない、というような批判がおそらくあり得るのではないか。

上野　それは誰による承認？

北田　社会による承認。

上野　社会的承認を求めるというのは、それ自体、マジョリティの価値に同調しているわけですね。

北田　とも言えますね。

上野　女性にはそもそも社会的承認はありませんでしたよ。

北田　それはそのとおりです。でも、「主婦」という意味ではあったのではないかと。

上野　主婦たちがどのぐらい閉塞感に苦しんだかを知るべきです。主婦は社会的承認が得られないからこそ苦しんだんです。

北田　そもそもベティ・フリーダンの議論の出発点は主婦たちの苦悩にありましたからね。そうした苦悩を理解、分析すべくフェミニズムはいろいろと議論と実践を重ねてきた。非正規雇用の脱ジェンダー化や高学歴化が進みつつある現在、男性についても同じような苦悩の分節化が必要でしょう。それはむろんフェミニストの仕事ではないわけですが、そうした苦悩の分節化をすべく、いろいろな人たちが立ち上がって声を上げているというのが現状であると言えます。郊外主婦とフリーターのどちらの苦悩がより深刻か、というように比較不可能なものを比較しても仕方がありませんから、それぞれの苦境はそれぞれの状況に応じて分節化される必要がある。フェミニストがフリーターの苦悩を解きほぐす必要はない。それはそうなんですが、それにしても、上野さんのフリーター、ニート観が、彼らにとって酷に映る部分もあると思うんです。

たとえば、団塊ジュニアのフリーターが果たして家族を当てにできているのかという点。『おひとりさまの老後』のなかで、上野さんは、団塊ジュニアの若者を〝年金生活者〟的だと書いています。「団塊ジュニア世代のフリーターは、たしかに日本経済の長期にわたるデフレスパイラルのなかで構造的に生み出された被害者にはちがいない」が、家族が「年金保障」の役割を果たしているがゆえに、「本人たちにちっとも危機感や切迫感がない」、と。

たしかに、家族が年金保障の役割を果たしていて、それが一部の若者の受け入れ先になったというのは事実だと思いますが、そういう人たちは実数としてそんなにいるものなんでしょうか。ほとんどのフリーター、若いワーキングプアにとっては、家族を当てにできないという現実があるように思えます。

上野　それについては世代と時代を、一〇年ぐらいのタイムスパンで分けて考えないといけません。というのは、山田昌弘さんがパラサイトシングルの調査をしたのは九〇年代の半ば。当時の対象者である二五〜三四歳シングルの同居率は著しく高かった。彼らの親世代が六〇代ぐらいです。その後一〇年たって、親の高齢化が起きます。家族がバッファ（緩衝材）としてのキャパシティを失っていくプロセスはたしかにあったでしょう。

ですが、非正規雇用が増えたのは、家族の問題ではなく、完全に労働市場の問題です、望んでもパイがなければ正規雇用者にはなれませんから。非正規雇用がこれだけ増えて、ついに平均で三割台、女性では全労働者のおよそ六割。男性では二割ですよ。非正規雇用は構造的な労働問題であるにもかかわらず、九〇年代の日本の若年層に危機感や切迫感がないことがわたしには不思議に思えました。それを説明するのが家族というインフラでした。山田さんが「パラサイト・シングル」の調査をした九〇年代半ばには、それは当たっていたでしょう。非正規雇用化は一〇年以上前から怒《ど》濤《とう》のごとく始まっていました。女性に限っていうと、九〇年代の初めに女性の非正規雇用率は三割。これが一〇年たつと五割以上に増えました。ほぼ倍増しています。

同じ時期に、労働市場のフレックス化と若年高失業率の慢性化がヨーロッパで起きていました。同じ状況がグローバルに起きていたときに、ヨーロッパではそれが若者の危機として政治化されました。九〇年代のパリでは、若者たちが「職よこせデモ」をやった。パリの若者たちはかつて六八年には政治デモに出ましたが、今度は経済デモに出たわけです。驚くべき変化ですが、同じ状況を同じ経済危機として経験していた日本の若者たちについて、多くの研究者たちが一様に指摘したのは、彼らに驚くほど危機感が薄く、問題を政治化できないということでした。危機感が生じたのは、ようやく最近のことです。

女性の場合には夫と親、男性の場合には家族というバッファがありました。最近になって、経済学者が、日本社会においては家族こそが雇用の調整弁、景気のバッファとして機能していると指摘しているのを読んで、「三〇年前からわかりきっていたことを、今ごろ言うなんて遅いよ」と思いました。気がつかないよりはましですが。家族は九〇年代の半ばまでは事実そのとおりの役割を果たしていたと思います。

〝年金生活者〟というのは生活を下支えするインフラがあることを指します。女がインフラを夫のインフラから親のインフラに乗りかえた結果が非婚化ですよ。非婚化は女の独力で達成されたものではありません。非婚化の進行中も、女性の雇用は改善されていなかったわけですから。女性がきわめて低賃金の非正規雇用につきながら、非婚化という道を選べたのは、親のインフラがあったからです。これがパラサイトです。娘にとっては、顔色を見ながら横暴な夫のインフラに寄生するよりも、親のインフラに寄生するほうがラクでしょう。親の側にも娘への介護期待があります。それが可能になったのは少子化のおかげです。娘しかいない世帯も多いですし、息子がいても結婚で世帯分離をするのが常識になりましたから、娘がいつまでも実家にいつづけることが可能になったのです。

ところが、一〇年前、九〇年代のパラサイトシングル世代の親たちには稼得能力がありました。今や一〇年がたち、この世代は高齢者になり、親自身が年金生活者になりました。この違いはとても大きい。つまり、家族が景気のバッファとしてのキャパシティを失っていく過程で、家族から女も若者もはみ出していくというプロセスが背後にあるでしょう。

北田　つまりは現在の団塊ジュニア世代のフリーター、非正規雇用労働者は、家族が景気のバッファとしての機能を失いつつあるなかで、生きていかなければならない状況にある。親も年金で細々と生きているわけだから、「パラサイトシングル」世代の「パラサイト」とは随分様相を違えていますね。

上野　そのとおりですね。

それに加えて、非正規雇用がなぜ問題かというと、賃金格差が諸外国に比べて著しく大きいことです。正規雇用の定型的労働は、労使の交渉過程で週四〇時間労働にやっとなりました。それ以前、週休二日制でなかったときは、四八時間。一日一〇時間労働の時代は、六〇時間とかですよ。それが労使交渉の結果、やっとの思いで、週休二日で四〇時間までになった。EU諸国は三五時間の定型的労働を認めろと言っています。定型的労働とは、労使交渉の歴史的産物です。

定型的労働と認めろということは、労働力再生産費用を見合う分だけ支払えということです。つまり、シングルインカムソースで、それ以外に一切収入源がなくても生活が成り立つだけ支払えというのが賃金協定だったはずです。それなのに、雇用の規制緩和が進む過程で、既得権益を持った正規雇用の男性労働者たちは、規制緩和に抵抗するどころか共犯者となりました。「連合」(日本労働組合総連合会)が最大の共犯者です。この人たちが非正規雇用者の低賃金を犠牲にして、既得権を守りました。

その結果、非正規雇用でありながら長時間労働を強いられることになった。フルパートと呼ばれる長時間パートや派遣、契約等の労働です。定型的労働と同じだけの労働時間、週四〇時間働いても、労働力再生産費用を下回るという社会的不公正が行われていることが問題なのです。これは当然、怒るべきです。ニート、フリーターが怒る以前に、ほんとうは女にこそ怒る理由が十分にあります。

誰が得をするのか？

北田 そうすると、ニートやフリーターの怒りは正当であるということになりますね。

上野 もちろんです。

北田 ただ、それは、ある種の世代に対して向けられるべき怒りではない、もっと自分たちが置かれている構造へと向けられるべきだ、と。

上野 一番悪いのは、非正規雇用を労働力再生産費用の水準を割ってもかまわないとした、すなわち、はっきり使い捨て労働力にゴーサインを出した、つまり雇用の規制緩和を進めた政・財・官界、それに同調した労働界ですよ。それ以外にないじゃないですか。

北田 つまり、フリーター、非正規雇用の問題を「世代論」として焦点化するのは、政府、経済団体の思うツボだと。

上野 そのとおりですね。攻撃をターゲットにしやすいところに向けるのは、分断支配の鉄則です。政界・財界・官界の意思決定者に団塊世代もいたじゃないかと言われれば、そのとおりですが、世代論には還元できません。

北田 問題を世代論に還元すると構造を見失ってしまう。属人化した帰責がしばしば益の少ない陰謀論に帰着してしまうことがありますが、それと同様である、ということですね。たしかに、世の中の資源をゼロサムで考えて、「上の世代はいい思いしたのだから、下の世代にもそのぶんよこせ」と言うのでは、複雑な政治的利害や経済的構造変容が覆い隠されてしまう可能性があります。そこまで粗い世代論を掲げている人はあまりいないでしょうし、また東さんの世代の話もそういう単純なものではありません。ただ、世代論の持つある種の「明快さ」には注意を払っておく必要がある、ということでしょうか。

そうした「世代論」の問題点については理解しているつもりなのですが、同時に、「世代論」というのは、人びとが複雑な社会を解釈していくうえでの認識枠組み、「一次理論」であり、なかなかに根強い需要がある。いろいろな争点について世代論が顔をのぞかせてしまうと思うんですね。たとえば、社会保障、年金の問題。これも粗い世代論ではどうにもならないぐらい複雑な問題であるわけですが、少なくない人たちが世代論的に捉えてしまう。

たとえば、二〇〇八年七月二三日の日本経済新聞に、内閣府の年次経済財政報告の記事が出ていました。それによると「高年齢層ほど負担増になっても社会保障給付の維持を重視するのに対し若い世代は給付よりも負担の軽減を支持している」ということです。また朝日新聞の世論調査では、「現行の年金保険料について……割に合わないとする意見は働き盛りや若い世代に多く、三〇代で六六%、四〇代で六三%」だったといいます（七月二六日）。世代間のこうした意識のズレが、「団塊世代は「やり逃げ」だ」という民間世代論に信憑性を与え、その信憑が意識のズレを再生産してしまう。そういう世代論に問題を還元すると、「悪いのは団塊世代だ」的なわかりやすい構図が描けるわけですね。

上野　攻撃のターゲットを団塊世代や年金受給者に向かわせるのは、政府にとって「超お得」な戦略ですよ。だって年金受給額を抑制するための最大の口実になりますから。政府は高齢者福祉を抑制したくてしょうがないわけですから。

北田　そういう形で社会保障というか、もっと広い意味で社会的な制度が世代間対立の焦点として容易にフレームアップされてしまうのはたしかにある。それをどうアレンジしていくのかということがこれからの課題ではないでしょうか。この世代論フレームに乗ると、逆に団塊ジュニア世代のフリーター、非正規雇用労働者の苦境が分節化されにくくなるように思います。

上野　そのとおりです。誰が問題をそのようにフレーミングするのかということと、そのフレームアップによって誰がトクするのかを見きわめなければいけません。そうでなければ自分の首を絞めることになります。高齢者にとって安心できる社会保障制度をつくることは、結果的にニート、フリーターにとっても自分の老後の安心を確保するためにはプラスなんですから。

北田　明快な世代論をこえて、世代横断的な問い――社会保障など――に取り組む。『おひとりさまの老後』の背景にそうした上野さんの社会的連帯への意志を見る必要があるようですね。それぞれの世代が、それぞれの世代の固有性と状況を把握しつつ、世代論によって断絶することなく、世代横断的に問題に取り組んでいく。まさしく喫緊《きっきん》の課題であると思います。

（初出：『思想地図 vol. 2』ＮＨＫ出版、二〇〇八年／構成・斎藤哲也）

第3章

幻想はリアルになる

×萱野稔人（かやの・としひと）

1970年生まれ。津田塾大学学芸学部国際関係学科教授。専攻は政治哲学、社会理論。著書に『国家とはなにか』（以文社）、『権力の読みかた』（青土社）、『カネと暴力の系譜学』、『暴力はいけないことだと誰もがいうけれど』（以上、河出書房新社）、『新・現代思想講義』（NHK出版新書）など。共著に『「生きづらさ」について』（光文社新書）、『金融危機の資本論』（青土社）、『国家とアイデンティティを問う』（岩波ブックレット）、『没落する文明』（集英社新書）など。

成長は終わった――高度経済成長後の日本と世代間格差

萱野　現在、日本社会は新しい歴史的状況に直面しています。「成熟社会」もしくは「低成長社会」といわれる状況です。つまり、日本社会は今や、経済的なパイが全体としてはもう拡大していかない段階にまできてしまった。たとえば一九九〇年代後半以降、日本の名目GDPはほとんど拡大していません。

しかしその一方で、日本社会は低成長の現実になかなか対応できないでいます。たとえば、経済的なパイの拡大が頭打ちになったことで、正社員も終身雇用制も今や特権的な一部の人間のものになったにもかかわらず、社会保障制度はいまだに正社員をモデルにして組み立てられています。年金なんて実際よりもかなり高い経済成長率と出生率にもとづいて設計されていますしね。家族や子育てのあり方についても同じことが言えます。正社員のお父さんと専業主婦のお母さんという核家族のモデルは六〇年代の高度経済成長を通じて成立してきたものですが、経済が成熟化し、家族のあり方が多様化した現在でも、その核家族のモデルがあらゆるところで「標準」として機能しています。その結果、シングルマザーの問題などが放置され、少子化に拍車をかけてしまっている。

低成長の現実に対応していくためには、「正社員こそ正常である」といったような、それまでの社会規範から脱却し、新しい社会関係や社会制度のあり方を模索していくことが不可欠です。しかし日本ではそれがなかなか進んでいない。なぜ進んでいないのかというと、従来の社会規範がそれを邪魔してしまっているからですね。そこでこの対談では、ジェンダー規範に焦点を当てて、従来の社会規範をどのように相対化し、低成長時代に合った新しい社会のあり方をつくっていくのかということを議論したいと思います。

ところで、社会規範を刷新したり、社会関係を新たに模索したりするためには「言論」の力が不可欠です。ただ、言論といってもいろいろなかたちがある。私はもともとフランス現代思想の研究から出発しましたが、最近は哲学・思想の世界で思弁を繰り広げるよりも、社会の現実を分析したり論じたりする方がおもしろいし、実りがあると感じています。私が最初に出した『国家とはなにか』（以文社、二〇〇五年）でも、思弁的な議論に終始してしまうこれまでの国家幻想論はもうやめて、もっと実際の社会的な事象の分析につながるような国家論を展開すべきだ、という意図がありました。ですので、この対談も言論のかたちを問い直すようなものになればと思っています。

上野　国家幻想論をそんな風にばっさりと切らなくてもいいと思いますよ。幻想は現実になるんですから。でもあなたの態度は健全だと思います。メタフィジックス（形而上学）よりもフィジックスの方がずっとおもしろい。理論より現実の方がもっと豊かです。

萱野　なぜ私が国家幻想論を批判するのかというと、いま上野さんがまさにフィジックスとおっしゃったように、国家にはそれ固有の、物質的基盤があるからです。暴力がそれです。国家というものが存在する根底には暴力をめぐる運動がある。だから私は『国家とはなにか』で、暴力をめぐる運動を国家の存在論として理論的に考察しました。

国家の話は置いておくとして、たしかにいまの低成長の現実は、けっして抽象的な理論によって論証されるものではなく、ＧＤＰ成長率や利子率の変化といったいくつかのエビデンス（証拠、実証）によってはっきりと示されるものですよね。

上野　エビデンスがあるということはすごいことです。哲学はスペキュレーション（思弁／憶測）ばかりやっていますものね。

萱野　そういった思弁ばかりの哲学に正直嫌気がさしているところなんですが、それでも自分のディシプリン（専門分野）は哲学だと思っています。というのも哲学は本来クロスオーバーなものであるはずだからです。

上野　もともと哲学はノージャンルですからね。社会学はあくまでもエンピリカル・サイエンス（経験科学）の一分野です。

萱野　社会学の根底にあるものが経験だとすると、哲学の根底にあるのは概念です。概念にもとづいているからこそ、ほかの領域とのクロスオーバーが可能となる。

上野　哲学者が経験科学の分野に接近してくださるのは大変けっこうなことですが、使い方を間違えることも多いですね。

萱野　そうですね。ほかの分野を哲学によって総合しようなんて考えると、一気に危険度は高くなりますよね。

本題に入りましょう。日本社会が低成長時代に入ったということには、いくつかの背景があります。まずは市場経済の飽和化です。自動車や電化製品が社会の中にいきわたり、市場そのものがもはや拡大しえないところまで飽和化してしまった。そうなると新規需要はなかなか生まれなくなり、買替需要しか掘り起こせなくなります。また別の背景として、一九六〇年代を通じて植民地が独立し、資源ナショナリズムによって石油などの資源を囲い込んだため、先進国にとっての交易条件が悪化したということがあります。それまでは、先進国は鉱物資源、たとえば石油を周辺地域から安く輸入して、付加価値のある工業製品を高く売ることで利潤を稼ぎ、繁栄を築いてきました。ところが一九七〇年代以降、そのようなモデルが少しずつ崩れてきます。二度のオイルショックはその象徴ですね。

こうした二つの背景によって、先進国では次第に実物経済によっては利潤を得られなくなっていきました。実物経済で資本を投下しても十分なリターンを回収できなくなってしまったんですね。たとえばGDP成長率がほぼゼロの社会は、全体としていえば、資本投下してもほとんどリターンが得られない社会になっているということです。

こうした流れに拍車をかけたのが人口構成の変化です。明治維新のころ、日本の人口はだいたい三〇〇〇万ぐらいでした。それが現在は一億三〇〇〇万ほどです。一〇〇年ちょっとで四倍になったわけです。日本は欧米にくらべて近代化と人口増加のスピードがとても速かった。したがってその分、少子高齢化が進むのも早いんですね。

上野　人口転換があったのは一九六〇年代です。ドラスティックな変化でした。一〇年間で合計出生率が5ポイント台から2ポイント台に半減しましたから。

萱野　高度成長期に田舎から都会にきた人たちが子どもを産んで、その子どもたちが大きくなったときには、もう経済の拡大は終わっていたわけですよね。

上野　早かったですね。一世代で終わっちゃった。時代の変化のせいなんだから、子の世代は親の世代のせいにするなよって思います。

萱野　たしかに最近は、年長世代を「勝ち逃げ世代」として批判するような論調がけっこうありますよね。上野さんの『おひとりさまの老後』（法研、二〇〇七年／文春文庫、二〇一一年）もそういう文脈で批判されたりもしました。そうした批判に対して、上野さんは北田暁大さんによるインタビュー（『思想地図 vol.2　特集・ジェネレーション』NHK出版、二〇〇八年、本書第2章所収）で丁寧に反論しています。私もいまの低成長の現実を「世代」のせいにして年長世代を批判するのは違うと思います。

ただ、年金に関しては、二〇〇九年に厚労省が出した試算によると、たとえば一九四〇年生まれのモデル世帯は、平均年齢まで生きると、払った保険料の約六・五倍の年金が受給できるのに対して、一九八〇年代以降に生まれた人たちは二・三倍しかもらえない。つまり制度設計上、明らかな世代間不平等があるわけです。でも、年長世代がその問題に触れて、世代間不平等を是正しようということはほとんどありません。

上野　アンフェアな配分には問題があると思いますが、払った人たちにしてみれば、払ったからにはもらって当然という意識があります。払い続けているあいだ、その当時の高齢者世代を支えてきたわけですから。それに、受けとった人を責めるのもナンセンスです。もしアンフェアであるのなら、その配分方式をつくった政府が悪い。人口予測は簡単にできたはずですから、将来世代に禍根を残すことは予想できたでしょう。また、あくまでも保険はリスクヘッジのためにあるのだから、リスクがあるときにだけ使えばいいという考え方もあります。介護保険も年金も保険として考えるのであれば、リスクのない人はこれを使わなくていいという考えはありますね。つまり稼得能力を失わない人は年金をもらう必要がないし、一定の所得以上なら年金に税金をかけてもいいでしょう。

萱野　年金を受給している世代にも所得分配させるということですね。

上野　社会政策学者の大沢真理さんによると「老後社会主義」という概念があります。現役世代の所得格差よりも、老後の所得格差を相対的に縮小して、すでに住宅などのインフラ投資で差がついているのだから、日々のフローは差を小さくしようという考え方です。

萱野　貧富の格差がもっとも拡大する老後世代こそ、所得をフラットにしてもいいということですね。

上野　所得比例ではなく、高所得者に手薄く、でもいいくらいです。

BIとパターナリズム

萱野　ベーシック・インカム（BI）という社会保障の新しいアイデアが最近注目されています。生きていくために必要な最低限のお金をすべての人に無条件に支給しましょうというアイデアです。

一見するとすばらしいこのＢＩに私は反対で、論壇でも数少ないＢＩ反対論者なのですが、上野さんはどのようにお考えですか？

上野　最初にＢＩのアイデアを聞いたとき、直観的な印象は「ローマ帝国か？」でした。ローマ市民はローマ市民であるというだけで、国家から給付を受けていた。支配している植民地からの収奪のもとに。再分配には原資が必要です。いまの日本でどこから原資を調達できるのでしょうか。国家のない社会では、だれもが働いて暮らしを支えてきました。働く能力があるのにＢＩを保証するというのは退廃だと思います。国家というアクターをそんなに肥大化させていいのでしょうか。

萱野　ただ、いまの論壇ではＢＩに賛成する意見が多数派です。ＢＩはすべての人に無条件に最低所得を給付するということで、あらゆる社会保障をそこに一本化する。しかしそこから様々な問題が出てきます。まず、低成長社会では市場が飽和化し、需要が不足しますので、必然的に失業問題が慢性化します。いまの学生たちの就職難もそれを反映していますよね。つまり低成長社会では「働きたくても仕事がなくて働けない」人たちが大量に生み出されるわけですが、ＢＩはそういった人たちに「カネをあげるから仕事をすることはあきらめなさい」というわけですよね。要するに、ＢＩは「働きたくても働けない」人たちを社会的に排除された状態に固定化してしまうんです。お金をあげるだけで排除を固定化してしまうという点で、介護保険のときと問題の構造は同じだと思います。介護保険でも、お金の受給者たちは逆に家族の中で排除されてしまうという問題が起こりました。

上野　固定化と排除のセットですね。それも現在の雇用システムを前提する限り、という条件のも

×萱野稔人

とにです。正規雇用のパイは縮小しているが、だからといって労働力不足は解消しているわけではありません。高齢者や障害者のように働く能力のない人たちは別として、働く能力のある人たちには、ＢＩより就労機会を提供するのが筋ではありませんか？　ワークシェアリングやワーカーズ・コレクティブ、起業、自営など労働市場への参入の仕方を多様化していけばよい。問題は正規雇用と非正規とのあいだに格差が大きすぎることです。

萱野　そうですね。現金給付だけでは雇用は生まれないし、社会関係も創出できない。お金をつかうのであれば、社会関係を創出したり、市場だけではうまく満たせないニーズを満たすような方向でつかうべきです。

上野　そうすれば、財とサービスが回る。萱野さんの意見に同意します。

萱野　それから気になるのは、ＢＩ肯定派は、経済のパイがこれからも拡大していくだろうという成長社会の前提に無自覚的にせよ立っていることです。

上野　いま論壇ではＢＩに反論しにくい雰囲気があるようですね。

萱野　ＢＩに反対すると反動的だと思われてしまうんですよね。新しい社会保障のヴィジョンを邪魔するのか、と。

上野　戦略的ＰＣ（Politically Correct の略。政治的に正しい、という意味）ですか。でもＰＣが誤った方向に議論をみちびくこともありますから。

萱野　実際に介護や障害者の問題にかかわっている人ほど、ＢＩについては複雑な気持ちでいるようです。でも、言論の世界の雰囲気にあらがうことはむずかしい。現金給付が万能ではなく、弊害の方がむしろ大きいということはもっと議論されるべきだと思います。

上野　現金給付については、一般論はなく、ケースバイケースだと考えています。たとえば子ども手当はハンパな額でなければウェルカムだと思います。

萱野　それから、ＢＩが支持される理由のひとつに「パターナリズム批判」があります。たとえば生活保護の場合だと、本当に働くことはできないのかとか、援助してくれる身内はいないのかとか、財産はないのかといったことが役所の人たちにしつこく調べられますよね。そうした「保護することにともなう支配」というものを現金の一律給付なら防げるのではないか。ＢＩが支持される背景にはこうした問題意識もあります。

これに対して私は、自由や生活を保障するための最低限のパターナリズムは不可避だと考えていますが、上野さんはいかがでしょうか？

上野　生活保護給付に伴う私生活への干渉は、制度の問題より運用の問題ですね。

わたしが介護保険の現金給付を批判するのは、当事者にとってよくないからです。当事者がよいサービスを受けられる保証がないからです。

萱野　サービスの質を保証するために公的な機関が介入することに対しては否定しないという立場ですね。

上野　もちろんです。わたしはずっと当事者主権、ニーズ中心ということを考えてきました。社会的弱者と呼ばれている人たちにとって何が本当のニーズなのかと考えると、たとえば、あなたが言ったような排除や、社会関係からの孤立を改善するというニーズがある。そして、そのニーズは金で買うことができるのだろうか。「関係」のようにお金では買えないものが世の中にはいっぱいあります。お金で買えないものは、何か別の方法でコントロールするしかないでしょう。それに介護をずっと研究してきてつくづく思ったのは、介護のようなサービスに関しては、市場の淘汰が働かないということ。つまり品質と価格は連動しない。これは経験的事実です。お金さえ給付すれば解決されるような問題ではないのです。

少子化と結婚の損得勘定——金の損と時間の損

萱野　繰り返しになりますが、低成長社会がもたらす様々な課題を解決していくには、パイの拡大を前提としない新しい社会制度や生活文化をつくっていく必要があります。しかしそれには古い規範意識、とりわけジェンダー規範が障害となっている。

上野　これは大きな問題です。ジェンダー規範を再編しないとこの社会は生き延びられません。

萱野　少子化問題なんてその典型ですよね。少子化は、高度経済成長を達成した社会の多くが直面する課題です。一〇〇年くらいの大きなトレンドで考えると、少子化そのものは避けられない傾向だと思います。

上野　この変化は止められません。

萱野　ただその中で少しでも少子化に対処しようとするのであれば、家族形態をどう多様化していくのか、婚外子の存在をどうサポートしていくのかを考えなくてはなりません。しかし日本では、近代家父長制的な家族規範が根強くあって、なかなか事態が進展していません。

上野　本当ですねえ。家族幻想があるからですよ。幻想はリアルで物質的です。そして規範の背後には物質的なインフラストラクチャーがあります。

萱野　上野さんは、シングルマザーをサポートしていく社会体制ができない限り、少子化対策はまやかしで終わるだろうとおっしゃっていますね。

上野　日本の出生率対策の中で決定的に欠けているのが、シングルマザー対策なんです。合計出生率に婚外子がどれぐらい寄与しているかというと、北欧やフランスで二人に一人、アメリカで四割、ドイツでも三割に達しています。つまり、もし婚外子を出生率から差し引くと欧米諸国の出生率は大きく低下します。これに対して日本では、合計出生率に対する婚外子の寄与率が、ずっと一％以下で続いてきて、やっと最近二％台になりました。これは統計学的にはネグリジブル（無視できる数値）です。いわゆる性行動のカジュアル化は全世界的に起きていて、その影響を日本社会もこうむっている。日本でも性規範は非常に変化しましたから、その結果、結婚と性が分離しました。にもかかわらず、ほかの先進諸国と比べて婚外子寄与率が伸びない。なぜ伸びないのかといえば、事実婚が増えないのと、婚外妊娠の中絶率が高いからです。

萱野　婚外妊娠しても多くは中絶してしまう。そのニーズに産婦人科医も応えてきた。

上野　なぜ性行動がカジュアル化して婚外妊娠が増えていても、それが婚外出産につながらないのかといえば、婚外出産に対する非常に強いスティグマ（負の烙印）があるからです。そして現実に、とてもじゃないけど育てられない社会経済的条件があるからですね。

萱野　少子化問題では、なぜか女性ばかりに責任が転嫁される傾向がありますよね。たとえば婚姻率の抵下でも、女性が結婚しなくなったということばかりが論じられる。でも女性が結婚しなくなっていれば、同じように男性だって結婚しなくなっているはずです。それどころか、結婚相談所の男女別登録者の比率をみてもわかるように、男の方が結婚には消極的で、非婚化に拍車をかけているとすらいえる。

かつての、結婚するのが当たり前だった時代にくらべて、現在は結婚が選択肢の中のひとつになりました。選択肢のひとつということになれば、当然、男も女もいろいろな条件を比較して、損得を考えて結婚することになる。でも、理想が高いとか打算的だとか責められるのはいつも女性です。晩婚化についても、高学歴化したからだ、と女性ばかりが責任を負わされる。ちょっと気の毒ですね。

上野　アンフェアだと思います。そこは男も女も損得のバランスを考えていますよ。

家族社会学者の山田昌弘さんが、じつに明快な実証研究をやっていて、「結婚したら男も女もソンをする」という結果が出ました。そして、その「ソン」は男と女で非対称です。男は経済的にソンをする。結婚したら男は自分が自由に使える可処分所得が激減する。女の方は自分の自由な時間がもてなくなって、可処分時間をソンする。つまり、従来の婚姻規範が継続しているかぎりは、結婚してトクなことは何もありません。金のソンと時間のソン、どちらにとってもソンだから結婚しない、という結論です。

萱野　結婚がトクになるには、つまり婚姻率の低下を食い止めるためには、従来の婚姻規範を刷新しないといけないわけですね。少子化に関しても、同じ規範のもとで女性だけに責任が転嫁されています。男の側が出産や育児に対してどこまで責任を負って何をしているのかは、ほとんど問題にされません。

壊れない家族幻想

上野 厚生労働省の調査によれば、日本人の結婚理由で一番大きい動機がパートナーの妊娠です。いわゆる「できちゃった結婚」。新婦が妊婦である確率が以前は九人に一人くらいだったのが、いまでは四人に一人くらいになっています。ということは、出産以外に結婚する動機がないということになると思います。いまは結婚しなくてもセックスできるわけで、だから妊娠をきっかけに結婚に踏みきる。その結果、結婚したら第一子はわりと早く生まれる傾向にあります。

日本の少子化問題は、「婚姻率低下」、「婚姻内出生率低下」、「婚姻外出生率低下」という三つの要因から成り立っています。順番に言うと婚姻率低下は少子化に直接結びついており、婚姻内出生率は、久しく二人台を維持してきましたが、こちらも低下傾向にあり、婚姻外出生率は先ほど見たようにネグリジブルです。だから、結婚したカップルにどうやって二人目を産んでもらうかというのが、少子化対策の戦略ポイントになってきました。これについては、厚生労働省にものすごい量の研究データが蓄積されていて、そこからとてもおもしろい発見が出てきています。カップルが一子目を出産するかしないかは選択性が低いのですが、二子目を出産するかしないかは選択性が高い。二子目を産むか産まないかの選択は、一子目の子育て環境が非常に大きく影響しています。

×萱野稔人

萱野　要するに、夫がどこまで育児に協力してくれるかによって、二人目を産むかどうかが決まる。

上野　そう。一子目の育児における夫の協力の有無が、二子目の選択に大きく影響する。そこまではデータで出ているんですね。また、女性が有職か無職かということと出産との相関については、家計経済研究所が一九九〇年代に克明なパネル調査をやって、ものすごくはっきりした結果が出ています。それによると、正規雇用の女性の婚姻率と出生率の方が、非正規や無職の女性よりも高かったんです。正規雇用の女性の方が婚姻率も出生率も高いというのは、大方の予想を裏切りました。非正規や無職の女性の方が婚姻願望が高いだろうし、待機中だから結婚しやすいと思われていたんですね。しかし現実には、正規雇用者の方が婚姻率も出生率も高い。つまり、女性の安定雇用が出生率と結びつくというデータがはっきりと、エビデンスとしてでています。

萱野　夫が働いて妻は専業主婦というこれまでの家族のあり方や、女性は補助的労働力として不安定雇用でいいといった仕事のあり方を変えないかぎり、出生率の低下を抑えられないということですね。ではその場合、どのような価値観が新しい生活文化をつくり出しうると考えますか。

上野　その答えはとっくに出ています。実際に結婚した人たちのあいだで、初婚夫婦の年齢差の組み合わせを見ると、もっとも確率が高いのが、同い年カップルなんです。だから同い年で、お互いに高い期待をもたないで、助け合い型でやっていけばいいのに、男性稼ぎ主型の結婚観や家族観が変わらないから結婚へのハードルが下がらない。家族幻想にはとても力があるんですよ。それは女の側にも男の側にも両方あります。これが「婚活」とか「新・専業主婦志向」につながっているんでしょうね。

萱野　よく最近の学生は安定志向が強くて、結婚願望も強いと言われます。実際、私のゼミでも、できるだけ早く結婚して専業主婦になりたいという人がすごく多いです。

上野　津田塾大学で半年間ジェンダー論の講義をしました。そこで、毎回学生にレスポンスカードを書いてもらっていたんです。その中に、わたしの講義を聞いて就職活動での総合職志望を一般職に切り替えようと思いました、というレスポンスがありました。たしかに生存戦略としては賢いかもしれないけど、なんてコメントしたらいいか困りましたね。

萱野　たしかに、正規の一般職になれば雇用も安定していますし、転勤もありませんし、五時に退社できますし。

上野　結婚もしやすくなりますしね。データがそれを裏づけています。総合職の離職率はけっこう高いです。いまの総合職の働き方では両立は難しいですね。萱野さんは津田塾の先生ですが、そういう結婚願望の高い、一般職志望の学生にどう答えているんですか?

萱野　うーん、津田塾大学の先輩たちがいかにがんばって女性の社会進出の道を切り開いてきたか、という話はしますけどね。

上野　一応PC言説を語るわけですね。社会学者はこういう選択をするとこうなる確率が高いですよというデータを示しますが、どうすべきかまでは示しません。

上野　ミクロな話から、一気にマクロのワールド・システムに話が飛びますけど、『世界システム』論のイマニュエル・ウォーラーステインがおもしろいことを言っています。ワールド・システムの中には「中核」、「半周辺」、「周辺」がありますね。彼は、全世界の労働者がプロレタリア化するというマルクスの予言は世界史的に外れたと言います。「中核」部のフルタイム雇用は歴史約に一定数以上増えなかったし、今後もこれ以上増える可能性はない。つまりフルタイム雇用は希少資源化したわけで、今後はこの希少資源をめぐるパイの争いが「中核」部で激化すると。だからこそ、「中核」部における労働者の一部はフルタイム雇用を手にして特権化し保守化したのだと。

この認識は全く正しい。先進国では低成長にともない雇用の空洞化が起きていて、正規雇用が特権化・既得権益化しています。そしてさらにそれがジェンダー間の格差を生んでいる。では、これに対してウォーラーステインはどんな処方箋を出しているのか。シングル・インカム（世帯主単独収入）で家計を維持できる「中核」部の正規雇用が希少資源で、もはや分配不可能だとしたら、シングル・インカムによって成り立つハウスホールド（世帯）の時代は終わったことになる。つまり、近代家族が成り立つインフラがなくなったということであり、近代家族も終わったということです。つまり、ならばダブル・インカムにすればいいのかと思いますが、ウォーラーステインは、いや、マルチプル・インカムだという。つまり複数の世帯員が小銭をかき集めて、持ち寄り家計で助け合って生きるのが、次世代型のサバイバルだと。わたしは全くそれに同感です。でもそのためには、ジェンダー関係、結婚観、家族観を変えなくてはならない。

萱野　低成長の社会ではシングル・インカムの家族形態が機能できなくなるので、ダブル・インカムやマルチプル・インカムで持ち寄ってサバイブしていこうというのはよくわかります。ただ、そのときの紐帯は何が担保してくれるのか、絆のかたちはどのようなものか、まだよくわからないところもあります。

上野　フェミニスト法学者のマーサ・ファインマンは「性の絆からケアの絆へ」と言っています（『家族、積み過ぎた方舟』学陽書房、二〇〇三年）。家族の絆の基盤を性的な結合から、ケアのつながりに置き換えようということです。なぜかというと、ケアの絆の方が、性の絆よりはるかに恒常性と時間的な持続性をもつからです。それはアメリカで露骨に現実化していることです。ケアの絆では、持続性をもとに助け合い、支え合いの関係ができる。そして、一人でケアするよりも複数の方がずっと楽だから、マルチプル化する条件があります。

わたしの友人は「デイタイム家族」を実践しています。離婚した元夫婦で、現在はそれぞれ別にパートナーがいますが、男（元夫）の方は定時制高校の教員をしていてデイタイムが空いているので、女（元妻）が仕事に出ている昼間に元妻の家に通って子どもの世話をする。そして、夕方に元妻と入れ替わるんです。

萱野　なるほど。そこでは性的な関係がないからこそ、多様な関係をつくることができるわけですね。ただ、ケアの絆といっても、その必要に直面していない人にとってはなかなか難しいのも事実です。原則としては理解できると思うのですが、実際には、性愛の絆がまずはあったからこそケアの絆も成り立つような気がします。

上野　ケアの絆はリアルな将来像じゃないですか。人がつるむのは、弱者だからですよ。弱者だからこそ、つながる。だから、自分は弱者ではないから人とサポートしあう必要がないと思う人は、ひとりで暮らせばいい。実際そういう人も増えてきています。にもかかわらず、わたしが『おひとりさまの老後』を書くときにリサーチしながら強く感じたのは、女性のシングルは不安感がものすごく強くて、しかもその不安感は周囲からの「脅しのディスクール（言説）」によって増幅されている、ということでした。「一人だと困るわよ」、「将来どうするの」という脅迫です。だからこそシングル女性たちはケアや助け合いのネットワークを上手につくってきました。弱さはつながりのタネなんです。でもシングル男性にはそれができません。なぜかというと、「自分が弱者である」ということを認めたくないからです。

「ウィークネス・フォビア」――男らしさで飯は食えない

萱野　たしかに男は、自分で身の回りのことが何もできない人でもなかなか助けを求めませんよね。まずは自分が弱者だと認めないと、助け合いは始まりませんね。

上野　ここにも強い規範意識がありますよね。

萱野　ジェンダー意識そのものです。典型的なのは、福岡市の生活保護打ち切り餓死事件です。生活保護を受けていた男性が、「あんたみたいな歳だったら、まだいくらでも働けるでしょう。もう打ち切るよ」と役所で言われて、それを受けいれてしまった。それで、日記をずっと書き続けて、最後の言葉が……。

萱野　「おにぎり食べたい」。

上野　そのときに「打ち切られたらわたしは困る。生きていけない」となぜ言えないのか。聞いていて本当につらくなりました。ジェンダー意識そのもので飢え死にするんですよ。

萱野　男は失業すると一気にホームレスになる可能性が高いそうですね。女性はホームレスになる前に誰かに助けを求めたりして何らかの手を打つことができる。もちろんホームレスになったときのリスクが男性よりも高いから、という理由もありますが。これに対して男の方は自意識が邪魔をしてしまう。男は恥をかくことをすごく恐れるんですよ。二〇〇〇年代半ばぐらいから若者の貧困がクローズアップされるようになったとき、若者のネットカフェ難民やホームレスがすごく話題になりました。そうした若者たちへのインタビュー記事なんかを読んで感じたのは、恥をかきたくないという気持ちが彼らにはとても強いということです。たとえば体調が悪くなってアルバイトを無断で一日休んでしまった。すると、店長や上司に怒られるのが嫌で職場に行けなくなり、そのままフェードアウトしてしまう。整理解雇されたことを家族に言えずに一人だけホームレスになっていく人にも、同じような自意識がありますよね。

上野　わたしは「男という病気」と呼んでいます。女は弱者意識があるから自覚的に「タメ」をつくります。二〇一〇年に、『大日本帝国の「少年」と「男性性」――少年少女雑誌に見る「ウィークネス・フォビア」』（内田雅克著、明石書店、二〇一〇年）という本が出ました。「ウィークネス・フォビア」＝「弱さ嫌悪」というのはうまい表現です。自分で自分の弱さを認められない。それが男らしさのアイデンティティの核にあります。ジイサンたちがいるデイセンターにいくと、バアサンたちはつるんでいるのに、ジイサンたち同士は絶対につるまない。お互いに背を向け合っています。呆けてもそうなんです。

萱野　男的な自意識がものすごく邪魔をするんですね。

上野　悲惨ですね。

萱野　結果的に、男はその自意識のせいでさらに悪い状況に身を置いてしまう。かつての経済成長の時代では社会全体のパイが拡大していたので、自分の弱さを認めなくても何とか社会からこぼれずにすんだ。生存にかかわる問題として自意識の問題に直面しなくてもすんでいたんです。しかし、パイがもはや拡大しない低成長の現代では、自意識にこだわりすぎてしまうと社会関係そのものからこぼれ落ちてしまいかねない。空虚なプライド、ジェンダー化されたプライドでは低成長社会に適応できないんです。

上野　団塊の世代は努力しなくてもちゃんと配分がきました。これは能力のせいではなくて、時代と世代の効果にすぎません。「男らしさは低成長社会に適応できない」というのは、なかなかいい標語ですね（笑）。

萱野　男の生き方自体を変える必要がありますね。恥をかくのを恐れないことがその第一歩でしょう。

差別均衡と平等均衡――経済合理性とジェンダー規範

上野　ジェンダー規範を単なる幻想ではなく現実にしている下部構造に、男女の賃金格差があります。そしてこの賃金格差の非常に大きな要因のひとつに非正規雇用がある。非正規雇用は最大のジェンダー問題です。にもかかわらず、それが近年になって「脱ジェンダー化」されてきてはじめて、つまり多くの男も非正規雇用になるようになってはじめて、「問題だ」と言われ出しました。わたしは「なんだ、これは?」と思いましたよ。メディアとオジサンたちは、男の問題にならないと「問題」だとは言わないんですね。

なぜいつまでも男女賃金格差がなくならないかというと、女を家計補助型の労働力と考える企業のジェンダー規範が変わらないからです。同志社大学経済研究所のエコノミスト、川口章さんが『ジェンダー経済格差』(勁草書房、二〇〇七年)という本を書いて、二〇〇八年の日経経済図書文化賞を受賞しています。日本型雇用慣行という非経済要因がジェンダー格差の原因であるということをエビデンスにもとづいて見事に論証した本です。彼はその中で、差別的雇用慣行がジェンダー格差の原因である、またそのジェンダー格差を生んでいる差別的な雇用慣行から日本企業は利益を得ている、という仮説を立ててこれを論証しました。この雇用慣行に長期勤続制度や新卒一括採用制度などが絡み合ってひとつのシステムができあがっている。これを彼は「差別均衡」と名づけました。つまり、差別均衡の上に立っている日本の企業はそこから実際に利益を得ていると。このシステムは均衡しているから、複合的な要因のうちどれかひとつを変えることが難しいわけです。新卒一括採用制度をなくせば、ただちに年功序列制を変えなければいけなくなる。年功序列制をなくそうと思えば、今度は査定評価制度を変えなければならない。一箇所をいじると、ありとあらゆるところに波及するように、いくつもの慣行や制度がからみあっています。均衡システムを変えるっていうのは本当に難しい。ところが一方で、差別的雇用慣行をもたず、女性を同等に処遇しながら、女性の能力を生かそうとしている企業もある。これを彼は「平等均衡」と名づけました。

川口さんは、差別均衡の企業と平等均衡の企業をとりあげ、双方の利益率を比較しました。すると平等均衡の企業の方が売上高経常利益率が高いことがわかった。つまり両者が同じマーケットで競争していくと、利益率が高い方が勝ち残る。最終的には、企業のスポンサーになるのは株主だから、株主は利益率が高い方に投資をします。それがわかっていても、システムが均衡しているから内部の構造改革で差別均衡が平等均衡に変わることはめったにありません。そうなると、差別均衡の企業は、体質を変えられないまま、長銀やＪＡＬのように巨艦沈没してしまう可能性があります。

萱野　日本ではほかの先進国に比べて労働生産性が低いといわれていますが、そこには差別均衡の利益率が低いということも関係していそうですね。

上野　明らかに関係があります。

萱野　経済合理性からみれば、差別均衡は損することが多い。とくに少子化時代では労働人口が減少するので、あらゆる人に労働へのアクセスを開放して、性別にかかわらず能力に応じて平等に扱うということが、経済合理性に適っている。

上野　川口さんの発見は、差別均衡を平等均衡に変えないと日本の企業はグローバリゼーションのもとで生き延びられない、というまっとうな提言に結びつきます。

萱野　なぜ経済合理性に反するにもかかわらず差別均衡がなかなかなくならないのかというと、やはりお金の問題と承認の問題が切り離せないからだと思います。稼ぐことで男は自尊心を満たし、それが家族における自身の権力源泉にもなる。そこでは仕事と承認、お金と権力がすべてつながっている。「俺はすごいぞ」という幻想を維持するための下部構造に差別均衡がなっているわけです。

上野　その点では、オジサンだけでなくて、若い男性の意識も変わっていませんね。フリーライターの赤木智弘さんの言説（「丸山眞男をひっぱたきたい――三一歳、フリーター。希望は戦争。」というブログ上の議論が話題を呼んだ。『若者を見殺しにする国』双風舎、二〇〇七年所収）が典型的です。そこにあるのは「ボクも一人前の男にして」という、旧来型の保守的な男の自意識です。

萱野　ただ、赤木さんが問題提起をするまでは、承認についてのまともな議論はありませんでした。彼の問題提起が発端になって、お金の問題と承認の問題が結びついていて、女性はいままでそこから二重に排除されていたということが、広く認識されるようになったのだと思います。

上野　全体のパイが拡大せず、非正規雇用が脱ジェンダー化する時代になって、ようやく、かつてのような承認のリソースを得られないことが男たちにもわかってきた。そのときに、承認の供給源をどこに求めたらいいのでしょうか。代替選択肢には何があると思いますか？

萱野　まずは承認には価値の序列があるということを認識すべきだと思います。たとえば職業にも、社会的に高い承認を得られる職業もあれば、そうじゃない職業もある。同じような序列は、学歴にも、人種にも、能力や性格にも、さらには身体的特徴にもある。もちろんジェンダー的な序列も強固にあります。そうした価値の序列の中で私たちは承認を得て、アイデンティティを構成しているわけです。なので、既存の承認のあり方から距離をとるためにも、まずは承認における価値の序列がどのようなものなのかを認識することだと思います。

上野　わたしは『女ぎらい――ニッポンのミソジニー』（紀伊國屋書店、二〇一〇年）という本で、ミソジニーとホモフォビアとホモソーシャリティの三点セットについて論じています。従来型の男にとって承認のリソースは男性集団なんです。女による承認などはおまけです。覇権的な男性集団から承認を供給してもらわないと、男になれない。まずは、そこから降りてもらわないと代替選択肢は目に入りませんね。

萱野　そうですね。何を通じて承認されるかということだけでなく、誰によって承認されるかということにおいても序列があるということですね。その両方が合わさって、承認におけるヘゲモニー関係が構成されている。ヘゲモニーというのは要するに、多くの人によって支持された支配的な価値意識のことです。その支配的な価値意識のもとで人々は「認められたい」と思って、右往左往するわけですね。しかし、今や低成長の社会になったことで、そうしたヘゲモニー関係のもとで承認を得ることがますます難しくなっている。それだけのイスが社会からなくなってしまいましたから。そうである以上は承認の別の可能性を探らざるをえませんね。

上野　「だめ連」はどうですか？

萱野　だめ連ですか？（笑）

じつは私は雑誌『現代思想』（青土社）に書き始めたころ、編集長に「だめ連の最後の切り札」なんていわれていたんですよ。実際には、だめ連に関わっていたというより、個人的な付き合いがあったという程度なんですが。

新しい承認のあり方を探っていくためのグランドセオリーというものはおそらくないと思います。様々な現場で試行錯誤していくしかないのではないでしょうか。

上野　若手の評論家の宇野常寛さんが、承認の供給はたいしたものである必要はなくて、小さな承認をかき集めればよいと言っていますね。とても納得できる議論でした。ただ、それでも大きな承認を求めてしまう人はいますから、そういう人に対しては、現実に調達不可能な目標を沈静化していく、長期にわたるクーリングダウン装置の役割を高等教育機関が果たすべきだと思います。そして、高等教育機関は冷却装置であると同時に、承認の尺度の多元化の媒体でもあります。

萱野　たしかに、大きな承認に対して日常の中の小さな承認を求めていくという戦略はわからないでもありません。ただ、私自身はそれには少し懐疑的です。理由はふたつあって、ひとつは、「言っていることとやっていることが違う」ということ。これは別に宇野さんが、ということではなくて、ポストモダン的に「大きな承認をあきらめろ」と言っている人にかぎって、言論の世界でヘゲモニーの獲得をめざしたり、社会的に高い地位に安住していたりする。本人も大きな承認の問題から自由なわけではないんですね。別に言論の世界でヘゲモニーの獲得をめざしても、高い地位をもとめでもいいと思います。ただ、そうである以上は「小さな承認で満足しろ」なんてことは言うべきではないのではないでしょうか。それから、もうひとつの理由はもう少し理論的で、たとえ小さな承認のレベルにとどまったとしても、それだけでは承認における価値の序列関係は崩せないということです。小さな承認のレベルで、ヘゲモニックな価値の序列が再生産されることは十分ありえます。つまり問題は、大きな承認か小さな承認かということではなくて、承認の構造そのものをどう変形するかということにある。承認の問題は、頭で理解するのは簡単ですが、それを実践するのは難しいとつくづく思います。

上野 女の世界は、理論よりも実践が先行しています。むしろ言語が追いついていない。

萱野 男の世界では逆ですね。言葉が先です。そんなに概念のレベルでカッコつけても欺瞞的なだけなんだから、地に足がついたことからまずやれよ、って自分でも思います。

上野 まったく。男性は覇権意識が捨てられないのでしょうね。

萱野 承認の問題は、就職活動中の学生を見ていても深刻だと感じます。はじめは、やりたいことを仕事でやれるだろうとか、自分はこういう人間だからこういう仕事が向いているはずだ、といった自分中心の感覚で、誰もが知っている大企業しか志望しません。でも、当然ながらそれではなかなか就活はうまくいかない。そうするとすぐに自己否定された気持ちになってしまう。日本には有名じゃなくてもすごい企業はたくさんあるし、社会は想像以上に複雑だから自分中心のイメージで考えたらダメだと言っているんですが……。

上野 無力感と万能感を行きつ戻りつですね。やはり少子化の影響がすごく大きい。わたしが学生を見てきて感じる変化は「幼児化」です。幼児的な万能感が持続していて、精神科医の斎藤環さんの名言によれば、「去勢を受けていない」んです。わたしたち女性は、幼いときから女だというだけで去勢経験を積んできましたが、最近ではこの点で困った意味でジェンダー差が縮小してきましたね。

萱野　去勢は一生の問題だなとつくづく思いますね。

言論の力で世界は変わるか？

上野　萱野さんは哲学をされているにもかかわらず、リアリストなんですね。

萱野　まあ私はもともとが俗っぽい人間ですから。それに、哲学・思想の世界で一見きらびやかな概念を振り回している人にかぎって、じつはその中身をよくわかっていなかったり、たいしたことを考えていなかったり、というのをたくさん見てきましたから。ラディカルなことを言っているようで、やっぱりみんな権威が好きなんです。

上野　それは概念大好きの哲学者にしては珍しいメンタリティです。

萱野　概念をつかうことが哲学の仕事であるならば、派手な概念を振り回して悦に入るよりも、概念をつかって世界をどう理解し、現実の事象をどれくらい分析できるかに懸けた方がいい。

上野　概念はツールですから、使えないツールはツールじゃない。また現実が変わればツールも通用しなくなります。どのような思想や理論も時代の落とし子です。たとえば、カントはカントの時代に使える概念を一生懸命考えた人ですが、いまでもそのツールが使えるかどうかは、使える部分もあれば使えない部分もある、と答えるしかありませんね。

萱野　私は哲学者として、概念や理論をつくる言論の力、言葉によって切り開かれていく地平というものを信じていますが、上野さん自身は、言論の力というものをどのようにお考えになっているのか、最後に教えていただけますか？

上野　わたしも物書きなので、言葉の力を信じていなければこんな虚しいことはやってられません。わたしは、理論の力、概念の力がフェミニズムの中ではっきりした効果をもったという実績を感じています。名づけられなかったことを名づけたことによって、現実が変わりました。たとえば「不払い労働」、「セクシュアル・ハラスメント（セクハラ）」、「ドメスティック・バイオレンス（DV）」などは、とりわけ大きな効果をもちました。名づけによって、現実の認識が変わったからです。そして、認識が変わったことによって、実際に現実の方も変わっていく。そこには概念のあなどりがたい力があります。もちろんその一方で、新しく起こっている現実に対し、従来の概念では適切に名づけることができなかったがために、非常にムダなことをしたという例もたくさんあります。いつの時代にも思想はなじられます。現実に対して、無力だと。たしかに、現実の変化の方が常に先行していて、理論はやっとの思いであとから追いつくのがせいいっぱいです。でも、不払い労働だって、DVだって、セクシュアル・ハラスメントだって、現実にはずっとあったものを名づけることによって遡及的に過去を再解釈できるツールになった。そして、過去を再解釈することで未来を変える力をもったわけです。たとえ現実に追いつくのがせいいっぱいだとしても、それこそが思想の役目だと思います。だからこそフェミニズムは「女の経験の理論化と言語化」を、ずっと言い続けてきたのです。

萱野　言論がなければ現実だって変わらないかもしれない。先行する現実に言葉をあたえるのが思想の力であり、思想に携わるものの責務ですね。

上野　わたしはそれを思弁だけでできるとは思いません。アーティストや作家という職業と、社会学者というダサい職業であることの決定的な違いは、想像力よりも現実の方が豊かだと思うかどうかだと思っています。これがわたしの職業的なアイデンティティの核にあります。歴史を見ても、想像力が及ばないような恐ろしいことがたくさん起きました。どんな想像力があのホロコーストを想像できたかと考えたとき、少なくとも経験的な現実に対して誠実である、つまり現実から目を背けないということを自らに課さないわけにはいきません。だから単なるスペキュレーションではなく、エンピリカル・サイエンスが大事なんです。

萱野　いまのお話は、自戒を込めて哲学の世界にいる人にも聞かせたいところです。現実との格闘の中で思考を展開していくことは、いくら概念をつかうことを仕事にしている哲学の世界でも必要なことです。状況に知をどうかみ合わせるかというところにこそ、知的な態度は出ますからね。

上野　表象しか相手にしない知的業界が成立しているのならそれはそれでいいでしょうが。でも、論壇が空中戦になったら最後に何が残るんでしょうね？「そういえば昔、ＢＩってあったよね」なんてことになるかもしれません。

萱野　いまのままだとそうなるでしょうね。これまでにも見慣れた光景です。

（初出：『日本言論知図』東京書籍、二〇一一年）

第4章

古事記はなぜ生きのこったのか

×三浦佑之（みうら・すけゆき）

1946年生まれ。立正大学文学部教授。専攻は古代文学、伝承文学。著書に『増補新版　村落伝承論』、『古代研究』（以上、青土社）、『日本古代文学入門』（幻冬舎）、『金印偽造事件』（幻冬社新書）、『口語訳　古事記（神代篇・人代篇）』、『古事記講義』、『古事記を旅する』（以上、文春文庫）、『日本霊異記の世界』（角川選書）、『古事記を読みなおす』（ちくま新書）など。

古事記研究の二〇年

上野　今回、三浦さんとお話するにあたり二〇年前の『日本王権論』（網野善彦・上野千鶴子・宮田登共著、春秋社、一九八八年）を読み返してきたのですが、あらためて「よくあんな鼎談を引き受けたものだな」といまさらながら足がすくむ思いです。わたしの書いたあとがきには「身の程をわきまえていればお断りするはずのこのだいそれた企画」とあります。今回も三浦さんにいただいた書物を読むに及んで、身の程をわきまえていればお断りするべきであったと後悔しました。昔と今とでわたしはどこが違うかと申しますと、昔は無知ゆえの怖いもの知らずでしたが、二〇年経つと少々ものがわかってまいりましたので、碩学は碩学だということがよくわかります。ですから怖いものがちゃんとわかってまいりました。これがわたしの二〇年の変化です。成熟というべきでしょうか（笑）。これを挨拶がわりにまずお伝えしようと思っておりました。よろしくお願いいたします。

三浦　よろしくお願いいたします。

上野　本当にしまったと思いました。

三浦　とんでもない。こちらこそ、何から上野さんにお伺いすればいいかわからなくて、今日は色々と教えていただこうと思ってまいりました。

上野　初学者が碩学にお話を伺うつもりで、インタビュアーになろうと思ってまいりました。

三浦　二〇〇七年の岩波文庫創刊八〇周年の『図書』臨時増刊に古事記にはまったとお書きになっていますが、もちろんはまる以前にも古事記に対する興味はお持ちですよね。

上野　『図書』の「岩波文庫の三冊」特集に書いたものですが、在庫の中からなまものでないもの、時間によって劣化しないものを選ぼうと思いました。古事記にはまったのは二〇代です。旧約聖書と同時に読んでおりまして、創世神話と系譜誌とはこんなにおもしろいものかと。なぜ旧約聖書が系譜誌であるかということが、古事記を読むとよくわかり、古事記を読むと旧約聖書がよくわかるという関係にありました。

三浦　そうすると二〇代でお読みになったということは、そのころには文化人類学の勉強はなさっていたのでしょうか。

上野　いいえ、全く違います。世をすねていた頃です（笑）。何しろ当時は旧約聖書とウパニシャッドと古事記の三冊を同時進行で読んでおりました。それがどれもスーパーに面白くて。天が下には起こるべきことはすべて起きてしまったという気分になっていた時期でしたから。

三浦　その中で古事記というのは、どの部分、どういったところに一番興味をお持ちになって読まれていたのでしょうか。

上野　旧約聖書を読んでから古事記を読むとよくわかったことがありました。系譜誌というのは結婚と出産の話ですよね。その話が延々と続くのが、なぜ創世神話になりうるのかというと、最終的にはこの世のルーラー（統治者）つまりルール（規則）をつくる者について、“Who rules?” という正統性を付与する物語なのだということがわかったのです。特に旧約聖書が無茶苦茶におもしろかったのは、エホバから始まってアダムとイブがいて、そこから延々と話がつながってダビデとかソロモンが登場した後に出てくるのがヨハネなのですが、最後にイエスがヨハネの胤じゃないと書いてあるのが、笑えました（笑）。あの系譜誌というのはヨハネの系譜誌なんですよ。なぜマリアの系譜誌ではないのか。マリアはヨハネの胤じゃない子どもを生んだという最後のどんでん返しがおもしろい。しかし、にもかかわらずその系譜誌が、誰がこの世の正統な統治者であるべきかについての長々しい物語だということ、そのためにこれだけの努力が積みこまれているのだということがわかったのです。その眼でもって古事記を読むと、皇国史観にはアレルギーがありましたが、古事記を歴史だと思わずに、この世の統治者が誰であるべきかについての物語であると読むと、腑に落ちるところがあったという読み方でした。ですからその後、わたしが王権論に行ったのは、読み方からして自然のなりゆきでした。その頃はもちろん王権などといった概念も知りませんでしたが。

三浦　しかしその神話というのは、歴史でもあるわけですよね。歴史というのはそうやって積み重ねてできてきた。「我々が正しい支配者だ」というふうに。

上野　それは三浦さんが書いておられるように、神話と歴史はどこが違うかということですね。神話は現在と直結しているが、歴史というのは時間が直線的に流れていて、現在に至るまでの過去を説明する系譜だと書かれていました。だからこそ国家と関係するのだと。国家の成立と歴史書の成立が関係するということについては、その通りだと思います。

三浦　そうすると、神話とは何でしょう。権力と権威とをわければ、神話とは権威なのでしょうか。

上野　わたしがストレンジャー・キング（外来王）論（『構造主義の冒険』勁草書房、一九八五年）を書いた時に論じたことですが、誰が正統な統治者であるのかという権威に対して、誰かが権威を付与しなければいけない。オーソリティには、オーソライザーが必要なのです。そのオーソライザーのために長々しい系譜誌があるのだということが、わかった気がしました。

今回の三浦さんのお仕事を拝見して、記紀というワンセットの呼び方自体がトリッキーで、そこをちゃんと分離してふたつは異なるテクストだということをはっきりとおっしゃったのはすごい読み直しだったのだなと、しかも序文の偽書説をうち出されたことは大きな事件だったのだなということがわかりました。

正直に申しますが、この方面の専門家の方たちがこの二〇年間に蓄積してきた知識の質と量はたいへんなものなのに、わたしの記紀の読み方は、「記紀の神話論理学」を書いた時点で、新しい入力がストップしております。『日本王権論』が八八年で、「記紀の神話論理学」（桜井好朗編『神と仏』春秋社）が八五年です。その頃まではわたしも王権論を熱心に読んでいましたから、八〇年代の終わりから、二〇年ほどの時差があるわけです。ところが今回、三浦さんの本を拝読して、古事記の読み方もここまで変わったかという感慨がありました。その感慨をまず言わせていただいてもよいでしょうか。

二〇年の間に、記紀読みに変化が起きたのだということが、今回最も痛切に感じたことです。それは何かというと、史書をナラティヴ（narrative）として読むという、言語論的転回（linguistic turn）以降の文学研究の変貌と歴史研究の変貌の過程を三浦さんが経過してこられたのだということが、よくわかったのです。著書の中でも引用されていますが、野家啓一さんの文章を引いて、「史書は物語から離れることはできない」とされています。しかしこういったことは、二〇年前には歴史家は口にはできなかったと思います。他方で、古代文学の研究者の方には、中西進さんのような方がいらっしゃいましたから、文学は抒情の方に流れ、歴史学は史実の方に流れ、文学と歴史学の棲み分けがありました。それが相互乗り入れせざるを得ないところに来ていること、だからこそこの本が三浦さんのような文学者の手によって書かれたこと。この二〇年間に文学と歴史学の関係が、確実に変化したのだということを痛感するおしごとでした。

三浦　そういっていただくのは大変にありがたいのですが、そこが多分中途半端なままだと僕自身では思います。

上野　三浦さんが文学の領域からこういったことをお書きになる際には、歴史学からの反発と、文学からの反発の両方があるでしょうね。どちらからも抵抗勢力があるのではないかと感じました。

三浦　もともとは蝙蝠みたいに仕事をしているものですから、どちらからも支持はされていないところがあるかもしれません。

上野　蝙蝠とおっしゃいますが、どちらからも黙殺できないということでしょう。三浦さんの時代が来たという感じがします。

三浦　そんなことを言われると涙が出てしまいます（笑）。

上野　本当のことです。この二〇年間の歴史学の、言語論的転回、物語論的転回（narrative turn）と呼ぶひともいますが、それを黙殺したい方もおられるでしょうが、その変化をなかったことにはできません。野家さんの背後には、ポール・リクールのようなポスト構造主義の思想家がいます。その流れのなかで、史書と史実とをいったん切り離して、史書をナラティヴとして読むという史書の読み方が登場したということ、だからこそ文学研究者が同じように史書をナラティヴとして読むことができるようになりました。テクストをナラティヴとして読んで読みぬいたら、どう考えても古事記の序文は嘘だろうというところまでいったという、その読みぬき方がすごいと思いました。

おそらくわたしの本日の役目は、これをお話することで尽きると思います（笑）。

三浦　そういうように読んでいただければ大変ありがたいし、わたしも歴史にある意味で非常に興味を持っています。しかし文学研究という立場があって、その中で歴史がどのように叙述されていくのかというところで、何が見えてくるのかを考えようとしていました。それから我々は世代的にはほぼ同じで、わたしの方が少し上だと思うのですが、わたしたちの学生のころから、沖縄やアイヌといった、国文学の中心的世界から外へ向かいたいという流れがあって——そこには文化人類学の影響が強かったのだと思いますが——、そういうところへ行って作品を読んだり話を聞いたりしていく中で、文字世界で作られていくものとは違うもう一つの世界において、古代はどのようにあったのだろうという疑問がわいてきました。先ほど中西さんのお話が出ましたが、彼のように抒情というのではなくて、もう一つの古代がどのように見えるかというところへの興味が強くあった。それは師匠に反発したところも大きかったのですが。

上野　師匠が中西さんだったということは、三浦さんも万葉集から出発なさったのですか。

三浦　わたしは歌が苦手でした。しかも彼はわたしが学生のころは古事記を扱うことも多かったものですから、古事記の面白さに目覚めたのです。

言語論的転回以降の古事記

上野　その前に、わたしから伺いたいことがあります。「古事記は史書か文学か」という問いがありますよね。文学者は古事記を文学として読み、歴史学者は古事記を史書として読むという棲み分けをやってきたようですが、言語論的転回以降には、古事記が史書か文学かという二者択一の問い自体が成り立たなくなって、史書でもあり文学でもあるということになった。歴史か文学かの棲み分けをやってこられたのは、ナラティヴのコンテンツだけを解読してきたからです。歴史は史実というコンテンツに行き、文学は情というコンテンツに行く。そうではなくて、ナラティヴの形式そのものを読んで読みぬけばこうなるという読み方を三浦さんは提示された。本来ならばそれがナラティヴの一番まっとうな読み方だと思うのですが、そういう読み方をしたひとが、三浦さんのような方を除いて、あまりいなかったということにもびっくりいたしました。

わたしも三浦さんと同時代に生きてきて、文化人類学の影響も受けました。わたし自身がやったことは何だったかと申しますと、レヴィ＝ストロースの構造主義のモデルをそのまま持ってきて、ナラティヴもテクストもぶっ飛ばして、婚姻と出産というスケルトンだけを読みとったわけです。いわばX線撮影のようなことをしたわけで、テクストの味わいもへったくれもなかったのだなということを、今回三浦さんの著作を読んで感じました。

三浦 ただそれは、文化人類学という学問自体がそうだったからと言ってしまえば失礼なのでしょうか。わたしにとってはお話が面白い、あるいは言葉が面白いということがまずあって、それで作品を読んでいく。しかし面白いねと言うだけでは論文は書けないから、その面白さをどうやって説明するかということになって、構造がこうなっている、あるいはこの表現はこの流れの中で使われている、といった形で論じていくというのが、国文学の一つの方法なのだろうと思っています。その時に借りてくるのが、歴史学であったり文化人類学であったりするわけですが、国文学の固有の方法というのは何でしょうか。例えば文献学などはあるのかもしれないけど、それがわかりにくい。そこで構造といったものを借りた方が、説明がしやすい。そのようなことは時代的にあったのだろうと思っています。

上野 文学に固有の方法というのはないとおっしゃいますが、文学批評理論の影響は非常に強かったと思いますよ。構造主義は文学理論と共に歩んできました。テクストをテクストのまま形式として読むという構造主義的な文学理論の影響はものすごく大きかったと思います。国文学がその影響を受けたかどうかはわかりませんが。隣接分野から色々とツールを借りてくることにおいては、社会学も同様に、人類学に学び文学理論に学びと、同じことをやってきたと思います。

三浦 『女嫌い』（紀伊國屋書店、二〇一〇年）の第六章で、「皇室のミソジニー」という章を立てていらっしゃって、これは以前のご本でも論じられている系譜誌の問題、あるいは男と女という結婚・出産の問題が論じられています。そこで皇室という問題についてまず伺いたいのですが、天皇制が男女共同参画しようがしまいがどうでもいいと仰っていますよね。それはわたしもそう思っていますし、おそらくこの男の制度を女性天皇制にずらして成り立つのかどうかはちゃんと検証しなければいけないと思います。ただ、女性天皇が誕生することは今までもありましたが、そこではその子供が後を継いだわけではなかった。天皇である女性が誰かと結婚して産んだ子供が継ぐということにはならないで、また元の男の系統へと戻っていった。しかし仮定の話として、現在あるいは未来において天皇制が続いたとして、女性天皇が誕生し、その女性の子供が生まれて天皇を継ぐということになったとしたら、何かが変わるとお思いですか。

上野　天皇制の存続論議をやってもあまりおもしろくないと思うので、あくまでナラティヴに即した話をしたいと思うのですが。三浦さんは、古事記の中には母系制の痕跡があるが、日本書紀においてはそれが父系的なものに整序されていくと書かれていますね。母系というより、双系制という方がよいと思いますが。日本の親族構造の中には双系的な要素がかなり長い間あります。双系的であることを「男女共同参画」と呼べるかどうか、それはわたしにとってはどうでもいいことで、それよりも古事記と天皇制との関係の方に興味があります。

お書きになっているように、古事記は天皇家の史書としてはいかがわしいテクストですよね。それに序を付けて権威化したと書いておられます。天皇制という王権にとって、古事記というテクストがいかなるものであったか。序の偽書説を多くの研究者が認めることができなかった理由を、三浦さんは論じておられますね。序を失うと、古事記というテクストが全くの無根拠なテクストになるからだと。何にとって無根拠かというと、天皇制から見たときに無根拠になる。無根拠なテクストといっても、古事記には天皇制以前の神話や伝承が含まれていますから、そういうものとして価値がなくなるわけではありません。わたしがもう一つ申し上げたかったのは、この二〇年間、国文学の中で物語論的転回が大きな影響を持ったことです。特に中世文学研究の中で、御伽草子のような無名の人々の伝承や説話の研究が、民俗学とあいまって復興しました。それまでは著者のあるテクスト、しかも権力の側のテクストだけが正統なテクストだと考えられてきたのが、近年では説話や伝承が研究に値する価値を持つようになったのは、構造主義的な物語分析や文学理論の影響があったからこその復権だったと思うのですが。歴史でもなく文学でもない、しかし同時に史書でもあり物語でもあるようなナラティヴをもう一度読み直す動きが出てきました。そして、そういったものとして古事記を、史書以前の伝承だと考えれば、天皇制による権威化がなくても無根拠なテクストだと思わずにすむのだけれども、序による根拠づけを欠くと、天皇制のもとでのテクストの序列を転げ落ちるという恐怖が、研究者のあいだにあったのでしょうか。

三浦　ないとは言えないと思いますね。おそらく古事記、日本書紀という二つを並べて研究していく。もちろん日本書紀の方が歴史学的であり、国文学の領分にあったのは古事記だというある程度の棲み分けが、近代の国史・国文研究にはあったのだと思います。そういう中で古事記を守りたいというか、自分の根拠を確かにしておきたいということはあったのでしょう。

上野　つねづね思うのですが、学問の世界にも何を正統な研究対象にするかをめぐるアジェンダ設定がありまして、どのような研究主題を選ぶかによって、研究者の序列が決まります。ですから中世文学の研究者でも、『大鏡』や『太平記』のようなテクストを研究する人の方が、御伽草子を研究する人よりも地位が上なわけですね。そういったことが、古代史の研究者の中にも古代文学の研究者の中にもあって、それに対する配慮が、古事記から権威化が脱落することに対する抵抗勢力になったのでしょうか。

三浦　それはないことはないでしょう。それは需要の問題でもあります。こういう形で特集が組まれるのは、古事記ではなされるけれども、例えば氏文ではできない。そういう問題も強くあると思います。

上野　古事記は風土記よりも格が上ですね。

三浦　近頃はかなり変わっていると思いますけれども、おそらく古事記研究は重箱の隅をつついていると前々から言われていますが、細かいところを突いていかないと学問が成り立たなくなっているところがある。あるいはわたしのように、乱暴なかたちでひっくり返してしまうようにしかならないのかもしれません。それはあまりにも窮屈すぎると考えている若い人たちは多いと思います。ですから風土記研究へ行ったりとか、別の形へ入っていく。

上野　窮屈すぎるからよそに行くのではなくて、古典というのは何回でも読み直しに堪える、違う切り口、違う解釈装置を持って来さえすれば、異なるテクストに生まれ変わるという実践を、三浦さんは今回なさったのだと思います。序の偽書説をお出しになりましたが、それは重箱の隅をつつくような人たちには決して見えなかったことで、それをちゃぶ台をひっくり返すようにしておっしゃったわけでしょう。そこはわたしと似ていますね（笑）。それに対する反応はいかがですか。

三浦　反発する人たちはもちろんいるし、無視する人もいますが、共感してくれる人もいる。それは様々だと思います。これからどうなっていくかは楽しみなところです。

上野　後進の研究者たちにとっては、ひとつのパラダイム転換が起きた時、それ以前にいかなる抵抗勢力と闘っていたのかはあまり問題ではなくなって、転換した後の読み方が与件になってしまう傾向があります。天皇制による権威化というラベルを剝奪した後に、史書以前のナラティヴの集積として古事記を読みなおそうという読み方がデフォルトになれば、そこから新しい読み方が次々に誕生すると思います。三浦さんがおやりになったのはそういうことだったと思うし、古事記はまた別の相貌を持って魅力的なテクストとして甦るのではないでしょうか。

構造主義的な分析ツールが登場したときにわたしがやったこともそれでした。その時に付けたかったタイトルが「高天原のレヴィ＝ストロース」だったのです。その後、レヴィ＝ストロース自身が、日本の「テイルズ・オブ・ゲンジ（源氏物語）」も同じように構造主義的に分析できるのではないかと言いだし、そのアイディアを藤井貞和さんが引き継がれたわけです。新しい読み方によってこれまでの読み方を否定する必要はありませんが、新しい切り口によって、これまでと違う読み方が重層化していきます。源氏は色好みの物語だというこれまでの解釈に対して、結婚と権力の物語なのだと眼からウロコが落ちました。その後で藤井さんのお弟子さん、木村朗子さんが、そこに出産を加え、産む性と産まない性という切り口から読むとどう読めるかという、また眼からウロコの新しい読み方を提示なさった（『恋する物語のホモセクシュアリティ』青土社、二〇〇八年）。そのようにして古典の読み方は次々と変わっていくのだと思います。

三浦　わたしも改めて読み直していくと、あるいは序がおかしいと思って外してしまって読んだときに、始めてみえてくるものが色々ありました。それは具体的に言えば、古事記の神話の中での出雲という世界が占める大きさです。古事記の中には出雲に関わる神話が三分の一くらいは入ってきています。しかもそれが日本書紀にはスコンと抜け落ちている。こうしたことも、何度も読んでいたはずなのに気づかない。それこそ古事記と日本書紀は一緒だという言説がずっとあって、それに添って専門家たちも読んでいた。

上野 そもそも古事記と日本書紀をパッケージにする「記紀」という表現は、誰が考えついたのですか。

三浦 幕末に国学系の人が使い始めたようです。それ以前は存在しない。もちろん古事記を発見したのは本居宣長ですから、それ以降なのですが。

上野 近世における古事記発見の話も後でしたいですね。

三浦 実際に使い始めたのはおそらく明治以降で、比較神話研究などが入ってくると、記紀や記紀神話といった呼称が定着していく。

上野 記紀がワンセットになったわけですね。それにわたしも完全に洗脳されておりました。同じテクストの、古事記は万葉仮名ヴァージョン、日本書紀は漢文ヴァージョンくらいにしか理解しておりませんでしたから。

三浦 それは専門家も同じだったと思います。

上野 ですから近代一〇〇年のマインドコントロールを三浦さんが解かれたんですよ。

三浦 それはいいことだ（笑）。

その出雲という神話ですが、ではなぜ古事記の中で出雲がこれほどまでに語られなければいけないのか、という問題になっていくのですね。例えばわたしたちのこれまでの研究成果として、これも構造人類学の影響によって現われてきたのは、西郷信綱さんの『古事記の世界』（岩波新書、一九六七年）という本です。西郷さんは伊勢と出雲、東と西、聖なる世界と闇の世界、高天原につながる伊勢と、死の世界につながる出雲という非常にきれいな宇宙図を作ってみせました。わたしは西郷さんが好きなので、彼の影響でずっとそうやって古事記の神話を読んでいた。ところが出雲というのが古事記にしかなくて日本書紀には存在しないということが見えてきたとき、では日本書紀はなぜ出雲と伊勢の構図を排してしまったのか、あるいは古事記になぜここまで出雲が大きくあるのかというと、どうも古事記が残したかった世界、伝えたかった世界、語りたかった世界と、日本書紀が作りあげたかった国家の歴史というのが全く違うのではないかというところに、拘るようになったのです。そう考えると、文化人類学あるいは構造人類学の問題として伺いたいことでもあるのですが、構造の問題として切り取ってくるのは凄くよくわかるのですが、その一方では出雲という世界を、実体的で歴史的な事象として戻してみたいという感じが非常につよくしてくる。それが今現在のわたしの正直な立場でもあります。

出雲という世界をもとの実体的な、歴史的な出雲へ戻してしまいたいという感じが凄くしていま す。それでかなり出雲にこだわって考えています。しかも神話的な世界だけではなく、あるいは大和、つまり中央に対する辺境としての出雲ではなく、大和と並ぶ世界としての出雲を日本海に求めたい。日本列島の歴史的な始まりを組み立て直したいということです。

首長制から王権制へのはざまで

上野 古事記をナラティヴとして読み直すというのは、それが史実であるかどうかをとりあえずは棚上げにするということですね。でも今おっしゃったことはそれとは違うようですが。

三浦 違います。しかし棚上げにできるのかどうかという問題として読んでいくと、これに突き当たるというところがあるのです。

上野 わたしはテクスト論者ですから、あくまでテクストが語るものだけにこだわりたいと思います。日本書紀が忘れたかった過去は何だったのだろうと考えてみますと、出雲神話を忘れたかったということがわかるのですが、では逆にそのような日本書紀とは一体いかなるナラティヴ・プロジェクトだったのかというところに問いはつながると思います。

三浦さんは日本書紀は律令国家の完成のための日本書プロジェクトのうち紀・志・伝の一部、未完のテクストだったと言っておられますね。律令は律と令ですから、ルールの集合です。ルールを決める者が統治者（ruler）です。つまり日本書紀とは、律令国家において誰が統治者であるべきかについての正統性を備給するテクストであろうと思います。そのとき利用可能なナラティブの在庫の中から日本書紀が採用したかったテクストと、日本書紀が忘れたかったテクストとがある。後者のひとつが出雲神話ということですね。

律令国家のプロジェクトは中国にあわせて国家のモデルを整えようというものです。そのために日本書が必要になります。律令や日本書はすべて中国モデルにマインドコントロールされた概念ですね。これをもう少し文化人類学的な普遍概念に当てはめてみましょう。日本書紀のプロジェクトを、超越王権をいかにして確立するかというナラティヴ・パフォーマンスだったと仮定して、三浦さんが律令国家とおっしゃるものをわたしは超越王権と読み替えてみます。わたしは天皇を世界に数ある王権の一つだと昔から思っておりまして、特別な王権だとは思っていません。王権とは王国(kingdom)の統治権力です。わたしはオセアニア圏のエスノグラフを相当読みましたので、そこでの首長制(chiefdom)と古代日本とはものすごく重なるところが多いのです。王権論の要にあるのは、チーフダムとキングダムとはどこが違うかという問いです。チーフダムは諸王の集合です。その諸王のなから、王のなかの王、すなわちオホキミ(大君)ことスメラミコトが登場します。つまりオホキミとはThe chief of chiefsのことなのです。そのオホキミが他の全ての首長に対して超越性を持ったとき、初めてキングダムができる。これを「超越王権」と名付けておきましょう。それが国家の始まりです。それを三浦さんは「律令国家」と呼んでおられる。この理解で正しいですか。

三浦　王の中の王が出てきて王権が成立してくる、それはその通りだと思います。集合体であるというのも、さまざまな豪族たちがいたということでしょう。

上野　首長制から王権へは質的・構造的な転換点があると思うのですね。その転換点の要の位置に超越王権を正統化するためのナラティヴ・プロジェクトがあった。そしてそのナラティヴ・プロジェクトが忘れたいテクストがあった。

三浦　それが古事記であることは確かですね。そして中国的なさまざまな制度を取り込みながら、新しい装いを作るという形で成立してくる。それが日本書紀が作ろうとした天皇であり歴史であっただろうと思います。

上野 その点では出雲神話というのはチーフダムの痕跡をたくさん残しているわけですよね。

三浦 ええ。そういう痕跡をほとんど架空の物語のような形で消してしまっていた。それが構造的な読みによって明らかにされたのかなと思います。

上野 古事記にあって日本書紀が隠蔽したかったものは何だったのだろうかと考えてみます。超越王権が誰が統治者であるかについてのオーソリティを確立するためには、オーソライザーが必要だということは申し上げました。オーソリティが自分自身をオーソライズすることはできないので。出雲神話ではオーソライザーは敗者の側になります。敗者による譲渡・服属・同意がオーソライザーの役割を果たしています。そうすると日本書紀という天皇制のテクストが隠蔽したかったものは何かというと、服属民や従属者たちが自分たちのオーソライザーであるという事実ではないでしょうか。ちょうど被支配者が支配者に主権を譲渡する民主主義のパラドクスのようなものです。でも実は統治というのはそういうもので、一番合理性の高い統治とは、武力による統治ではなく、被支配者の自発的な同意を調達する統治です。これが統治のコストがいちばんかからないからです。出雲神話には服属者たちの同意が描かれているわけですが、しかしそれはあくまでもオーソライザーがこちらではなく、あちら側にいるということを認めることになります。

先ほど西郷信綱さんの神話地誌の中での出雲と伊勢の両極的な位置関係を指摘なさいましたが、どうしてそこにヒムカ（日向）が出てこないのでしょう。古事記には天孫降臨、つまりスメラミコトは外部から来たと書いてあります。垂直的な外部なら天になりますし、水平的な外部なら海からになります。何も江上波夫さんのように天皇朝鮮半島起源説や騎馬民族説を言わなくても、天皇はヨソモノだったと古事記のテクストそのものが語っています。八〇年代にわたしが「外来王」説で天皇ヨソモノ説を言ったときには、今より正統派右翼が強かったので、いやがらせを受けるかなと思ったのですが、受けずに済みました（笑）。

チーフダムからキングダムへの転換にあたって、単なる連続的な変化ではなく構造的なギアチェンジがあったとすると、そこでオーソライザーが内部から外部に転轍された、裏返しにいえば外部のオーソライザーへの依存を断ち切り権力の正統性が自己完結した、と考えることはできないでしょうか。これが超越権力が「超越的」であることの根拠です。

三浦　その問題が例えばアマテラスが女であるという問題に繋がりますね。

上野　そうですね。しかしここではその問題は措きましょう。出雲と高天の原の神話地理学――これは倉塚曄子さんの用語ですが――を考えた場合、出雲を高天の原に転轍するためには天孫降臨でなければならなかった、と神話論理的にはなろうかと思います。

三浦　なぜヒムカ（日向）、高千穂に降りてくるか。確かにあそこはうまく説明できないのですが、やはり全く異質な、別の世界がある。そして一番辺境の世界に降りてきた王あるいは王の先祖が、苦労をし遍歴しながら中央に入ってくるという王の遍歴物語については、川田順造さんなどがアフリカの神話などで論じていらっしゃいます。ああいうのと同じだなというふうに読める。ですから神武東征の物語、あるいは天孫降臨から神武東征へという流れは、おそらくそれこそ王やキングダムの誕生といったものが一番わかりやすく説明されている。

上野　西郷信綱さんの神話地理学には、伊勢と出雲があるのに、ヒムカはなぜ出てこないのですか。

三浦　ヒムカは「天孫降臨」のところで説明されています。ヒムカというのは一番外れの外れ、それこそ当時の大和の支配権の及ばない先端あたりだったのではないか、だから、その辺境の地ヒムカに皇室の祖先神は降りたのではないかというのが西郷さんの理解です。そしてその「ヒムカ」という言葉自体が「日に向かう」ということで太陽を連想させていく。それはある意味では伊勢と等価な世界として認識されている。辺境であり、かつ太陽の世界である。だからこそアマテラスの子孫が降りてくるという説明です。

上野　オセアニアだと外来王は海から来ます。

三浦　なるほど。天からは来ない。

上野　ええ。でも水平軸だろうが垂直軸だろうが、超越権力は外部から来るというのが「外来王」の由来です。

三浦　最近溝口睦子さんが『アマテラスの誕生』（岩波新書、二〇〇九年）という本を書いておられて、彼女が最初というわけではありませんが的確に整理されています。その中で天から降りてくる神話は北方的性格を持った神話であろうと書かれています。その北方的世界がドカンと入り込んだのがタカミムスヒという男系の太陽神であり、それが五世紀あたりに国家の祖先神になっていったと。そして伊勢に太陽神として祀られた。それに対してアマテラスというのは、もっと日の神として土着的な――彼女の言い方では「弥生的な」となりますが――どこにでもある神であり、それらが入れ替わるのだと。

上野　よくわかります。トポロジカルには垂直軸も水平軸も神話論理的には同じだけれど、地理的分布からいうと北方系と南方系の違いがありますね。そこにジェンダーが絡んできます。シャーマニズム研究者の堀一郎さんは日本のシャーマニズムを南方系と北方系に分けていて、正統なシャーマンになれるジェンダー特性を北方系は男性限定、南方系は女性であると論じておられます。修験道は完全に男性で、超越性や聖性のあり方が垂直的ですね。

そうなると、天孫降臨神話は後から作られたつくりものだということがはっきりするのと、それが垂直的で北方系かつ男系だったというところまでは神話論理的によくわかる。そしてそれに土着的な日の神信仰が結びついて女性祖神になったということだろうということですね。

三浦　そういう入れ替わりがおそらくあった。

上野　入れ替わりというより文化シンクレティズム（融合）でしょうね。

祖神であるアマテラスはなぜ女性なのか

三浦　それが上野さんがおっしゃっているような「アマテラスはなぜ女なのか」という問題とどのように結びついていくか。

上野　わたしは父系原理を基礎にした王権の祖神が女性祖神であるのはなぜかという問いを、「インペリアル・パズル（imperial puzzle）」、すなわち「天皇制の謎」と名づけています。わたし自身は素朴に不思議だと思ったのですが、古代史や古代文学の研究者はそれを謎と思わないのか、その理由がそもそもわからないのですが。

三浦　なぜだと思ってはいるが説明できないのだと思います。

上野　男系の権力にとっては男性祖神のほうが整合性がありますよね。

三浦　ええ。ただ、ある共同体に外から神がやってくる、そしてそれを迎えて子どもを産む、その子孫が俺たちである、という形の神話が起源神話としてできあがってくると考えると、最初に神を迎える女という構図ができあがるのではないかという説明をする人もいます。

上野　こじつけっぽいですね。祖先神話にジェンダーがどう影響しているかというと、生殖テクノロジー以前の再生産には男性と女性の両方がいないといけませんから、タネなのかハタケなのか、どちらのほうが権力に正統性を付与するのかということになる。タネさえ正統性があればハタケのクオリティを問わないという神話は山のようにあります。タカミムスヒが男神であれば、男神が祖先だと言えばそれですむ。タネはそこらじゅうに蒔けますから、ハタケはなんでもよろしい、というふうにジェンダー化する神話もあります。一方で誰から産まれたか、タネよりもハタケが大事だという神話もあります。タネとハタケの組み合わせには、かように組み合わせがいろいろある。

男神がストレンジャーとして外からやってきて、最初に土地の女と結婚する、これを創設婚と言います。女は土地をシンボライズしますが、この創設婚は結果的にポリガミー（一夫多妻制）になります。ポリガミーを実際に行っているアフリカの氏族の祖神はほとんど女性神だという例があります。つまり、ポリガミーの世界では誰が父親であるかを問うても氏族の間を分節化することができないので、誰が母親かで分節化するしかない。父系社会で一夫多妻を実践しているような氏族の集団の祖先神は、女性神になる傾向があります。これは父系制のパラドクスだと言われています。日本のアマテラスの謎もそのパラドクスの一種でしょうか。どうもそれとも違うような気がするのですけれど。

どうして父系天皇制の祖神が女性神になったかということですが、記紀の時代、七世紀から八世紀という時代は——倉塚さんがはっきり言っておられますが——女帝の時代でした。超越王権プロジェクトを胚胎した人たちの中には、男性天皇ももちろんいたけれど、持統や元明という女性天皇が超越王権への強い意志を持っていたと考えてみましょう。たしかに女帝は自分の子どもを後継者にしません。しかし不婚（不妊）の皇女こそは、そこから外に出て行けないという意味で実は天皇制の婚姻関係の中で親族構造の最上位に位置します。不婚の皇女が不婚の皇女として自己完結すれば、超越王権はそこで行き止まりであり、かつ完成するわけです。

三浦　神と結婚するところへ行かざるを得ない。

上野　そうです。不婚の皇女は神妻ですね。不婚の皇女つまり婚姻の外側にいる皇族の女性は、婚姻に依存しません。超越王権が首長権力とどこが違うかというと、権力を親族構造に依存しないというところです。ですから不婚の皇女（もしくはそれに準じる未亡人）が女帝であった時代に、このようなナラティヴ・プロジェクトが生まれたと考えると、アマテラスが女性祖神であるということは、納得できる気がします。

三浦　上野さんがおっしゃろうとしていることと全然道筋が違うかもしれませんが、例えばアマテラスに持統のイメージが投影しているのだという論理はしばしば現われてきます。そのとき、例えば持統なら持統の父方、つまり藤原氏の問題が同時に説明されていく。例えば不比等がそういう神話を作ったのだ、といった言説として現れることはよくあります。

上野　ここはどうしてもお話ししておきたいと思ったことなのですが、ナラティヴが成し遂げようとしたことと、実際の歴史の中で起きたこととの間にはギャップがあります。古事記を超越王権を確立するためのナラティヴ・パフォーマンスだとすると、これは失敗したプロジェクトだっただろうと思うのですね。ナラティヴはそれを意図したが、実際にはそのナラティヴは現実によって失敗した。それが外戚政治や摂関政治につながっていって、だからこそ天皇制が延命したという説なのですが、いかがでしょうか。

三浦　七‐八世紀の女性たちの問題を見ていても、必ず蘇我氏だとか中臣氏だとか、平安以降だと摂関だとか、どれも同じ形ですよね。ですからそういう点で言えば、「失敗」というより天皇制の中には最初からそういう構造が孕まれていたのかもしれない。

上野　三浦さんがおやりになったように、テクストをテクストとして読みぬくということと、テクストから独立した次元で歴史的な事実を見ていくということとの関係をもう一度見直すと、少なくともテクストは超越王権を意図はしたと読めると思うんです。

三浦　だとするとアマテラスが一番上にいるというふうに作ってしまったことがそもそも失敗だったということですか。

上野　アマテラスのねつ造はいいんです。出雲とか藤原氏とか、「自分たちがおまえをオーソライズしたんだぞ」というような人たちに全部消えていただいて、王権の超越性を論理内在的に説明できさえすればテクストの意図は達成されるはず。なのに現実はテキストの意図どおりにはいかなかった……ということですね。このわたしの読み方が間違っているかどうか、教えていただきたくて。

網野善彦さんにとっては、後醍醐天皇がすごく大きい存在でした。後醍醐というのは天皇制ルネサンスを企図した、つまりもう一度天皇権力を親族構造からテイクオフさせて超越王権を作ろうとしてそれに敗れた者だ、と解釈することができます。その網野さんの提起を受けて当時のわたしが何を言っていたのか読み直してみて「へえ〜、こんなこと言ってたか」と感心したのですが、というのも、もし天皇制ルネサンス、つまり後醍醐によるクーデターが成功していたら、おそらく天皇制は終わっていただろう、その後には中国と同じように日本でも王朝交代が続いただろう、と予測しているのですね。逆に言えば、天皇制は超越王権の確立に失敗して傀儡政権化したおかげで生き延びた、と。

三浦　それはそうだと思いますね。そうとしか考えられない。天皇制は確立したのかどうかもそもそも曖昧で、確立する前からしっかりしていなかったのかもしれない。

上野　何として確立していなかったかというと、超越王権を企図したが超越王権として確立することに失敗した、と。ただしテクストはそれを企図した。テクストを読めば、ここまでは言えるだろうと思います。

そのとき、天皇家の始祖が女性祖神だったという謎をどう解くかということなのですが……。

三浦　神話上で言うと、アマテラスとスサノヲがウケヒというかたちで、子どもを産みあう。そしてアマテラスがスサノヲの剣を噛んで女の子三人を噴き出し、スサノヲがアマテラスの玉を噛んで男の子五人を噴き出す。そこまではよいのですが、その後に詔り別けというのがあって、アマテラスが突然「その男の子五人はわたしの玉から生まれたのだからわたしの子よ」と言って自分の子どもにした、と語られていくわけです。

その部分の神話、アマテラスとスサノヲのウケヒをどうとるか。その詔り別け、物実がわたしのだからそうなのだということ、つまり卵子なのか母胎なのかという議論になっているのですね。それで「種だ」というふうにして選択するわけですよね。つまり作ったものではなくて、種を持っている者が正統なる自分の子であるということになる。しかも男の子には「マサカツアカツ（正勝吾勝）カチハヤヒ」という「勝」という名がついている。そしてこれについては古事記も日本書紀もどちらも同じように語っている。ところが、異伝を読んでいくとそうなっていないものが日本書紀にはあって、そのまま自分のものを噛んで噴き出すという形でそれぞれ子どもを産む。これは議論のしようがありません。そうなるとどうなるかというと、男の子のほうを産んだのがスサノヲということになってしまう。そうすると、スサノヲが勝ったということになっていく。つまり、ひょっとしたら男の神が繋がっていくという、それこそ天皇家の祖先神は本当に女神かという問題になる。

上野　出雲神話では、最初に出雲に来臨するのはスサノヲですから男神です。

二重王権とジェンダー――世俗王と祭祀王

上野　アマテラスの謎のネタ元は倉塚さんなのですが、古代にはヒメヒコ制、つまり二重王権があって――それはオセアニア圏に広く分布しています――世俗王と祭祀王の二つがジェンダーで分離されています。スサノヲは出雲に来臨して土地の女と創設婚をしますが、そのスサノヲに権威を与えているのはほかならぬアマテラスのイロセ（姉弟）であるという関係です。男神がアマテラスとの関係があることによって初めて正統性を与えられているのは二重王権だからですね。ところが、超越王権が超越王権化するためには、二重王権から離陸しなければいけないという契機が必要です。二重王権のもとでの世俗王と祭祀王が超越王権に至るプロセスの中で一体化していく、これが神聖王権ですね。だから別に世俗王が祭祀王を排除してそれに勝つということではなく、世俗王と祭祀王が一体化して超越王権が成立するということです。倉塚さんは、アマテラスの発明と采女制・斎宮制とが同時期に成ったと言っておられますね。采女制は天皇に献上される豪族の女で、后ですらありませんから、豪族の女の地位の低下ですし、斎宮制は皇族の女を伊勢にていよく追いやるわけですから、皇女の地位の低下です。采女制と斎宮制は同時に進行し、二重王権の名残りではあるが、二重王権の最末期の姿だと。采女制と斎宮制はあいまって世俗王であり祭祀王である男性天皇の超越性を確立していくという論理ですね。そこはわたしは納得できるのです。

三浦　そうするとそのときアマテラスが伊勢に追いやられ、始祖を産むというか、神を迎える女に上昇していくわけですよね。

上野　神話地理学から言えば、水平軸だと伊勢に、垂直軸だと高天の原に行きます。その倉塚さんの論理ですごくおもしろかったのは、女帝の時代にだけ斎宮が置かれなかったというところなのです。

三浦　歴史的に言うと出てこないのだろうと思います。

上野　倉塚曄子さんの『古代の女』（平凡社、一九八六年）には代々の天皇と斎宮との対応関係を示す実にわかりやすいリストが載っていて、女帝時代には斎宮が空白のままです。

三浦　斎宮は天皇の娘または妹という形で選ばれますからね。

上野　斎宮制は二重王権の痕跡ですが、女帝は斎宮を必要としない。なぜならば、彼女自身が祭祀王であり世俗王であるから、超越王権のシンボルとしては男性天皇より最上位にある。こういう論理にならないでしょうか？

三浦　必要ないというのはわかります。その通りだと思います。ただ、それが最上位と言っていいかどうかは……。しかし、ないのですから、やはりそうなんでしょうね。伊勢を祀るのは自分ができるわけですから。

上野　ヒメヒコ制を論じておられる宮田登さんは、「妹の力」を信じておられますね。古代研究や民俗学をおやりになる方たちは沖縄を対象にして、女の霊力を強調なさいます。倉塚さんも『巫女の文化』（平凡社、一九七九年／平凡社ライブラリー、一九九四年）の中で斎宮制によって天皇制が女の霊能と決別したとおっしゃいますが、二重王権を克服するというのはそのうちの霊力を切り捨てることによってではなく、祭祀王と世俗王を一体化することによって確立するわけですから。それが一身に体現されると女帝になるということではないかと思います。女帝の時代が実は天皇制のピークだったと考えたらどうなんでしょうか（笑）。そうすると「アマテラスの謎」は見事に反転して、天皇制が父系であることには根拠がないということになります。

三浦　なるほど（笑）。ただ、そういうふうに考えていくと、世俗王と祭祀王とが一緒だとすると、これは極めてプリミティヴなかたちではないですか。本来、王はシャーマンであるという構造は、もっとも起源的にもっていた構造ではないでしょうか？

上野　そこがチーフダム（首長制）とキングダム（王権制）の違いだと思います。

三浦　首長であれば、そういうことは可能だということですね。なるほど。そっちへ戻っているとは言えないのでしょうか？

上野　いいえ。首長制は、そこに男性の権力がある場合には必ず氏族制の構造をとります。首長制とは親族構造に依存した権力なんですよ。超越権力というものは、親族関係への依存から離陸したものです。天皇制はそれを目指したけれども、そうはならなかった。少なくとも論理的には親族構造からテイクオフをしないと超越王権はできません。仮説ですけれども。

三浦　その通りだろうと思います。しかし、超越するというのは、世俗的なものと宗教的な祭祀的な力を分離するという方法をとるのではないのですか。

上野　逆だと思います。親族構造に依存している間は二重王権の要素はなくならないと思います。なぜかというと、男性首長は婚姻によって必ず女性の親族に依存することになりますから。その二重王権を否定して、かつ親族構造への依存からテイクオフしないと超越王権はできず、そうやってできた超越王権は神聖王権になるはずで、そこから霊能を排除する必要は少しもないはずです。
三浦さんが『古事記のひみつ』(吉川弘文館、二〇〇七年)で書いておられますが、妻の系譜を「△△の女(ムスメ)」ではなく「△△の妹(イモ)」という親族関係で記載している例が多いと、指摘なさっていますよね。

三浦 はい。たとえば、兄サホビコと妹サホビメとの関係がそうですね。だれだれの妹という形で書かれています。

上野 すべて兄妹関係で、父系の父娘関係じゃないんですね。

三浦 娘の場合と、娘としないで「△△の妹」とする場合があります。それも倉塚さんがおやりになったことを踏まえながら言っていますが、「△△の娘」とする父系制的な性格が強くなっていくのが天皇家の系図であることは間違いないです。それ以前の母系的というか双系的というかそういう性格を非常に強く持っているのが「△△の妹」という表示だろうと思います。もうひとつ、例はほとんどないのですが、「〇〇(の母)の娘」という関係を持っているものがあります。そういう例は一つか二つくらいしか出てこないと思いますが、早い時期の系譜のなかに現れてくるというのが非常に興味深いことです。

上野 娘と妹が決定的に違うのは、父系的には娘も妹も同族だが、母系的には娘と妹は異族だということですね。

三浦 そうですね。

上野 三浦さんは平行イトコと交差イトコから類推して平行オヤコと交差オヤコというおもしろい

概念を提案しておられますね。父系では父と娘は同族ですが、母系では父と娘は異族です。同じように兄弟姉妹も、平行か交差かで近親婚になるかならないかが変わってきます。同母であればインセストだけれども、異母ならば母系的には異族ですからインセストにならない。天皇制のなかで異母キョウダイ婚がタブーにならないのは、母系的には異族だからです。ところが同母の妹というのは、父系的にも母系的にも同族ですから「△△の妹」で氏族を表すことができます。他方、母と娘の場合は、母系的には同族ですが父系的には異族。ですからMBD（Mother's Brother's Daughter）婚のモデルがあてはまります。つまり母が属する氏族から妻が来るわけですから、妻の移動する方向が同じだということです。そこには、おっしゃるとおり、母系の痕跡がくっきり残っていると思います。日本書紀にはそれが消えてしまっているんですか？

三浦　薄められています。表にしてみるとはっきりします。古事記において女性自身を始祖とする例、たとえば師木県主の祖のカハマタビメが天皇と結婚したと書かれています。本人を一族の祖としているわけですね。しかし、日本書紀ではまったくなくなってしまうんです。日本書紀には本人を一族の祖とする記述はひとつもありません。

上野　なんてわかりやすい！

三浦　表を作って、日本書紀と古事記を比較してみると、日本書紀がいかに男系的な性格を強めて、なんとか父の娘という関係へもっていこうとしているのがよくわかります。

上野　なるほど。史書をナラティヴとして読むときに記憶の問題が必ず出てきます。歴史というものは選択的な記憶と忘却のセットですね。いまのお話を伺うと、日本書紀が何を忘却したかったのかということが、はっきりとわかりますね。

三浦　初代から九代までというのは歴史的な事実ではないと言われていて、作られた系譜だといわれているわけですよね。天皇家の系譜を長くしようとしたのは間違いない。しかし、作られたものでありながら、古い性格を持っている部分が結構あるのが面白いと思います。倉塚さんが書かれているように、もともとは豪族の娘と結婚していたものが天皇の娘、すなわち皇女と結婚するという内婚的な性格をどんどん強くしていく、そういう現れ方があるのは間違いありません。

聖別されたインセスト

上野　そのお話はぜひしたいと思っていました。それを内婚と呼ぶかどうかなんですが、異母姉妹との婚姻は父系的には内婚ですが、母系的には外婚です。超越権力の一番最高位に不婚の皇女がいるという話をしましたが、皇女にとってもっとも正統化された婚姻は、神妻になるほかには、論理的にはキョウダイ近親婚しかありません。つまり同母キョウダイ間のインセストです。古事記ではそれはタブーになって咎められていますけれども、オセアニア圏には文化理想としてのインセストがあるんですね。ハワイでは最上位の結婚は王族のみに許されたキョウダイ近親婚でピオ婚と呼ばれます。それは臣下には真似ることはできない聖別されたインセストです。日本にはどうしてピオ婚のような聖別されたインセストが成立しなかったのでしょうか?

三浦　イザナキ・イザナミは聖婚ですよね。

上野 そうですね。それならなおさら古代の天皇家にはどうして聖婚がなかったのでしょうか?

三浦 分からないですけど……。律令化した世界を考えにいれていきますと、完全に倫理化されてきますので、社会的なタブーとしてあらわれてくるのは間違いないです。

上野 わたしは「倫理」という言葉を信じませんので……。

三浦 (笑)。でも、それが押し付けられてくるということはあるだろうと思います。それ以前にどうあったかというのはわかりません。しかし、社会的に共同体を作るということは、近親婚を排除することによって成り立ってくるという説明はしばしばなされていると思います。

上野 それは首長制での話です。

三浦 王権制は別だということなのですね。

上野 はい。王権制は自己完結した超越権力が中心にあって成り立つものですから。ハワイは首長制から離陸して超越王権を作ったんです。王にだけはタブーを犯すことが許される。なぜなら王そのものがタブーだからです。論理的に考えたら、日本にも同じことがあっても不思議ではないのに、同母の婚姻をタブーにした理由はなんでしょうか?

三浦 超越王権を除けば、近親婚がなかったと言えるのかというと、それはわかりません。というのは、古事記でいいますとサホビコ・サホビメの伝承があります。サホビメが皇后として天皇と結婚することで兄と引き裂かれる。すると天皇を殺せと兄のサホビコがサホビメに言うわけです。殺そうとするんだけど、涙が落ちて殺せなくて見つかって、兄は天皇に攻められる。サホビメは兄の籠っている城に逃げ込むわけですが、そこでお腹にいた赤ちゃんが生まれています。サホビメは、この子をあなたの子と思うのなら育ててください、と言って城の外の天皇に差し出すわけです。はじめ、天皇はサホビメも子どもも取り戻したいと思って受け取らないのですが、最終的には子どもは天皇のもとに行くことになり、サホビコ・サホビメの兄妹は焼け死ぬことになります。系譜の上では天皇の子どもとして語られています。だけれども、サホ（沙本）という一族、おそらくサホは地名ですからサホという一族の兄と妹。その妹が「もしあなたの子だと思うなら」というすごく思わせぶりなことを言っているわけです。

上野　おもしろいですね。

三浦　思わせぶりな発言を聞いていると、天皇の子だろうがそうじゃなかろうが、どちらでもいいと思っている感じがします。だから、それを見ているとサホビコとサホビメはまさに世俗王と祭祀王なんですけれども、その二人は結婚していて子どもを生んでいても構わないというように読めるんです。

上野　そうですね、そう読めますね。でも、ふたりは滅びてしまうわけですよね。物語が登場人物に与える死は、ナラティヴのうえでの制裁です。

三浦　そうです、滅びていきます。それは許されないことだということですね。これは古事記の中巻にあります。そして、古事記の上巻にはさきほど言ったようにイザナキとイザナミの理想婚としての兄妹婚がある。そして古事記の下巻にもうひとつ兄妹の話があって皇太子の軽太子と同母の妹の軽大郎女の恋を語っています。これは罪だとされて、皇太子は島流しになって、妹は追いかけて行って心中します。子どもは生まれません。完全に断罪されます。そういうふうに、古事記の上巻・中巻・下巻に一つずつ兄妹の話があって、少しずつ変わっているんです。

上野　確かにそうですね。制裁の度が強まっていますね。

三浦　そういうふうにして社会的な倫理観が形成されたのではないでしょうか。

上野　それを倫理としてではなく、権力の意図として読み替えたらどうなるでしょうか。始源に聖別された聖婚を置いて、それが実は超越王権の望ましいモデルだったのだが、現実にはそうはいかない。やっぱり外戚に依存せざるを得ないということです。同母の皇子・皇女の近親婚を認めてしまったら、もはや天皇家はほかの外戚から切り離されてしまいますから、それを決して許さないということでしょう。内婚をタブーとすることで、理想と現実との間の妥協が図られたという解釈はいかがでしょうか。

三浦　そう考えますと、どこかのところで、外婚であったとしても、兄と妹という形でいつまでも仮想していくというか、兄と妹と呼び合うという恋歌なんかのスタイルっていうのは理解できる気がします。

上野　なるほど、それで夫婦をイモセ（妹背）というんですね！　夫婦関係を親族関係のどのような用語でモデル化すると文化理想として一番安定するかという議論があります。夫婦関係というのはもともと他人同士の関係ですが、他人同士の関係を親族関係の用語で擬制することによって、文化理想として安定化を図る。卑近な例になりますが、明治以降の近代社会における夫婦関係でもっとも安定するモデルは母・息子関係なんです。妻が夫を「家にもう一人ダダっ子がいると思えばいいのよ」というのが近代家族を支えた夫婦関係のモデルですね。日本において夫婦を「妹背」になぞらえる文化理想が古代からかなり長期にわたって続いたというのは、そういう背景があるからでしょうね。深く納得いたしました。

どうして古事記は忘却されなかったのか

上野 史書というものがナラティヴであり、ナラティヴというものは選択的な記憶と忘却のテクストであると考えると、何を記憶し、何を忘却したいと思ったかが問題になります。そうなると、もうひとつ大きな疑問がむくむくと湧きました。古事記の序が偽書だというところまでは説得されましたが、天皇制にはもうひとつのオルタナティヴがあったのではないか。それは、古事記をテクストごと忘却するという選択肢です。あるいは古事記をテクストごと非正統化してしまえばよい。なぜ、そうしなかったのでしょうか？　序をつけることによって権威化するのみならず、記憶として残してしまったわけですよね。どうしてそうしたんでしょう？

三浦 古事記がどういう作品かということを考えたときに、そこがはっきりしないのが一番問題なのですが、古事記は天皇家の外側にあったのだろうと考えているんです。ですから、さきほどの上野さんのご質問に答えるとすれば、皇室にとっていえば古事記なんて知らないということなのだろうと思います。存在自体がもう忘却の彼方にあったのではないかと。

上野 天皇制にとってはそれでよかったわけですよね。序をつける必要なんてなかったのに。

三浦 そうです。では、その序をつけたのは誰なのかということが問題になると思います。大和岩雄さんが前から主張なさっているんですが、七一二年より一〇〇年ほどあと、九世紀の初めくらいに、太安万侶の子孫にあたる多人長という人物が日本書紀の講義を宮廷でしています。そのときに多氏（太氏）に伝えられていた氏の記録に天武天皇の命令によるという序文をつけて権威化して出してきたのではないか、とおっしゃっています。天皇家の外側にある世界、少し離れた祭祀の家のなかに古事記が伝えられていたのではないか。それは伝承として周辺の世界が持っていた語りを記録化したものではないかという想定しています。

上野　史実としてはそうかもしれませんし、風土記のようなテクストもありますから、皇室の外にさまざまなテクストはいくらもあったと思います。でも、それをなにもわざわざ皇室が権威化しなくても、忘却してしまうということも可能だったのではないですか？

三浦　それは皇室自体は持っていなかった。序をつけたのも皇室とは関係のない氏族の側であるということです。

上野　あ、なるほど。

三浦　自分たちの先祖様がいかにすばらしい本を作ったかというふうにして権威づけたということですね。

上野　天皇の権威を借りる中世の縁起書と同じ成り立ちということですか？

三浦　そうです。

上野　なるほど。

三浦　おそらく氏文的な縁起類のひとつだったのではないかと思います。ただ、それにしてはよく出来すぎているというふうに言われてしまうと、むずかしい問題があります。

上野　序も皇室の外で作られたということですね。

三浦　そうです。そうでないと、その時代であれば、とてもじゃないですけど天皇を引っ張り出してということはできないだろうし。

上野　ようやく、テクストのサバイバルの歴史についてお話できるようになりました（笑）。古事記は皇室にとってはいかがわしいテクストであり、日本書紀にとっては不都合なテクストであるわけですが、それが本居宣長によって突然よみがえる。それまではほとんど死んでいたわけです。そもそも万葉仮名そのものがそれまでは読めない書記法でしたから。

テクストというのはある時点で古典として完成しているわけではありません。これもやはり新しい文学理論のなかで読者論や受容論が登場して、読者の参加によってテクストが別なすがたで再生産されるということが言われるようになりました。古事記というテクストは本居宣長によって発見されたものであり、一八世紀まではほとんど死んでいたと考えていいわけですよね。

三浦　はい、そうだと思います。

上野　そうやって発掘されたいかがわしいテクストが、ふたたび天皇制と結びついたのはどうしてでしょうか？

三浦　本居が漢心にたいして大和心のようなかたちで古事記を取り上げてきた。和文――変体漢文といっていいと思いますけれども――で書かれている中国的な考え方が弱いものという本居の指摘はその通りだと思います。そこに始まりの歴史が語られていた、ということに対する驚きと喜びみたいなものがあの時代にはあったのでしょう。それが近代で取り上げられて、戦前ずっと続いてきたのにはやはり「記紀」という形で「古事記」と「日本書紀」が併存されることによって補完しあう関係を作っていく、そのことによってより盤石な天皇制を語ることができるということがあったのではないかと思います。

上野　本居宣長がそうやって復活させたテクストが——本居が古事記を復活させた頃は天皇制そのものがいかがわしいものでしたが——国学の礎になり国学ナショナリズムのイデオロギーになった。そこまではわかります。が、記紀をワンセットに仕立て上げた明治以降の歴史学者はなぜそのとき、古事記から正統性を剥奪するということをしなかったのでしょうか？

三浦　古事記の序文についての疑いというのは、ずっとありました。しかし、それは多数派にはなれなかった。いろんな古事記研究者のなかで諸説は出てきていましたし、古事記は全部新しいものだと考える人も、序文だけは違うと考える人もずっと出てきていたんです。戦前も戦後も。一九七九年に太安万侶の墓が出土するまでは。ですから、そういう点では一部の学者たちにとっては古事記というのはとても危険な本であるというのは意識されていたと思います。

上野　困ったテクストだと自覚されてはいたのですね。

三浦　でありながら、古事記はそれ以上に面白い、すばらしいテクストであるというほうが優位を占めた。それはなぜかというと日本書紀だけだと近代天皇制を支えきれなかった。

上野　それはどういうことでしょうか？

三浦　無味乾燥。

上野　わかりやすすぎます（笑）。

三浦　はい。日本書紀は無味乾燥なんです。それに抒情的な要素をはめ込む必要があります。それで古事記とセットにすることによって、たとえば、ヤマトタケルの物語——よく例に出すんですけど——日本書紀だととてもいい子で天皇の言うことを聞いて西へも東へも遠征に行くんですね。それで頑張って、最後は死んでいく。それに対して、古事記のヤマトタケルというのはしょっちゅう暴走するんだけれども、捨てておけない魅力があるんですね。そういう映画『エデンの東』みたいな父と息子の関係が読めてくるわけです。そういう古事記と日本書紀の話をたくみにまぜ合わせて国定教科書などの話を作っていくわけです。あるいは国史で語っていくわけです。そうすることではじめて感動的な物語になっていく。

上野　ナラティヴとしての魅力は古事記のほうにあると。さきほど三浦さんは古事記と日本書紀は互いに補完関係にあるとおっしゃったけれども、実は日本書紀が古事記に依存したということですね。

三浦　依存したんだと思います。

上野　なぜそれが近代で起きたのかと考えると、近代天皇制というのはいったいなんだったかを考えなければなりません。もともと「天皇制」という概念自体が第四インターがつくった日本近代の政体を呼ぶ歴史用語ですから、本当はこんな用語を歴史記述に使ってはいけないんですけれども。社会学でいうと国民国家の成立とともに市民宗教が成立します。それを共有することによって市民社会のエートスを保つことが必要とされた。ヨーロッパではそれを市民宗教と呼ぶが、日本には天皇という現人神がいたから市民宗教は必要なかったという議論がありますが、逆に近代天皇制を日本における市民宗教の機能的代替物だと考えたらどうでしょう。それこそ近代になって神聖王権が成立し、「一木一草天皇制」のようなものができてしまったと解釈しては。

三浦　そうですね。

上野　息子を戦争に差し出して殺された母親が、行幸に際して「天皇陛下万歳」と唱える。近代天皇制をある種の市民宗教と考えないと説明のつかないことが多いんですね。それをたんに、天皇が現人神だと無知な日本人が信じていたというレベルの問題ではなく、近代国民国家の成立に不可欠なアイテムとして解釈したら、近代天皇制が古事記というナラティヴに多くを依存したことは理解できます。

三浦　おそらく。

上野　はい。そうすると、三浦説のように記紀と呼ばれるセットをいったん脱パッケージ化して別々のテクストにしたとき、日本書紀と古事記という二つのテクストのうちいずれが生き延びるとお考えでしょうか。答はもう出ているようなものですが（笑）。

三浦　それはもう文学の問題として言えば、古事記以外にはないだろうと、わたしは思っています。歴史の問題から考えると日本書紀という歴史書は役に立つだろうと思いますけれども。

上野　ナラティヴというのは繰り返し語られることによってはじめてよみがえります。古事記の現代語訳はいろいろありますが、三浦さんの『口語訳　古事記』（文藝春秋、二〇〇二年／神代篇・人代篇、文春文庫、二〇〇六年）を拝読して、実に朗読に適した文体で書いておられると思いました。

三浦　そうですね。
上野　口語訳の朗読をすでにやっておられる方はいらっしゃるんですか？
三浦　やっていただいたり、舞台に上げてもらったりしましたけど。
上野　いまの声優のなかでは誰の声で読んでもらいたいですか？
三浦　（笑）。それはわかりませんけど……。
上野　口承を十分に意識した訳だと思いました。
三浦　それは僕自身、古事記の語りという問題をずっとやっていたからです。ただ現代語訳するというのではなくて、口語訳にしようとすると、語り手を設定しないと文体はできてこない。それで、ちょっとへんてこりんな訳になってしまったということです。
上野　稗田阿礼は女だったということになっていますが、三浦さんの口語訳の語り手は男性ですね。
三浦　それは、僕が稗田阿礼男性説をとっているからです。
上野　なるほど。それにしても稗田阿礼は語りの年齢は二〇代だということになっていますよ。「……じゃ」という語り口はちょっとおじいさんっぽいのでは（笑）。
三浦　二八歳から三〇年経っていると五八歳という、一応の設定です。僕は稗田阿礼が古事記を全部諳んじていたということだけではなく、存在それ自体も嘘だと思っているんですけれども、稗田阿礼を序文の通りに考えたとして、稗田阿礼を男だと考えたのは天皇家というのは男社会であり、男社会の聖なる語りというのはやはり男が担っていたはずだと考えて男にしたんです。ところが、考えていくと、本当に男社会で男の語りというものを設定してよかったのかどうかということをあらためて考えてみたほうがいいのかなと思っています。ひょっとして、双系的な社会のなかで神話を語るとしたらどうだったのか。そういう問題も視野にいれなければいけないなと思っています。

上野　女声バージョンも作ってみてはいかがですか。

三浦　それは面白いですね。『口語訳　古事記』の訳はいまになって考えると少しマズイなと思っています。

上野　繰り返し語り直されることによってナラティヴははじめて甦ります。こういうふうに記紀のワンセットを分離することで近代一〇〇年のマインドコントロールを解いてくださったのが三浦さんの読みですが、三浦さん以後、こうやって天皇制から切り離されたテクストはどうやって生き延びるでしょうか？

三浦　神話にしろ、天皇の世のできごとにしろ、お話の面白さは共有されている。それから物語の構造というのは今も昔も変わらないんだなと。同じ構造を繰り返しているんだな、というのが古事記を読むとよくわかる。たとえば、いまのゲームなんかでも神話の構造を使っているものが多いです。だからといって、そうやって生かしていくというわけではないですけども。いつも物語の構造という問題が、繰り返しながらもらせん状に再生産されていくというところが面白いし、そこからいろんな問題が読み取れていくのではないかと思っているんですけれども。

上野　その通りだと思います。わたしは構造主義文学理論が大きな役割を果たしたのは、口承テクストの価値を高めたことだと思っています。ウラジーミル・プロップが『民話の形態学』（大木伸一訳、白馬書房、一九七二年）で、民話の構造は有限個、合わせても一四個しかないといったわけです。

その様々なストックの集合のなかに豊かな在庫として古事記があると考えれば、これは民族の文化遺産ですから、貴重ですね。

三浦 そうですね。天皇と切り離して考えたほうがもっと純粋に読めるというところがいいところだと思いますね。それができるといいと思いますけれども。

上野 冒頭の繰り返しになりますが、この二〇年の文学理論や歴史学の言語論的転回の影響は本当に大きかった。そのパラダイムチェンジを所与のものとしてそのなかで育ってきた若い研究者ではなく、過去の研究の蓄積と守旧勢力をよく御存じで、そのなかで抵抗勢力と戦ってこられた世代の研究者である三浦さんがこういう大胆な研究をおやりになったという功績はすごく大きいと思います。読みの革新が何に対抗して登場するのかを、後進の若い研究者はしばしば忘れていますから。

（初出：『現代思想』二〇一一年五月臨時増刊号、青土社）

第5章

戦後思想はこう読め

×岩崎稔（いわさき・みのる）

1956年生まれ。東京外国語大学大学院総合国際学研究院教授。専攻は哲学、政治思想。共編著に『激震国立大学』（未來社）、『継続する植民地主義』（青弓社）、『戦後思想の名著50』（平凡社）、『総力戦体制』（ちくま学芸文庫）、『立ちすくむ歴史』、『カルチュラル・スタディーズで読み解くアジア』（以上、せりか書房）、『記憶の地層を掘る』（御茶ノ水書房）、『戦後日本スタディーズ』（紀伊國屋書店）、『谷川雁セレクション』（日本経済評論社）など。

×成田龍一（なりた・りゅういち）

1951年生まれ。日本女子大学人間社会学部教授。専攻は日本近現代史、都市社会史。著書に『「大菩薩峠」論』（青土社）、『歴史学のナラティヴ』（校倉書房）、『近現代日本史と歴史学』（中公新書）、『大正デモクラシー』（岩波新書）、『戦後日本史の考え方·学び方』（河出書房新社）など。共編著に『現代思想の時代』（青土社）、『立ちすくむ歴史』（せりか書房）、『戦後日本スタディーズ』、『日露戦争スタディーズ』（以上、紀伊國屋書店）など。

いま〈戦後〉を読むこと

上野　はじめに戦後半世紀たって戦後思想を回顧するということはどういうことかについての共通了解を持っておきたいと思います。戦後思想の展望という点では、鶴見俊輔、久野収、藤田省三の鼎談『戦後日本の思想』（中央公論社、一九五九年／岩波現代文庫、二〇一〇年）は記念すべきものでした。他方わたしたちの鼎談の共通了解としては、冷戦構造の崩壊と九〇年代以降の国民国家パラダイムの洗礼が大きな前提となりました。つまり一国の枠組みが相対化されたということだと思います。ここにいる三人の共通点は、国民国家パラダイムの洗礼を受けたということです。

遡及的に考えた場合、戦後的なるものがいかに作られたか、さらに遡及的にいうならば、戦後的なるものが戦前的なるものをいかに事後的に構築してきたか、ということをここで論じることになるでしょう。

五九年の鼎談が戦後啓蒙の一つの構図を描いたとするなら、戦後啓蒙が啓蒙たりえずに挫折した後の時代になって、それが戦後をいま回顧する焦点になるだろうと思います。

成田　いま上野さんがいわれたことを、もう少し敷衍してみると、このように言えるでしょう。すなわち、前提として、「戦後思想」をとりあえずアジア・太平洋戦争の経験とそこから紡ぎ出された思想というように考え、そのことをめぐっては二度の総括が行われているということ。また、いまは、そこでの枠組み自体を問うような状況に立ち至っている、ということです。

「戦後思想」の総括の最初は、いま上野さんがいわれた、鶴見俊輔、久野収、藤田省三の『戦後日本の思想』です。雑誌（『中央公論』）連載が一九五八年ですから、六〇年前夜の思想状況のなかでの総括です。その後十年たって戦後思想の総括はもう一度行われています。これも鶴見俊輔、久野収らが中心になったと思われますが、『戦後日本思想大系』（筑摩書房、一九六六－七四年）です。日全部で一六冊の戦後思想の重要文献を編む＝アンソロジーを作成するという形式での総括です。日高六郎が編集・解説した「戦後思想の出発」が第一巻で、「人権」「ニヒリズム」「平和」「国家」「革命」「保守」「経済」「科学技術」「学問」「教育」「戦後文学」など政治思想ばかりではなく、幅広く社会と文化全般に目配りをした、戦後思想のアンソロジーを作るかたちでの総括が行われています。これが一九七〇年前後の総括となります。

二つの総括はともに「戦後」の転換を意識しつつ、批判的精神＝思想としての戦後思想を検証し継承していこうという姿勢をもっています。また保守思想のありように目を配り、「大衆」や「日常」に目をむけていることも特徴的です。いわば戦後的価値により戦後思想を総括したものとなっています。

六〇年前後と七〇年前後の二つの総括のあと、その後は、どういうかたちで戦後思想の総括が行われたかというと、これが行われていないんですね。代わって何がおこったかというと、「現代思想」が登場したと思うんです。雑誌のというよりはもう少し幅広い意味ですが（笑）。これを象徴的に示す指標として、一九八六年に『別冊宝島』で、「現代思想・入門Ⅱ」が出されたことを挙げうるでしょう。一九八四年に刊行された「現代思想・入門」の世界編を受けての現代日本の思想入門です。「日本編」と副題がつけられていますが、七〇年代と八〇年代の日本の思想のマップを作り、「吉本隆明からポストモダンまで時代の知の完全見取り図!」とのねらいをもつものです。「七〇年代を代表する思想家たち」として山口昌男や廣松渉・中村雄二郎、また「八〇年代を代表する思想家たち」として柄谷行人や浅田彰、丸山圭三郎らが取り上げられています。

ここで興味深いのは、前書きに当たる「時代の知《ことば》を手に入れるために」のなかで、「現代思想と言うときそれは、先行するパラダイムとしての「戦後思想」を念頭において、それとは異なる新しい枠組み」を現代思想と言っていることです。戦後思想という戦争経験を手がかりとする系譜が、一旦ここで切れるといえるでしょう。

ところが冷戦構造が崩壊すると、再び「戦後」というものがでてくる。実は戦後は、アジアのなかでは終わっていなかったんだという認識のもとで、未解決の問題としての戦後処理と関連し、「慰安婦」とか強制連行の問題などが次々と出てくる。そうすると、いままでの戦後思想と現代思想を架橋した形で新たな戦後思想なるものが考えられなければいけないということになる。おそらく二〇世紀の後半の思想としての、新たな戦後思想について考えるということが冷戦崩壊後のいま、要請されていると思いますね。

岩崎　最初に上野さんが、戦後思想を考えていく場合に、戦後思想そのものが戦前的なるものをファントムとして創出してきたのだ、そういう一面があるということを押さえなくちゃいけないとおっしゃいました。そういう認識を共有しながらはじめられるということが、やはり今回の総括のひとつの特徴になるのかもしれません。別の言葉で言えば、戦中戦後の新しい連続説です。戦後思想の典型的な発想としては、八月一五日を転機として、それまでの政治的社会的な体制とはまったく別の、民主主義的な社会を構築できる。少なくとも、戦前的な要素を払拭しつつ、あるいはそれの抵抗を排除しながら守り発展させていくことが最大の課題となるのだ。そういうことがものすごく大ざっぱにいったときの戦後の自己理解でした。でも、そのときの戦前的なものとは何だったのか。そのファントムを作ってきたのは、市民社会派の近代主義者たちに代表される戦後啓蒙とくくられるような思潮ですが、同時に日本のマルクス主義も同様です。講座派と近代主義とは、思考の形として同じものを共有しています。

第二に、現時点で総括しようとするときには、八〇年代をどう捉えるのかということが入ってくると思うのです。成田さんがきれいに整理してくださいましたが、五九年の『戦後日本の思想』、七〇年の『戦後日本思想大系』があって、では八〇年にはどうだったかというと、八〇年代に予想された総括が行われなかった。成田さんによれば、それが戦後思想から現代思想への移行なのですが、あわせて断絶感覚だけが生まれてしまった。それが、その後にどういう影響を及ぼしたのかをあらためて考えておかなくてはならないと思います。

第三に、九月一一日の事件以後という問題ですね。現在、ひょっとしたらわれわれは、もうすでに次の戦争のもとにいるのかもしれない。戦後じゃなくなっちゃっているのかもしれない。そういうときに前の戦争の後ということを、今どこまで有意味な枠として考えうるのか。戦争という言葉を冠した思想群、思想の区分を、知的資源としてどう使えるのか。戦後思想といっても、今回は、そうしたせつないことまで含めて考えてみなくちゃならないのではないでしょうか。

『先祖の話』と喪の仕事

成田　いまのお二人の問題を設定したときに、とりあえず段階的に話をしてみるとして、何を「戦後思想なるもの」の最初に持ってくるか、ということがまずは論点となってきます。『戦後日本思想大系』の第一巻としての「戦後思想の出発」は、戦後の出発として八・一五から話を始めていきます。「天皇制」、「未来の問題としての戦争責任」、「新しい出発としての主体の回復」という構成を持っていて、大きな意味でいうところの戦後啓蒙を軸とした発想となっています。あるいは戦前とは異なったという意味での戦後がいかに作られたか、ということが出発点になっています。これに代表される戦後啓蒙をまず出発点とするのが、従来の戦後思想史の通説であったでしょう。

ところが、あるところで岩崎さんと安丸良夫さんと、三人で話をしていたときに、安丸さんは柳田国男の『先祖の話』（筑摩書房、一九四五年／角川ソフィア文庫、二〇一三年など）を戦後思想の出発に当ててみたらどうか、という興味深い提案をされました。『先祖の話』が書かれたのは、一九四五年四月。戦争の末期‐只中で、たくさんの死者が毎日出ており、柳田には、その死者をどのようなかたちで弔うのか――「多数の同胞を、安んじ」る方策を追求するという問題意識があった。そして、家が「死後の計画と関連」しており、「先祖の話」を考察すると設定していきます。「少なくとも国のために戦って死んだ若人だけは」「阻外しておくわけには行くまい」という柳田の問題意識が伺える著作です。

ここを出発点におくと、日本の「戦後なるもの」が実は戦時と連続的な位相で出発している、という筋道が見えてくる。別言すれば、戦時—戦後の連続を見て取ることによって、そこで形成されていったナショナルなものが浮上する。そして、それをどのような形で考えていくのかという問題を考察していくことができるということなのですね。

上野　戦前とは切断されたものとしての戦後というものを「戦後思想」が作り上げた、そのこと自体を二一世紀の今日から見て、どのようにレヴィジョン（再審）するのかということがここでの課題ですから、『先祖の話』が戦後思想の出発点になるのではないかというのは、後付けではないかと思います。九〇年代を経過した後だから、今にして言えることであって、一五年戦争の死者たちは戦後的なるものの中では、平和の礎になったという、解放史観の中で捉えられていました。戦前と戦後の切断の契機としての死者ではなくて、連続の契機としての死者という見方自体が戦後思想の安丸的レヴィジョンではないでしょうか。

岩崎　レヴィジョンというのは、再審なのか修正なのかが難しいところなんですが、安丸さんは、いくさの後の心性というものを構築してしまう、きわめて問題の多いものとして『先祖の話』をもってこられたと思うのです。上野さんは一五年戦争の死者たちは戦後的なるものの中では、平和の礎になった」、「解放史観」だったとおっしゃいましたけれど、それほど単純なことではないんじゃないか。自分自身がその戦場にいた世代にとって、その死生のリアリティはそんなに簡単に位置づけられるはずはない。というよりも、戦後思想というもののなかを通っているもっとも大きな筋は、「喪の仕事」だと思うのです。ドイツ語でいう Trauerarbeit です。戦後思想は、その内的な矛盾や変容にも関わらず、つねにかならずどこかで死者の記憶という契機を含みつづけてきた。大岡昇平の『武蔵野夫人』（講談社、一九五〇年／新潮文庫、一九五三年ほか）が愛の問題でありながら、いつも死者の気配ばかり立ちこめている作品であったみたいに、力のある戦後論というのは、たいていそういう点において何かを語っている。それは、明示的に死の意味を問うことや、死者に代わって告発すること、そして、死者の記憶から逃走するという形でも、やはり深くそれに取り憑かれている。この「喪の仕事」を、すでに柳田国男は『先祖の話』のなかで、まだ戦争そのものは終わっていないけれど、戦局がかなりはっきり見える位置にいて始めていたんですね。しかし、『先祖の話』には、けっしてアジアの死者が出てこないのです。日本のしたことが出てこない。ただ、死者たちが常民たちの死生観にそのままつながり、そのひとつをなすものとして組み入れられていくような語りになっています。これは連続性の先取りの試みであり、そういう構築の仕掛けなんです。

これは、たしかに、丸山眞男や大塚久雄らの近代主義が作り出す戦前と戦後の関係に関する了解とは、いささか違っています。連続性ということでは、柳田的な接合の仕方と、丸山、大塚的な戦後啓蒙の接合の仕方がそれぞれ二つのヴァリエーションとして存在しているのではないでしょうか。しかも、その両方において、戦争がアジアの全域で、膨大なアジアの死者を出しながら遂行されたということの意味が、戦後の言説空間のなかに直接には入ってこないようにする複雑なフィルター構造ができてしまったのではないかと思うのです。

成田　「戦後思想」を考えるとき、いったんは戦前と戦後が断絶して、戦後的価値という新たな価値を立てていこうという動きだったとされる。このことを考えるとき二つの軸が必要だと思います。一つは「担い手」で、この主張をおこなう市民社会派の人びとは一九一〇年代生まれが中核をなし、戦時を批判的に、といわずも相対化してくぐりぬけようとしています。この彼らと、一九三〇年代生まれの戦後民主主義の洗礼を少年時に体験した人々が、戦前と戦後の断絶を強調するのです。一九一〇年代生まれの人々は戦前からの、一九三〇年代生まれの人々は戦後からの、戦前／戦後の断絶をいい、断絶を前提とした戦後思想史を構想したのです。

いまひとつは、「時期」です。戦前／戦後の断絶は、敗戦直後から一九八〇年代まではリアリティをもって語られていました。反動の思想が〈戦前的なるもの〉を掲げて台頭するにつけ、戦後は戦前とは異なるものという意識が、いっそうつよくなりました。別の言い方をすれば、批判的精神としての戦後は、戦前との断絶において成立していたと言えます。ところが一九九〇年前後の冷戦崩壊から、戦後に関する新たな問題提起がされてきたときに、いままでの戦前と戦後が断絶しているという位相とは違った形での戦後思想史の構想がでてきた。このように、〈いま〉に至る推移を考えられますね。

上野　そうですね。となると、敗戦直後の思想を点検するとなると、そのような断絶がいかにして作られたのかということが論ずべき対象になると思います。

岩崎　その断絶の発明がどうやって起こっているのか、それがどこまで根深いものであるのかは、具体的に考えていかなくてはならないと思います。しかも、そこのところをどう評価するのかが、現時点で戦後ということを考える鍵になりますし、ずっとあとの九〇年代や、わたしたちがいま生きている時代にいたって、これほど市民的不服従の契機、抵抗の契機が衰弱していることの理由にも関係しているのかもしれません。

成田　そうです。それと、もう一つは戦後の出発を彩るという形でいわれているさまざまな著作（さきの柳田の著作もそうですが）――丸山眞男の『日本政治思想史研究』（東京大学出版会、一九五二年）、石母田正の『中世的世界の形成』（伊藤書店、一九四六年／岩波文庫、一九八五年）、花田清輝の『復興期の精神』（我観社、一九四六年／講談社文芸文庫、二〇〇八年）などは、すべて戦中、戦時に書かれ準備されていた著作です。それが戦後に一挙に出版され戦後思想の代表作という位置づけになる。そのときの説明として、戦中からすでに戦後があった、と議論がなされてきたけれど、その考え方自身をもう一度問い直すという必要もありますね。

岩崎　なるほど。そうなると戦前、戦中、戦後という数直線的な区分がおよそ素直には口にできなくなってしまいます。さっきの「喪の仕事」のことも、九〇年代に論争された「自国の死者、他国の死者」という問題があるからこそ、あとからそういう筋道が見えてきたということはあります。だから気になるのです、柳田が。喪の問題にしたって、これもまた構築されている連続性と非連続性の問題です。

上野　喪の問題が再浮上してきたということですね。連続と捉えるのではなくて、九〇年代的文脈の下で再浮上したと考えれば、ポスト冷戦によって戦後啓蒙なるものがそこでいったん挫折したということをふまえておかないと。戦後啓蒙の中では、死者はやはり平和の礎、つまり、意味ある死という捉え方がされたのではないでしょうか。

岩崎　たしかにそれもひとつのパターンとしてはあったと思いますが、「平和の礎」ということで、さまざまな「喪の仕事」の形というか、死者の記憶と忘却の様相がうまく名づけられるかなぁ。「平和の礎」っていうのは、なんだか建前みたいな表現ですね。上野さんがおっしゃりたいことは、戦後において、右も左も同じように「平和の礎」という形で死者を祀り上げてしまった。その点では同型的、同根的ではないかというご批判なのでしょう。それは分かるのですが、戦争の記憶の否認というのは、そういうパブリックコメントみたいな建前とは違った仕方で、もっと心情に即したしたたかなあり方で貫徹されてしまうのではないでしょうか。問題なのはあくまでも語られなさであって、とくに外地の出来事の記憶は、戦後復興においても、戦後の繁栄においても、言説化の可能性からできるかぎり排除されました。かわりにそこを埋めるのが犠牲者の語りですし、まあ、たしかにそれが「平和の礎」としてパターン化できるようなものであったのかもしれませんが。

戦後啓蒙と戦後革命

岩崎　『先祖の話』は措くとして、さっそく戦後啓蒙が成立した戦後直後のカオス、一九四五年以後の数年間についてまず考えてみましょう。この時期を、上野さんがおっしゃるようなレヴィジョンとしても、どのように読み替えることが今から可能になるのか。そのあたりから始めてみたいのですが。

成田　上野さんは、敗戦後に戦後啓蒙が大きな力を持ったという状況をどういうふうに説明されますか。

上野　思想家でいうと、丸山眞男、大塚久雄、福武直、川島武宣、住谷一彦、神島二郎といった市民社会論者です。この人たちがいまこそ出番だと登場し、日本を敗戦に導いた非合理についての説明図式を次々に、家制度であるとか、家族主義や集団主義、近代的自我の不在というキーワードで解いていったわけです。その際、西欧近代の理想化が戦後啓蒙のモデルとして虚構的に設定され、それに対して到達すべきゴールとして時間が目的論的に設定されていました。

岩崎　この四五年以後の数年間というのは、一昨年公刊され、今年になって翻訳のでたジョン・ダワーの『敗北を飽きしめて』(岩波書店、二〇〇一年)が扱っていた時期でもありますね。ダワーの力ある歴史叙述はとても話題になりました。あれは、あらためて戦後がどんな文化的カオスを胚胎していたのか。またそのなかで戦前からの政治支配者たちが軍部に責任転嫁しながら戦争責任の問題をいかにすり抜けたのか。そして、そのプロセスの最初から、いかに濃いアメリカの影がぴったりと寄り添っていたのかを明らかにしました。

でも、ふと思ったんです。戦後直後の思想空間を説明するときには、これまではたいていは、『近代文学』の同人たちや梅本克己の人間の主体性への問いという論点から始まっていきますね。ダワーの歴史叙述は、最近になってあらためて話題になったわりには、『近代文学』や戦後主体性論争、それに荒正人の「第二の青春」のような主体性の主張に、はたして今日の観点から何をつけ加えるのだろうかと考えると、あまりそれがない。少なくともあの上巻についてては、ディテールはともかくとして、何かあの時期の既存の理解につけ加えるものがあったのだろうか。これはわたしが読み切れていないからでしょうか。

ぼくは、ダワーのような明確な反響があったわけではないのですが、戦後直後を考える場合に、もうひとつの仕事としてヴィクター・コシュマンの『戦後日本の民主主義革命と主体性』(平凡社、二〇一一年)に注目したいんです。葛西弘隆さんの手による翻訳が出ていますが、英語で書かれた戦後革命論ですね。かれはこのなかで主体ということの両義性をしっかりと見据えています。四〇年代後半には、戦後革命前夜とでもいうべき状況もありました。たしかにそれに対して、主体性論をはじめとした主体性の思考は一定の説明を与えたのです。主体性の思考は、市民社会派や講座派とも適合します。封建遺制という特殊性が戦争の原因であったことを発見する。そして、それを克服していくためには、いまだ達成されていない能動的で自立的な主体の確立、近代的主体の確立、あるいは、歴史意識を持った自覚的な革命主体の創出、とにかくなんでもしっかりとした主体性の確立をめがける必要があるということになります。歴史的な瞬間における自分の決断に際して、容易には他者が横切ることのできないまなざしというものがあるのは否定しませんが、要はそれがどのように思想の問題として広がりをもって考えられるのかということです。

しかし、そのように政治的国家と市民社会に問題を縮減しながら、そこに市民としての、国民としての主体性を求めていくというありかたが、同時に自己の規律化を作り出していたとコシュマンは分析しています。主体とは、能動性の発現点であるとともに、それがいやおうなく、自分の内面を構成し、自分の弱さを告白しつつ、自己を規律化するというように、なにかに従属していく過程でもあるわけです。

成田　四〇年代論という観点から考察してみると、三〇年代にあったマルクス主義（人民を主体として想定）・実証主義（国民）・皇国主義（臣民）の三派鼎立の様相が四〇年には崩れ、皇国主義が支配的な思想となります。このとき実証主義は、批判的実証主義と追随的実証主義（すなわち皇国主義に連結する）とに分岐します。戦時における批判的潮流といったとき、実証主義のある部分がそれを担うことになります。

さて、敗戦後にマルクス主義が復活したとき、今度は皇国主義が追放されますが、実証主義はマルクス主義とむすびついて生き残ります。本来は皇国主義とともに放逐されるべき（追随的）実証主義さえもが残るのです。敗戦後にみられる戦後啓蒙は、こうしてマルクス主義と実証主義の緊張と癒着、補完と対立のなかでの複雑なありようとして考えなければならないと思うのですね。

しかもこの時期は占領の時期です。占領（軍）に対するマルクス主義者の解放軍規定とその撤回、また、占領軍による検閲など戦後思想史の出発をとりまく条件についても考慮しておかなければならないと思います。ダワーの新著はさまざまな読みが可能だと思いますが、戦後が占領によって開始されたということの意味を歴史像として掘り起こした著作でもあるのですよね。

日本特殊論を回避して

上野　最近の仕事で、いまの時点から敗戦直後を振り返るという仕事が次々に出てきました。例えば小熊英二さんの『単一民族神話の起源』（新曜社、一九九五年）では、実は単一民族論は戦後の発明だと明確に指摘しましたね。他には千田有紀さんの家族社会学の再構成も、福武直の「家＝封建遺制」論は戦前と戦後を切断するための仕掛けであって、そこで出てきた「封建遺制」とは、ありとあらゆる日本社会におけるネガティヴな要因を帰責すべきブラックホールであって、そのようなファントムとして作られたということを明晰に示しています。千田さんの仕事の刊行が待たれますね（『日本型近代家族』勁草書房、二〇一一年）。

成田　まったくその通りですが、一九四五年から一気に九〇年に飛ぶのではなくて、やはりその間に七〇年の戦後啓蒙の読み直し＝批判があったことをみておく必要があると思います。例えば、丸山眞男を取り上げると、丸山は戦前と戦後を切断しつつ、近代的主体や近代的自我を軸に近代の追及とその観点からの日本近代の考察とを行ってきていますが、その丸山の思考と語り方とを七〇年前後の時期に近代主義と捉えて、それを問うという経過がありました。大塚久雄にしても福武直、川島武宜に対しても同様です。もちろん大塚・丸山らを「近代主義」ととらえるとらえ方は、日高六郎編・解説『近代主義』（現代日本思想大系、筑摩書房、一九六四年）にあるように「外部からつけられた他称」であり「マイナス・シムボル」です。また、近代主義という視点からの丸山批判は、敗戦直後からもみられます。しかし、七〇年代にはひろく知のありようの視点から丸山眞男を問いました。

すなわち、敗戦直後にはマルクス主義の観点からのイデオロギー批判として丸山眞男への近代＝ブルジョア主義批判がおこなわれた。これに対し、七〇年代には丸山のいう近代が知識人（さらにいえば近代の階梯をのぼりつめたエリート）の位相からの近代であり、それとは異なる近代――土着や伝統のもつ可能性を捨象しているのではないか、という批判でした。

こうした丸山を問題化する七〇年段階があって、その次に現在がある。九〇年段階における丸山眞男の論じ方は、七〇年段階とはまた違います。現在の丸山への問いは、丸山の主張が（酒井直樹さんの言葉を借りれば）「帝国主義的国民主義」ではないか、というものです。丸山の主張は批判的言説ではなく、戦後日本のナショナリズムを肯定し構成する言説となっているのではないか、という問いかけ。この背景には、従来とは異なる「近代」と「戦時」への認識があります。すなわち、七〇年段階では戦時は半封建的な近代である「日本」の行き着いた地点であり、そのゆえにファナティックで非合理の時代として把握されていました。

そこでは近代は戦時に対峙するものとされ、近代によって戦時が終焉し、敗戦を契機に、近代を再開したという捉え方でした。ところが九〇年段階では戦時は近代の論理的帰結とまではいわないけれど、近代の進行する時期であり、日本の近代を歪んだ近代ではなく、近代そのものを実現していたという認識です。問われるべきは、「日本近代」の歪みや「戦時」の異常性ではなく、「近代」そのものがもつ問題性と近代としての戦時という主張です。つまり近代そのものを問うというスタンスがでてくる。その観点から丸山なり大塚を問うたのですね。つまり「日本近代」批判が七〇年段階の問いであるならば、「近代」批判の観点から大塚・丸山を問うたのが九〇年以降のことです。

上野　それはよくわかります。七〇年を回顧的に問うならば、その時期に戦後啓蒙がいったんは総括された。というのは、その時期に日本人論が転換するからです。青木保さんが『「日本文化論」

の変容』（中央公論社、一九九〇年）の中で、非常に分かりやすい見取り図を描きましたが、一九七七年が転換のメルクマールで、その年に浜口恵俊さんの『日本らしさの再発見』（日本経済新聞社、一九七七年／講談社学術文庫、一九八八年）という本がでています。戦後啓蒙による日本批判の枠組みをまったく変えないまま、価値の逆転が起きたんですね。西欧近代でなくたって発展と繁栄には到達できるという自信がもとになっています。それに先立って、中根千枝さんの『タテ社会の人間関係』（講談社現代新書、一九六七年）が出て、これは英語で、"The Japanese Society" と訳されて、今でも日本研究の初学者にとって欠かせない入門書とされていますが、日本特殊性論を比較文化的な相対性の視座のもとでとらえかえしました。九〇年代的にレヴィジョンしてみるならば、どちらも一国史の枠の中の出来事でした。国家の枠そのものは疑われなかったことが特徴で、どちらも日本文化論の枠組みを維持していました。つまり近代的自我がなければダメだといわれていた戦後啓蒙から、なくてどこが悪い、なかったせいで日本型経営はこんなに成功したんだ、という戦後啓蒙に対する開き直り的な反論がでてきたのが七〇年代。そのピークが八〇年代のバブル期の繁栄でしょう。

岩崎　なるほど。そういうひっくり返し方というのは、「西欧人」として表象される「白人」の表象にも反映しますね。ずっと肉体的な劣位性のように感じてきたことが、八〇年代になってくると、むしろ逆に厚かましいまでに優位性の感覚にすり替わる。「西欧人」の白い肌が、こんどは肌理の粗いざらついた肌という語り方になってしまう。普遍主義的な思考やスタイルも、硬直して融通がきかないことの証拠のように扱われる。

成田　青木図式でいうと、最初は「否定的特殊性」を問題にするというところから、「肯定的特殊性」になるという展開ですね。この著作は副題が「戦後日本の文化とアイデンティティー」とされていて、アイデンティティー論の観点からの整理となっています。日本人論・日本文化論の多くはこうしたアイデンティティー論であり、そこにおける変遷の整理です。

上野 ですから国家の枠組みそのものは所与として疑われていないのです。日本＝日本人＝日本文化という同一性が成り立っていましたから。

成田 そうです。ですから問われるべきは「否定的普遍性」の可能性ということになりましょうか。

上野 否定的普遍性というのがよくわからないんですが。岩崎さん、わかります?

岩崎 たぶん。論理的にいえば普遍性というのはネガティヴではありえませんから、変なんですが、成田さんがおっしゃりたいのは、肯定的な普遍という項は、露骨なユーロセントリズムであるとして、その対極項に日本特殊論というか、日本文化の本質的な特性を想定する論理が来る。この両者は相関しているわけです。近代主義者も講座派もこの対に即して発想しています。否定的な日本特殊論であれば、日本はいかに近代的なスタンダードに達していないか、いかに内発的な近代化の契機が脆弱であるのか、が批判される。だから西欧的な規範に照らして日本的なものが断罪されていきます。ヘーゲル的に言うと「不幸な意識」なんです。西欧的に達成したと思えば思うほど、西欧の規範というものがさらに彼方に退きつつ輝いていて、けっしてそこに到達できないという状態。それに対して、否定的日本特殊論は、いま上野さんが説明してくださったように、肯定的な日本特殊論へと、横の象限に移すことができるでしょう。今度はまったくの自己満足で、日本文化論や、もっとあとになるとアジアNIESを全部ひっくるめた儒教経済圏論といったものがそれにあたりますか。しかし、そうすると否定的日本特殊論とその対角線上にある肯定的で一元的な普遍主義。そして否定的日本特殊論がひっくりかえったところにある肯定的日本特殊論。でも、もうひとつ極限が残っていますね。そこのところに成立する議論を、成田さんは、苦し紛れに否定的普遍と……。

成田　「肯定的特殊性」、「否定的特殊性」といったとき、先に述べたように「日本」というまとまりをつくりあげ、それを想定されている「普遍」との比較において論ずるということですね。いうまでもなくこの「普遍」は西洋の近代にもとづいていて設定されています。西洋／日本を普遍／特殊とし、その「特殊」が一九四五年から五四年までは否定的文脈で述べられていたが、「歴史的相対性の認識」の時期をへて一九六四年以降は肯定的文脈で語られるようになったというのが『「日本文化論」の変容』の筋道です。

上野　国民文化論なんですね。

成田　そうです。それを示すかのように、この著作ではルース・ベネディクト『菊と刀』（一九四六年／社会思想研究会出版部、一九四八年／平凡社ライブラリー、二〇一三年ほか）から桑原武夫『現代日本文化の反省』（白日書院、一九四七年）、加藤周一『雑種文化』（講談社、一九五六年）や中根千枝『タテ社会の人間関係』や土居健郎『「甘え」の構造』（弘文堂、一九七一年）など多くの「日本」を考察した書物がとりあげられますが、歴史家の仕事はまったく除外されています（笑）。

「否定的普遍性」といったのは、国民文化論へと帰結しない価値軸と認識軸をどういう形で考えるかというときに、否定的媒介性を持った普遍性を模索していくという意味あいです。特殊性ではなく普遍性で「日本」を扱いつつ、西洋モデルの普遍性を前提としない、ということです。

上野　誰が普遍性と言っているんですか。

成田　青木さん自身ですね。『「日本文化」の変容』の特徴のひとつは、一九八四年以降の日本文化論は、肯定・否定の「特殊性」の議論から離脱して「普遍」――日本文化の普遍性が主張されるようになったという指摘にあります。一九九〇年に書かれているので、その後も「特殊から普遍へ」と論が展開したとされていますが。

上野　例えば梅原猛さんの『〈森の思想〉が人類を救う』（小学館、一九九一年）のような縄文文化論とかですか。

成田　挙げられているのは、例えば日本的経営をめぐっての持論です。尾高邦雄が一九六五年と二〇年後の一九八四年に『日本の経営』（中央公論社／『日本的経営』中公新書、一九八四年）を著し、同じテーマでありつつ論旨がまったく逆になっていることに、青木さんは注目しています。すなわち、日本経営を日本に「特殊」なものとせずに、「国際的」に通用するものとして議論するようになった、ということです。こうした議論が設定されたことを、青木さんは「普遍」として整理するのですね。しかし、ここでの「普遍」は「国際化」とも言い換えられていますが、現時の秩序に親和的であり、肯定的な文脈で把握され整理されていますね。私は、そこをこそ問題にしたいと思い、日本の特殊性という議論の枠組みを開いていく方向を、「否定的普遍性」としたのです。

上野　梅原説のようなアジア思想の国際化を否定的普遍主義と名付けたわけですね。

成田　はい。梅原さんも、西洋モデルの近代を普遍として前提としており、そういうことになります。

岩崎　ぼくも日本文化を本質化して特殊化する言説にはどんな意味でも荷担できない。それはきまって西欧普遍主義の言説と似通ってきますしね。地域研究という学問理解にしても、地域というもの、たとえば日本とか東南アジアとかを専門にする言説、実践を通して地域観念を反復的に実体化し、またそのことが、知の制度をより自明にする循環ができてしまいます。それは、西欧普遍主義のしていることの縮小再生産になる。だから、日本的なものをぜったいに特殊化しないぞ、という成田さんの構えはよく分かるのです。

上野　否定的普遍性というのは、実は普遍性が挫折する場所でもあります。西川長夫さんが『国境の越え方』（筑摩書房、一九九三年）の中で指摘していますが、文明 civilisation という名の普遍主義もまた一つのナショナリズムだった、つまりフランス産のナショナリズムだったという、目からウロコ、の発見でした。国民国家論の枠組み中ではフランスもまた一つの特殊に還元されるわけですから、そのような相対性の軸の中で、国民国家論は比較史を可能にした、ということです。ということなら、共通言語になると思いますが。

岩崎　なるほど。でもね、成田さんが口にした「否定的普遍性」というのは、普遍主義そのものではないし、また、近年、国民国家の変異態として出てきているような、多文化主義的な扮飾を施された比較国家論のことでもないと思うんです。

一九三〇年代の反復として

成田　そうですね。西川さんに話を移せば、文化は「国民文化」として誕生するということを指摘し、その「国民文化」としての文化批判を試みたのが西川長夫『国境の越え方』でした。みごとな著作だったと思います。西川さんの国民国家という問題設定＝提起は、日本研究における日本特殊論をのりこえていくうえで大きな意味をもちました。

そのうえで、岩崎さんが言われる多文化主義的な相対化論におちこまないための工夫が必要だと思うのです。これは現状の秩序の追認にほかなりませんから。普遍という語を用いつつ、それを挫くことを言うのは、そうした意味あいにおいてです。

さて、もう一つ考えておきたいのは、戦後思想といわれるものが、一九四五年に登場したときに、たくさんの論争が起こることです。政治と文学論争、あるいは主体性論争、戦争責任論争や短詩型芸術論争。これらの論争の多くは一九三〇年代に展開された議論＝論争の反復という性格を持っています。臼井吉見が編集した『戦後文学論争』（番町書房、一九七二年）というよくできた資料集がありますが、これらを繰ってみると、語彙にとどまらず論争のスタイルや問題意識さえもが、一九三〇年代初頭のプロレタリア文学をめぐっての議論＝論争とだぶってみえてきます。論争が起きるということは、ある主体が論争の中から立ち上げられて来るということであり、状況への認識やむきあい方の差異が議論されるのですが、「主体」や「政治」「文学」といった捉え方は一九三〇年代の議論を再燃させています。担い手は変化していますが、戦後の論争は、戦争と弾圧によって中断された政治と芸術、知識人と大衆、護衛の役割、革命と変革などの論争＝論点が、再び議論されるという局面をもっているのではないでしょうか。遠山茂樹・今井清一・藤原彰『昭和史』（岩波新書、一九五五年）をめぐって亀井勝一郎とのあいだに展開された「昭和史論争」も、戦後におけるマルクス主義と日本浪漫派との論争という局面があると思います。

戦後の思想といったとき、マルクス主義の影響力が強いのが特徴のひとつですが、三〇年代の論争が反復されたことは、その理由であり、結果でもあるでしょうね。

このように三〇年代の反復として戦後思想を考えてみるとき、五〇年におけるさまざまな議論も、この視点から整理ができると思います。一九三〇年代に直面した国民国家の「危機」をめぐっての議論が、同様に五〇年代に国民国家の問題が浮上してきたという認識のもとで議論されます。五〇年代には、国民的歴史学運動や国民文学論が提起され、「国民」「民族」を再定義しようとする動きがみられます。こうしてみると、一九五〇年代が戦後思想を考えるうえでの重要な時期的なポイントになるのではないでしょうか。

岩崎　一九三〇年代の反復だというご指摘ですが、重要なことですね。これまでの戦後思想の整理のなかでは、戦後主体性論が高く評価されたり、戦後の原点のように言われたりしてきました。あとになっても、つまりこの主体性ということが輝きをすっかり失っても、問題そのものはちっとも掘り下げられないできたという印象を持っています。

でも、主体性論は、主体の主意性や決断、あるいは主体による歴史状況における企図といったことに留まっているかぎりは、結局は隘路に行きつくしかありません。歴史のなかの変革の主体と言ったところで、あれでは革命とは「素潜りの忍耐」で、だから所詮息が切れたところで、そこから離れて行かざるをえないのだということになってしまいます。

三〇年代の反復ということですが、成田さんとは、いっしょに『総力戦と現代化』（柏書房、一九九五年）で仕事をしましたよね。あのとき、成田さんは奥むめをについて、ぼくは三木清について、それぞれの戦時協力の問題を分析したことがありました。三〇年代の戦時協力はそれ自体は多義的です。転向マルクス主義者も含めて、戦時動員システムのダイナミズムにむしろコミットすることで、旧来の社会秩序を作り替えていくことに関わるわけです。

戦時動員体制に関与していくことは、主体的な決断です。そしてその主体性は、いかに変革的に世界史の過程に関わっていくのかということですね。しかし、それはそういう国民化を求めていく過程への適応というか、従属ですね。

戦後主体性論争は、基本的な精神の形式としてはそれと変わらない、それこそ反復だった。戦後主体性論争のなかでの主体性は、一九三〇年代の主体的な自己動員の反復として見ることができるということには賛成です。戦時動員のシステムへの主体的な自己規律化は、戦後は民主主義と平和な市民社会として語られている何かへの自己規律化です。この自己規律化が、戦後革命の多様な可能性をどのように閉じてきてしまったのか。五〇年代における山村工作隊や党の分裂という問題も、その主体性の悲劇だったと思うのです。五〇年代は、知的青年たちにとってマルクス主義の権威が圧倒的でした。そして後半がその失墜の過程でもある。その五〇年代をどう見るのか、ですね。

上野　難しいのは、五〇年代を高度成長期に含めるかどうかということですね。

成田　五〇年代というのは経済の問題からいうと、五五年がターニングポイントとなります。
上野　それならわかります。「もはや戦後ではない」というキャッチフレーズはいつでしたか。
成田　一九五六年の『経済白書』で、ここでは五五年の経済の状態をいっています。戦前の一人あたりの実質所得のピークが一九三九年で、その年の水準に復帰したという宣言です。また、戦後の復興のためにいくつもゲタを履かせたがそれをもうやめる、ということでもありました。経済によって戦後が論じられるわけですね。戦後の経済優位の始まりです。

しかし問題は、経済と同時に政治の問題が大きくなってくることです。五〇年代の半ばにおいては日本共産党の方針に分裂があらわれ、そのことが戦後思想にダイレクトに反映してくる。国際関係も、一九五〇年に朝鮮戦争が始まり東アジアのなかで冷戦体制が着実に進行し、そのもとで、戦後思想も再編成されていく。
岩崎　はい。たしかに五五年体制ですね。五〇年代に日本経済は、東アジアで流される血をカンフル剤として、廃墟のなかから立ち上がります。戦後直後から五〇年代にいたるまででも、東アジアのこの共時性がつまり、中国革命、台湾での二・二八事件、済州島民衆抗争や朝鮮戦争の共時性が、日本の思想のなかでどれだけ受け止められてきたのでしょうか。五〇年代は、その描き方としてものすごく違ったものになってくると思うんです。
成田　ただ「五五年体制」といういいかたは、政治学者の升味準之輔が後付けで（一九六四年に）言い出し、それが遡及的にこの時期を説明するいい方になっているのですね。つまり、五〇年代を半ばで切断する状況認識は、いまからはよく見通せますが、政治の面における同時代感覚としては、再考の余地を含みます。

上野　敗戦後から五五年までをわたしは二期に分けた方がいいような気がします。敗戦直後の市民社会論者の解放万歳と、共産主義者たちの解放軍規定というのは、似てるけれど思想的出自は違っていいます。いまおっしゃった五五年の転換は、共産主義者にとっては、いわば挫折から始まった総括ですね。それと同時に市民社会論者の中にも占領政策の逆コースと朝鮮戦争以降、挫折があったと思うんですが、挫折の前に戦後啓蒙の花盛り期に、戦前的なるもの、つまり何が日本を敗戦に導いたかという「犯人探し」を巡って戦前的なる諸要因のファントムがいかに作られたのかということを、指摘しておく必要があるのではないでしょうか。

それに関しては市民社会論者も共産主義者も、同罪であったというか、よく似た議論をしています。先ほどの図式の中に石母田さんを入れられるのであれば、そこに井上清も入れてほしいんですが、井上の『日本女性史』（三一書房、一九四九年）は一九四八年の刊ですが、再版を重ねる過程で占領政策の逆コースとぶつかって彼は論調を変えていくんです。裏切られた、と。唯物史観は一九世紀的な進歩主義と発展史観の申し子ですから、その点では、市民社会論者と共産主義者は戦後を捉える枠組みが双生児のようであったといえると思います。

岩崎　賛成です。近代主義者とマルクス主義がこれほどシンクロしてしまうのは、そこでのマルクス主義が、近代そのものを解剖も批判もできないようなヴァージョンのものだったということと関係していますね。思考の形として主体化の構造を持っているという点で同型的であり支え合ってしまう。

成田　表面的には両者は批判し合います。一九四八年八月の『前衛』は「近代主義批判」をおこない、主体性論や『近代文学』を「近代主義」として批判します。しかし両者の発想はまったく同じでしょう。とくに戦前を半封建的な日本近代とし、その歪みの出発点を明治維新に求めること、また出発の歪みを天皇制という日本独自のシステムを作りだし、このことが軍事的な侵略を必然化し一五年戦争をもたらしたと見る歴史像においては同じ考え方を、市民社会派もマルクス主義者も持っています。

上野　そうですね。

成田　したがって、軍国主義者が一掃されて、さあこれからまったき「近代」が始まるんだ、というところでスタートラインが同じになる。

上野　だから、五〇年代について語るには、戦後革命の挫折以降ということになりますね。

成田　おっしゃるとおりです。

上野　あの当時、共産主義者たちは本気で戦後革命が可能だと思ったんでしょうか。

岩崎　むしろその辺の可能性を大きくとってみるべきではないでしょうか。さっき挙げたコシュマンの『戦後日本の民主主義革命と主体性』も、戦後革命の可能性を再発見しようとしたと思います。でも、これまでの戦後思想史の叙述だと、戦後革命の時代の主体性の物語というのは実際に単調になるんですね。主体性で頑張るか負けるかですから。しかし、善き国民的主体、合理的な国民的主体へのアンガージュが、そういう主体の規律化を促す秩序への服従を意味します。この主体にして従属者であるということの意味が明らかにならないかぎり、戦後主体性論争や、そこまで明示的ではないにしても、丸山眞男の『超国家主義の論理と心理』(一九四六年)も含めたその状況のなかでの鍵概念としての主体性が隘路にいたることの理由が解明できない。だからこれは市民社会派の問題だけではないし、その問題は、安保ブントや革共同も含めて、その後の日本のマルクス主義の展開においても決定的な破綻となって表面化するんだと思います。

上野　そうですね。戦後革命の挫折の総括なしに、六〇年代に共産党がなしくずしに議会政党化していき、さらに構造改革派を叩き出して無謬性の神話を維持したことのツケは大きいと思います。六〇年代にヨーロッパ・マルクス主義がアルチュセールの『国家とイデオロギー』(原著一九七〇年/福村出版、一九七五年)、『資本論を読む』(原著一九六五年/合同出版、一九七四年)のようなマルクス再解釈を通じて経験した自己変革を先送りしてしまいましたから。

岩崎　それに、主体性論争や戦後啓蒙から、あるいは成田さんの反復説に即して三〇年代の戦時動員システムまでもどってもいいですけれども、主体的に世界史的な存在となろうとし、国民的主体となろうとした企図の形は、戦後革命、五〇年代の党分裂と山村工作隊、安保と新左翼、そして連合赤軍事件から内ゲバまで、つねに解明できずにきた困難のひとつの理由であると思うのです。それはちゃんと主題化しなくちゃならないと思います。

国民主義と一九五〇年代

成田　敗戦直後にすぐに発言ができたという人たちは、大正デモクラシーあるいはマルクス主義の洗礼を受けた人たちなんですね。一九二〇年代半ばに生まれた「戦中派」と呼ばれる人たちは、その期間ずっとものを言えず、悶々としています。たとえば、小田切秀雄、荒正人たちは『近代文学』の同人たちは、戦後、さっそうと戦後革命なり戦後民主主義に乗れるわけですが、「戦中派」の人たちにとっては、軽々にそういうものに乗ることはできない。彼らは戦争のなかで、いかに死すべきか、ということを考えつづけているわけですから。こうした発言者の世代的ズレや発言の時差も無視しえないと思います。

上野　五〇年代になって小島信夫や安岡章太郎、吉行淳之介のような「第三の新人」が登場してきます。

成田　そうですね。「第三の新人」を論じた服部達は「戦争中に青春期を過したこと」をその特徴のひとつに挙げています。安岡章太郎、小島信夫らが文学の面で口を開くようになり、吉本隆明・武井昭夫『文学者の戦争責任』(淡路書房、一九五六年)が一九五六年に出されます。戦後をふくむ「昭和文学史」の正典は、ながいあいだ平野謙『昭和文学史』(筑摩書房、一九六三年)や本多秋五『物語戦後文学史』(新潮社、一九六六年)など近代文学派の人々のラインによって書かれており、したがって政治と文学といった問題が強調される。そういう像がもう一度検討される必要があるでしょう。

次の世代、吉本隆明や橋川文三らの戦中派が口を開いたときに、しかし、明快に語ることができない、わだかまりをもちつつ語らざるを得ないようにみえます。橋川文三は戦争経験の思想化こそが超越的な思想になる、また戦争経験の考察こそが歴史意識と関連しているということを考えつづけた人ですが、彼の『日本浪曼派批判序説』（未來社、一九六〇年）は晦渋ですね。戦中派の人々は、複雑な多くの葛藤があって、単純に革命というわけには行かなかったのでしょう。

上野　橋川さんは、戦後革命のオプティミズムに組みすることのできなかった反時代的な人でしょう。

成田　吉本隆明も加えていいと思います。つまり何を革命の拠点にするのかということが、そう簡単にはいかないということ。また前衛と大衆ということにも懐疑的です。「戦後」に対しての拒絶でもありますね。

上野　革命の拠点がどうこうより以前に、政治的動向として戦後革命の現実性が急速に失速していった。五〇年代には一方に経済の回復と繁栄、他方に時代閉塞の現状がでてきて、日本版ミニマリストである「第三の新人」が登場しました。そのときにすでに三島由紀夫は、『鏡子の家』（新潮社、一九五九年／新潮文庫、一九六四年）の中でこんな退屈な時代はない、と言い放ちます。それをどうやってしのぐかだけが問題だ、と。

成田　そのときに、それを突破しようとする鍵概念を五〇年代には「国民」あるいは「民族」に求めていったのですね。つまり一九五〇年代の半ばに、これは政治的な方針もあって「国民」「民族」を再定義し、ここを根拠として変革 - 革命を構想していくという動き。

上野　そうです。だから「反米」がキーワードになるんです。右にとっても左にとっても。しかも共産党がこれで勢いづくんですね。

成田　そうですね。歴史学における国民的歴史学運動はこうしたなかで提起されました。石母田正

『歴史と民族の発見』（正続、東京大学出版会、一九五二年、五三年／平凡社ライブラリー、二〇〇三年）は、そのマニフェストであるとともに、歴史学の方法と目的を鍛えなおすという目的をもつ著作であったわけです。この著作は、石母田正の読む者を励まし力づける文体とあいまって、いまだに読みごたえのあるものとなっています。興味深いのは、それまで「民族」が全面に出ていた文章が、一九五二年五月のメーデー事件以降の文章－議論では「国民」として統一されていることです。「日本民族」の伝統にもとづく変革を追求する石母田ですが、それを「国民」的課題と表現するのですね。

文学の領域では、竹内好によって国民文学論が提起されます。国民的歴史学運動も国民文学論もきちんとした歴史的考察がまだおこなわれず、その歴史的評価が望まれますが、「国民」＝「民族」をテコとしての変革の可能性をはかるということは、一九三〇年代に考えられていた国家の組み替えが、五〇年代にもう一度組み替えられる可能性があると問題が設定されたということでもあるんですね。

岩崎　なるほど。それこそ、歴史と民族の発見ですね。

上野　国民的プライドの回復と経済成長の五〇年代は、同時に平和運動の時代でもあります。一九五四年に第五福竜丸のビキニ環礁での水爆実験による被曝があって、全国的な核実験反対運動が盛り上がります。それが翌五五年の原水禁大会に結実していくのですが、その後、ソ連と中国の核実験をめぐって、「よい核・悪い核」の議論から原水禁大会が分裂していくのはご存知のとおりです。その平和運動に体現されるような国民文化としての平和と民主主義、その現実化としての民主日本をいかに作るかという課題が設定されたということでしょう。革命に代わって、議会を通じての改革へと、共産党が議会政党化していくプロセスとも対応していました。

岩崎　日本共産党は、一度として戦後革命のヴィジョンを提示したことはなかったと思います。解放軍規定だって革命綱領ではありません。そもそも、「三二テーゼ」以来の二段階革命の展望のなかで、革命の具体的な内実を引き寄せることはできないわけです。むしろようやく二・一ゼネストの失敗のあとで、同時代の世界的な冷戦感覚に追いついていくのでしょう。すると問題はアメリカへの従属だということになって、ナショナルな言語にもたれかかることが問題なくできるようになりますし、それが戦前以来の国民のなかにあった感覚にも無批判に浸透しやすくなりますね。

成田　アメリカが問題になるということですね。すでに論理的には占領のときにアメリカという問題があったはずなんだけれど、占領が終わってアメリカが思想的課題として一挙に出てきたということでしょう。

上野　それから五〇年代のアメリカン・カルチャーの急速な浸透も忘れることはできないですね。五〇年代の日本人にとっては、アメリカとはメディアの中の理想化されたアメリカでした。

成田　この時期は映画の全盛期ですね。映画のなかで、またアメリカ産のテレビドラマを通じて、アメリカのライフ・スタイルが紹介されました。

上野　思想的・政治的な反米と、大衆文化におけるアメリカ化が同時並行しています。

岩崎　文化的侵略者に対してつねに反発しつつ、しかし深くそれに魅了されていくわけですね。これは「先進資本主義国」の一律の現象です。ドイツでも同じアンヴィヴァレンスがとくに五〇年代に進行している。

成田　歴史学のそのときの役割ですが、歴史学はこのときリーディング・サイエンスのひとつであったといってよいと思います。「戦後歴史学」の形成期であり、もっとも活力をもったときです。遠山茂樹『戦後の歴史学と歴史意識』（岩波書店、一九六八年／二〇〇一年）は戦後史学史を知るうえで便利な著作ですが、当事者の一人であった遠山が、「戦後歴史学」の過程を描き出します。

「戦後歴史学」はこの五〇年代に社会経済史をバックボーンとして、社会構成体の構成と移行を、矛盾を中心にすえて叙述する――すなわち国家と人民の対抗を描き、実証的な手続き、比較の視座、進歩史観と内的発展論にもとづく歴史観を提供してきました。

戦中に書かれた石母田正『中世的世界の形成』、遠山茂樹『明治維新』（岩波書店、一九五一年／岩波現代文庫、二〇〇一年）をはじめ、数多くの論議＝叙述が融合した傑作が「戦後歴史学」としてうみ出されましたが、その多くはこの時期に刊行されています。この「戦後歴史学」は、一九七五年ころまでの支配的なパラダイムであるというのがほぼ共通の理解となっており、いまは御承知のように、「戦後歴史学」の「再考」や「検討」がおこなわれています。

岩崎　それから、遠山茂樹、今井清一、藤原彰の『昭和史』をめぐって亀井勝一郎が批判をした歴史叙述をめぐる論争が一九五六年にありましたね。そこで戦後歴史学の歴史認識に向けて加えられた攻撃は、「新しい歴史教科書をつくる会」の論調そのものとまでは言わないけれど、それに共振してしまうようなロジックがすでに含まれています。つまりナルシスティックな歴史への執着とか、マルクス主義の大きな客観的歴史像に対して情動的なものを対置するところとか。もっともこの昭和史論争自体も、今日の議論は、亀井を通じた日本浪漫派の反復再来にすぎないということになるかもしれませんが……。でも、とにかく五〇年代にこういう批判が行われたときに、まだマルクス主義の権威はいまでは信じられないぐらい大きなものでした。

上野　それに注を付け加えておくならば、前衛と大衆という図式がこの時期には生きていて、党の存在意義が信じられていました。

岩崎　注どころか、この時期の知的青年たちにとっては、ものすごく重苦しい、同時にけっして無視できない大きな知的ブラックホールでしたね。だから、埴谷雄高の「政治のなかの死」がのぞき見ている闇はすごく深かった。埴谷の「政治のなかの死」には、「政治的なるもの」についてのかれの定義が出てきます。ちなみに、あのなかで埴谷が規定する「奴は敵だ、敵を殺せ」という政治的なるものの本質は、今から考えると、カール・シュミットの友敵理論とか、ハンナ・アーレントの『人間の条件』（中央公論社、一九七三年／ちくま学芸文庫、一九九四年）や『全体主義の起原』（みすず書房、一九七二－四年）とかに接合させて読んでいく可能性があると思うのですが、スターリン主義と党に対する異論は、そういう多様な理論の言語はもたなかったですね。

成田　「科学的マルクス主義」ということが「戦後歴史学」の基本的な方法＝姿勢としてありますが、同時に歴史家は時々の政治的な課題に取り組んでいきました。とくに家永三郎さんのおこなった教科書裁判は戦後思想史に逸することのできない歴史家の実践だと思います。

上野　いまから思えば「パルタイ（党）」という言葉が呪力をもっていましたね。野間宏の『青年の環』（河出書房、一九四九－七一年／岩波文庫、一九八三－四年）や真継伸彦の『光る声』（河出書房新社、一九六六年／新潮文庫、一九七七年）のような、この時期の文学者の作品にも出てきます。

成田　それが五〇年代半ばくらいまでの状況ですね。倉橋由美子の『パルタイ』（文藝春秋、一九六〇年／講談社文芸文庫、二〇〇二年）は、たしか一九六〇年の作品でしたが、日本共産党の「呪力」がなくなった――すくなくともその力を相対化できたがゆえに可能となった作品ですね。

上野　そうすると、五〇年以降の高度成長期がもっていた、戦後思想史上の意味は巨大だったと思います。一言で言えば、この時期に日本における近代が急速に完成し急速に崩壊していったということです。色川大吉さんは『昭和史世相篇』（小学館、一九九〇年）の中でこれを「生活革命」と呼んでいます。人民に変わって「民衆」という言葉が登場し、民衆レヴェルで明治維新以降最大の変化が起きた無血革命の時代です。

岩崎　生活革命ですか。正しくは、生活反革命でしょ（笑）。

成田　網野善彦さんにいわせると、高度成長期とはもっと大きな変化であって、「日本の民族史」のなかで応仁の乱とともに二大画期とされています。このなかで「民衆」という言葉＝概念が浮上してきて、先ほどの「前衛」－「大衆」という図式が壊れるということになるのでしょう。高度成長は、経済的な変化でありつつ、政治的な問題でもあるわけですね。それが岩崎さんが言われた「生活反革命」ですね。

上野　おっしゃるとおりです。

成田　この過程で、同時に、戦後啓蒙が相対化されてくるということになります。

戦後啓蒙の挫折と民衆史

上野 そうなると六〇年安保をどう見るかをいっておかなくてはいけない。むしろ六〇年安保の中では、戦後啓蒙が挫折するというよりも、平和と民主主義が現実化したという幻想が生まれた、とはいえないですか。

岩崎 そうかなあ。

成田 つまり、その場合の「平和と民主主義」の担い手と内容とがどのように設定されていたかという問題ですね。六〇年安保は、同時期の韓国やトルコでの学生運動はありつつも、実際には一国単位で設定され展開されたことをどう評価するかということ。また、沖縄に対してもきちんと向き合っていなかったことをどう考えるのか、ということに関わってきます。

上野 あのときは反安保ですから、反米がキーワードなんです。反米で反安保で戦後的な錦の御旗であった「平和と民主主義」というものを担う大衆的な主体が安保闘争で登場したと見た、高畠通敏さんや清水幾太郎のような人々がいます。民衆か大衆か群衆か、という違いも現れましたが。

成田 主体としての「国民」ですね。

上野 なにしろ「国民会議」ですからね。

成田 「国民」が成立し、「国民」運動が展開したという認識ですね。安保闘争では象徴的な日付がいくつかありますが、そのうちのひとつをタイトルとした日高六郎編『一九六〇年五月一九日』(岩波新書、一九六〇年)は、基本的にこうした見方をしています。

上野　戦後啓蒙のキーワードであった平和と民主主義が借り物ではなくなったという、ある種の幻想が一瞬であれ構築されたんではないでしょうか。

岩崎　その幻想が構築されたときとは、同時に六月一五日のような時点を考えていらっしゃるわけですか。

成田　できたと思う人たちと、それが擬制であるという人たちの亀裂も同時に深まっていく契機にもなりましたね。谷川雁・吉本隆鯛・埴谷雄高らの論稿を集めた『民主主義の神話』（現代思潮社、一九六〇年）は、「擬制の終焉」（吉本隆明）をいい、前衛と民主主義の「神話」に対する批判を展開しました。

上野　でも戦後啓蒙派はパルタイに一番激しく対立した人たちですから。

岩崎　でも、戦後啓蒙とパルタイとは、さっきその親和性を問題にしたばかりではありませんか。むしろ、激しく対立したのは、政治的には安保ブントですし、パルタイの権威に抗しながら、違う可能性を見いだしたのは、戦後啓蒙にはもはや一括できないような叛逆的な精神だと思うのです。谷川雁とか、吉本隆明とか。その点は、戦後啓蒙の規範的拘束性が一番強かった歴史学ではどうだったのでしょうか、成田さん。

成田　「戦後歴史学」も国民的なうねりに強い共感を持ち、可能性の現実化を見てとり、そこから新しい歴史認識をもつ「民衆史研究」を紡ぎだしていきました。

上野　そうですね。民衆の発見という、ある種の自前の民主主義というか、土着の可能性の再発見ですね。それが民俗学者の桜井徳太郎さんの「結衆の原点」や色川さんの共同体論に結実しています。

成田　ですから、色川大吉『明治精神史』（黄河書房、一九六四年／岩波現代文庫、二〇〇八年）には、六〇年安保における民衆運動の高揚と、その後、「民衆」が高度経済成長の生活反革命にすっとはいっていくという、両方を見て書かれています。

安丸良夫『日本の近代化と民衆思想』（青木書店、一九七三年）は、この点をもっと明示して論を立てていますね。安丸さんは、戦後啓蒙としての丸山やライシャワーをはじめとする近代化論批判を展開し歴史分析の方法として「民衆思想史」を構想し、この書物を書きます。「民衆」の主体形成としての「通俗道徳」の実践が、日本の近代化を実現する主体的営為なり、同時にそれが天皇制を支える虚偽意識として呪縛の論理となりゆくという実に見事な分析でした。

六〇年安保を契機とする生活反革命を、「民衆」の主体的営為という観点から捉えるとともに、日本の近代化をそこから説明しなおし、近代日本批判の根拠を探る営みとしました。

岩崎　戦後啓蒙のアンチテーゼとしての民衆史という文脈はとてもよく分かりますね。

上野　国権に対する民権の主張とか、あるいは宮本常一さんが『忘れられた日本人』（未來社、一九六〇年／岩波文庫、一九八四年）の中でいっておられるような、談合民主主義のような自前の土着の民主主義が、借り物ではないものとして、日本の民衆の中にあったという、再発見というか再構築ですね。それは反米とも結びついています。

成田　柳田国男ブームも、このころのことではないですか。

上野　歴史学における民俗学の再発見、再評価が起きたのは民衆史の中からです。

成田　歴史学者は民俗学を補助学といっていたんですね（笑）。
上野　学問として認められていなかった民俗学に民衆史が接近していきました。
岩崎　政治学だったら神島二郎。

国民から大衆へ

上野　国民から民衆へという流れもありますが、一方で近代主義者、とくに社会学者の間には、国民から大衆へという流れがあります。大衆社会論そのものの出自はヨーロッパで四〇年代、アメリカで五〇年代なんですが、前者がマンハイムやフロム、後者がミルズやリースマンのような人たちです。五〇年代のアメリカは第二次世界大戦後、最も繁栄していて、しかも調和の時代で、その中でアメリカ大衆文化も花開き、アメリカン・ファミリーの神話も成立し、大衆社会論が登場する土壌が生まれました。五〇年代にアメリカで生まれた大衆社会論が六〇年代に日本に移植されましたが、その後、六〇年代の後半から七〇年代にかけて花開きます。社会史ふうにいうと、大衆社会論が言及対象とするような現象が日本の中で形成されつつあった。大衆社会論には、エリート主義的大衆社会論と反エリート主義的大衆社会論があります。前者はオルテガの『大衆の叛逆』（角川文庫、一九六七年／ちくま学芸文庫、一九九五年ほか）で、のちに西部邁の『大衆の病理』（ＮＨＫブックス、一九八七年）のような反動思想に引きつがれています。反エリート主義的大衆社会論が花開いたのは世界中でアメリカと日本だけです。後になってブルデューの『ディスタンクシオン』（原著一九七九年／藤原書店、一九九〇年）のような、階層の再生産の理論がフランスで生まれましたが、大衆社会という社会的現実がつかの間であれ、出現したと人々が信じたのはアメリカと日本だけですね。

岩崎　上野さんがおっしゃる反エリート主義的大衆社会論というのは、具体的にはどなたのことなのですか。

上野　リースマンの『孤独な群衆』（原著一九五〇年／みすず書房、一九六四年）やコーンハウザーの『大衆社会の政治』（原著一九五九年／東京創元社、一九六一年）がそうですが、日本では『新中間大衆の時代』（中央公論社、一九八四年／中公文庫、一九八七年）を書いた村上泰亮や公文俊平、佐藤誠三郎のような人たちです。この大衆社会論の眼目は無階級大衆社会論なんです。ダニエル・ベルは『脱工業社会の到来』（原著一九七三年／ダイヤモンド社、一九七五年）の中で「イデオロギーの終焉」を主張していますが、中間大衆論が対抗するのは階級史観ですから、六〇年代に繁栄のパイを分かちあうことで、すなわち一つの運命を分かちあう国民として大衆化した。国民の八割が中流意識をもち、階級の差がネグリジブルになった、という議論です。八〇年代からすでに大衆の分解とか小衆の登場とかいわれ、九〇年代には佐藤俊樹さんの『不平等社会日本』（中公新書、一九九一年）がベストセラーになりました。出てみれば今さら、という議論ではあります。八〇年代にすでに小沢雅子さんの『新階層消費の時代』（日本経済新聞社、一九八五年／朝日文庫、一九八九年）が登場していますから。短期間であれそう信じられた時代が現象したのですね。その担い手が社会学者と一部の経済学者でした。

成田　現在例えば松下圭一の大衆社会論を読み直してみると、明らかにマルクス主義と対抗するという形で議論を立てていますね。

上野　「無階級」というのがあくまでキーワードなんですね。

岩崎　でも松下圭一の文章を読んでみると、またマルクス主義の用語がいっぱい出てきます。ですから、今読むと、かえってマルクス主義のなかの議論のように見えてしまうほどです。それぐらい、かれの大衆社会論というのは、党と大衆に関する同時代の観念との緊張感を背後に背負っていたのでしょうか。

成田　マルクス主義の影響力が強くあるディシプリンのひとつは、歴史学ですね。国家形態論と社会運動論を両軸として、階級闘争論（七〇年代には人民闘争と言っていました）などが活発に展開され、元気がありました。「民衆史研究」と「戦後歴史学」との関係については微妙な点もありますが、安丸良夫『〈方法〉としての思想史』（校倉書房、一九九六年）などをみると、両者は親和的であり、安丸さんは西欧マルクス主義をも自らの方法的源泉のひとつとしています。いずれにせよ、歴史学から見ると大衆社会論は非歴史的に見えました。

それからまた、アジアについての発言が重要な位置をもつこともみのがせません。竹内好が一番活躍したのは五〇年代でしょうが、その後も中国論を挺子にしながら日本の近代を批判しています。『日本とアジア』（筑摩書房、一九六六年）に収められた「中国の近代と日本の近代」は、敗戦からしばらくしての論ですが、ヨーロッパ（西洋）と日本／中国との三極をにらんでの論で「日本文化の優秀さ」を、「ドレイとしての優秀さ」と言い切っていて、初めて読んだときに衝撃を受けました。

上野　日中国交回復が成り立つまでは、竹内を例外として戦後思想はあたかも中国が存在しないかのように扱ってきたわけですね。

成田　竹内は一貫して批判的言説を行い、ヨーロッパ（西洋）に抵抗する対立概念として「アジア」を定義し、そしてアジアの中に二つの近代のタイプ——つまり日本型と中国型ですね——を持ってきて日本の今を批判します。西洋／東洋と侵略／抵抗を、それぞれの自己形成との関連で組み合わせて語り、魯迅の暗さを、「呼び醒まされた」苦痛の状態に耐えているところに読み説いていきます。アジアの近代ということを考えるときに、竹内の議論は多くの示唆を与えてくれると思います。

竹内が問題にしようとしたことのひとつは、日本のナショナリズムをいかに歴史化するか、また、そこをふまえての変革の可能性をいかに追求するかということであったと思いますが、この時代は冷戦のまっただ中ですから、竹内の問題提起は、多くの反響を引き起こしました。

上野　冷戦構造のもとでは、保守派が親米を言うしかなかったというねじれがありましたから。

成田　親米というなかで、たくさんの人が登場しました。上野さんは、知識人にとってはアメリカ体験が躓きの石であり、多くの保守的言説を作っていく源泉になるんだと議論をされていますね。

上野　そうです。岸田秀さんの『ものぐさ精神分析』（青土社、一九七七年／中公文庫、一九八二年）の中の戦後日本の分析と似ているといえば似ているんですが、精神分析を使わなくても、多くの戦後男性知識人にとっては、アメリカ体験はトラウマでしたからね。

成田　上野さんが念頭においているひとりが、江藤淳ですね。江藤淳はアメリカに行くことによって「治者」になるという議論ですが、江藤淳の『成熟と喪失』（河出書房新社、一九七五年）の文庫本の解説（「『成熟と喪失』から三〇年」講談社文芸文庫、一九九三年）の中で、その流れを押さえた上で、（上野さんは）保守主義に転向しなかった二人の例外を出されています。一人が鶴見俊輔さん、もう一人が加藤典洋さんです。今でもそうお考えですか。

上野　『アメリカの影』（河出書房新社、一九八五年／講談社文芸文庫、二〇〇九年）で登場した時の加藤典洋は、ポスト江藤を名乗ってもいいような俊秀でした。

成田　アメリカ体験に関しても、アジアの関心に関しても冷戦構造が終わってからまた構造が変わったということですね。

上野　江藤も『成熟と喪失』から、八〇年代の『一九四六年憲法——その拘束』（文藝春秋、一九八〇年／文春文庫、一九九九年）の中での占領研究にいたって、右旋回しましたし、一人の思想家が同一性を保っているわけではありませんから、『アメリカの影』の加藤さんと、『敗戦後論』（講談社、一九九七年／ちくま文庫、二〇〇五年）の加藤さんにも変化があるのじゃないでしょうか。

成田　それからこの時期、六〇年代から七〇年代にかけて、日本のナショナリズムをヨーロッパ／アジア／日本の関係性のなかで考えようとしていた一人として司馬遼太郎を挙げることができると思います。司馬の『坂の上の雲』（文藝春秋、一九六八‐七二年／文春文庫、一九九九年）は六〇年代後半からの日本のナショナリズムを西洋列強との闘係で、半世紀前の歴史像として描いています。

司馬遼太郎は戦中派として戦後的価値を全面的に肯定し、戦後ナショナリズムの推移にともない、それぞれの段階でのナショナリズムを歴史像として提供していきます。司馬には、歴史・社会への批判的な意識はみられません。日露戦争後からアジア・太平洋戦争の時期に日本は迷走したが、戦後はその轍を踏まないとします。
戦後日本のナショナリズムを無限に肯定し、肯定的な戦後像をもち、そこから肯定的近代日本像を描いた作家でした。国民国家こそ構成的なものであるが、日本民族は実在するという認識をもっていることは、司馬を考えるうえでの論点になるでしょう。

上野 国民意識の形成ということで言うならば、六〇年代の高度成長は圧倒的に国民のプライドの回復をもたらしました。司馬遼太郎に対応する社会理論というと、梅棹忠夫さんの『文明の生態史観』(中央公論社、一九六七年/中公クラシックス、二〇〇二年)を忘れることができません。梅棹さんは日本文化論を文明論に転換しました。彼は、なぜ中国ではなく日本がアジアで唯一資本主義化に成功したかという問いを立て、違いを論理的に説明しようとしました。彼の生態史観は遡って戦前の大興安嶺探検から発想しています。その根っこにあるのは、帝国のまなざしです。日本の近代化を文明史的に位置づけたときに、ヨーロッパに比肩するだけの達成をしたんだという国民的プライドの理論的基礎づけをやってのけたんです。『文明の生態史観』の初出は一九六七年ですから早いですね。その中にあるのは、アジアに対する日本の優位という歴史意識です。

岩崎 「文明の生態史観序説」が出てきたのは、梅棹がちょうどいま問題になっているアフガニスタンあたりを数ヶ月も調査旅行して、その成果という形でなんですね。カブールあたりだとかを旅しながら、ユーラシア大陸の東の端と西の端の第一地域、その間にある第二地域を区別するわけですね。

成田 梅棹忠夫の議論は、階級を軸とするマルクス主義や、国民国家単位で議論を立てる戦後の歴史学とか社会学などの学（学知）へのアンチテーゼですね。

上野　いや、世界史の枠の中で日本という国家、民族、文明を普遍主義的概念の下に位置づけ直すという作業ですから、梅棹文明論は日本文化論よりはるかに野心的な国民文化論ですね。

岩崎　野心的ですか。ぼくは大風呂敷だと思いますが。

上野　もちろん大風呂敷ですが。それで文部省を動かして、ついに民族学博物館をつくりましたから（笑）。

成田　一九三〇年代には研究所がたくさん作られます。とくに、旧植民地では東亜研究所（一九三八年）をはじめ、台北帝国大学、京城帝国大学に多数の研究所がおかれます。そこが持っていた知的な資源が戦後、さまざまな知の生産に滑り込んでいますね。

戦後は戦前を切り捨て新たな出発をしたという文脈で語られるけれど、研究所で集められたさまざまな資料やノウハウが戦後の日本の知を生産したことは間違いないでしょう。戦後に作られた、千葉・佐倉の歴史民俗学博物館だって、戦中の国史舘構想の戦後における実現です。

上野　京都大学の人文研と民博は世界史の中に日本を位置づけるという野心を持っていたと思います。具体的にはアジアに対しては帝国のまなざし、西欧に対しては文開という概念の下で同格であるという自己主張でした。それはたんに戦前からの知の再生産のしくみということだけではなくて、五〇年代以降の奇跡の復興から生まれた国民的プライドの回復の産物だったと思います。ブラジルの勝ち組と負け組の間で抗争がありましたが、勝ち組が戦後日本を訪れて、オレたちはやっぱり正しかった、勝ってなければあんなに繁栄しているはずがない、と言ったそうです（笑）。

成田　ただ、人文研の場合も、対外的な中心人物は桑原武夫ですし、桑原がおこなった学際的共同研究が評価される訳でしょう。『ルソー研究』（岩波書店、一九五一年）や『文学理論の研究』（岩波書店、一九六七年）などです。

上野　桑原さんがやったのは、ヨーロッパを非西欧社会と同じ民族学の視点で見ようということですね。ヨーロッパ探検です。

成田　でも、人文研での組織的な中心は東方部ですね。そこは戦前からの連続ですね。

上野　しかし東方部は戦後は華々しい活躍はしていません。人文研といえばやはり桑原さんですね。

原点が存在する？

上野　六〇年安保の話に戻りましょうか。『擬制の終焉』（現代思潮社、一九六二年）の吉本隆明と『工作者宣言』（現代思潮社、一九六三年）の谷川雁についてまだ語っていません。

岩崎　いまでは読まれなくなったひとですが、ある時期までのひとたちにとって、吉本に匹敵するような神話的な存在でもあったのが谷川雁ですね。上野さんが谷川をどう読んできたのか、伺えるといいのですが。あわせて森崎和江についても。

上野　わたしにとっての谷川雁は五八年の三井・三池闘争の大正行動隊と、森崎さんとの関係が主ですから、底辺女性史とリブの時に話しましょう。

岩崎　六〇年安保について、さきほど平和と民主主義が、そして国民という主体が、ある現実性を持ったかのような時期だったというお話がありましたね。そして、そこから民衆史に話が転じていったのですが、どうもその話には賛成できませんでした。国民会議による安保闘争の総括に対して、安保ブントによる総括があります。どっちがいいということではなくて、そもそも国民的闘争としての六〇安保ということ自体が幻想であり、擬制の遂行が同時にその擬制の終焉でありました。安保ブントは闘争の渦中で解体してしまうのですが、マルクス主義のなかでは、新左翼が組織論的に敗北の「経験」を簒奪し、一定の吸定力をもつようになります。しかし、これは戦後主体性論争の隘路から直結して出てくるような危うい心性です。

ところで、あたりまえのことかもしれないけれど、知識人と大衆という対立、前衛党と大衆という対立が、戦後思想のなかでは一貫したアポリアとして存在し続けていて、それは繰り返し試みられてきたこれまでの戦後思想の総括のなかでは、重要な問題であったわけですが、それが逆に今日ではまともに取り上げられる機会のない論点になってしまっています。知識人と大衆という問題を、どれだけいまの学生が笑わないで話すことができるか、ですね。しかし、これが少なくとも六〇年代までは非常に重要な主題でした。このことをもう一度思い出してみたいと思います。

市民社会派はそもそも知識人であり、啓蒙する側ですね。またマルクス主義が前衛の理論であるのは当然です。そういう一方の極に対して、さきほどお二人が指摘してくださった柳田学のブームがある。あるいは宮本常一の『忘れられた日本人』の世界があるわけです。この二つの極のなかで引き裂かれてあることが、現実を思考する人間にとってのまずは回避できない出発点であった。谷川雁の『工作者宣言』にしても、それは知識人でもなければ、民衆でもない存在として工作者という概念を出しています。「大衆に向かっては知識人の言語と思想をもって妥協せずに語る、知識人に向かっては、大衆の言語と思想で語る、という双頭の怪物となった工作者の群像」ですね。ここにも、底なし沼みたいに必ず足をとられる深い轍がある。もっとも、「工作者」が何であるのかについては、実は谷川雁が定義しているのではなく、そのかれが常に戯れるみたいにからんでいた相手でもある鶴見俊輔が定義しているのです。『戦後日本の思想』のなかで。というか、谷川に定義させられているのかな。

上野　工作というのは山村工作隊の「工作」でもありますよね。

岩崎　そうです。それは大事なことだと思います。谷川は非常に魅力的なレトリカーですし、ぼくみたいに後からきた春が軽々に言うと腹を立てるひとがきっといると思うのだけれど、この「工作者」が労働という行為モデルによって描かれる政治的人間であり、そこにある範型はテクノロジーのそれであることを問題にしておいてもいいと思うのです。「工作者」という引き裂かれた「怪物」の傷みは「理解」するけれど、少なくとも、それを想像はしてみるけれど、物を技術的に処理する言語で語られることで招き寄せた思考様式についても忘れるべきではないと思います。それによって失われるものがあったのではないか。ここでもぼくは、いかに「しゃらくさい」と言われても、谷川の「工作者」とハンナ・アーレントの『人間の条件』とをつきあわせたい。亡命ドイツ人は、そういう形で全体主義の政治に対する射程距離のながい批判を可能にしたのです。工作者はどこまで遠くに行けたか、ということですね。

ともあれ、民衆か人民かは分からないけど、そういう存在と知識人との関係をつねに考えていて、その緊迫した関係を抱えこまざるをえないということが、六〇年代までのほとんどあらゆる戦後知識人の宿命としてあるわけですね。森崎にしても谷川にしても。

上野 雁さんは何と言ってもエリートですもの。

岩崎 それはそうです。「秀才とうたいはやされて一〇年／故郷の竈は今日もいわしを焼くか」ですからね。でもそんなことは言ったってしかたがない。かれが自分の存在にあたえるかろうじての意義はあらゆる意味での惰性的権威に対する「厄介な妨害者である」ことだと言います。こうした屈折した感覚というのは、かつては当たり前のことでもあったのだけれど、それがどうしてこうも忘れられてしまったのか。無効になってしまったのかな、と思うのです。

成田 『工作者宣言』は、啓蒙に対する批判的な在り方、あるいはオルタナティブを探る試みだったと思います。思想の科学研究会編『共同研究　集団』（平凡社）が刊行されたのは一九七六年のことですが、一九五〇年代にはたくさんのサークルが作られて、谷川雁もそれらを束ねるべく「サークル村」を名乗るわけですね。時期的には、一九五八年とサークルの衰退期になっていますが。

サークルはリジッドな組織ではなくて、運営のやり方や指導と被指導の関係を考え直す概念にもとづき形成・運営されています。谷川雁は「集団の意味」を追求して「サークル村」を形成するのですが、あきらかに文化運動＝創造を意図していました。谷川の発想としては、生活記録運動として展開されるサークル運動と通底するものがあると思うのです。生活記録を綴る鶴見和子の運動をはじめ、たくさんのサークルが五〇年代に運動として興隆していきました。

上野 民衆的な綴り方に価値を見いだし与えていったのはエリートたちに他なりませんでした。

成田　そこが難しいところで、鶴見和子が試みたのは、女工や戦争経験者たちを書き手とし、彼女たちを当事者として自覚させていくことでした。そこでの鶴見の役割は、彼女たちのいくつもの論集を作成し、あるいは援助することでした、鶴見和子編『エンピツをにぎる主婦』(毎日新聞社、一九五四年）や木下順二・鶴見編『母の歴史』(河出新書、一九五四年）などがその代表的なものです。

しかし、ここからやっかいな議論がおこります。鶴見は、当事者の記述の価値を考えます。たとえば、木下順二とか野間宏は、生活記録運動に対するシンパですが、生活記録は「文学」たりうるかというとき、それにはノンとはっきり言います。つまり、文学は文学としての技巧や作法があり、当事者が当事者として書いた生活記録とは別次元の価値をもつ。それ自身では文学にならないのだというのです。

上野　文学にも歴史にもならない、ということですね。

岩崎　そして、悪い社会学者と悪い歴史家に簒奪されたりする(笑)。

成田　はい(笑)。それに対して中学生の詩・作文集である『山びこ学校』(青銅社、一九五一年）を刊行した無着成恭らは、いや書くこと自身に意義があるんだといい、木下・野間と無着の両極を、鶴見が何とか理論化しようともがいています。生活記録運動—生活綴方をめぐってはこうした。議論が展開されています。ここには、さらに当事者とは誰か、という次元の問題もはらまれてきますね。

岩崎　『工作者宣言』の中には、そんなに簡単にエリートかどうかでは片づかない問題がある。あれはインテリ批判ですから。それに谷川がしつこく絡む相手が、戦後思想の最良の反省的媒介者のひとりであった、当事の東大助教授、日高六郎ですね。それにさっき挙げた鶴見俊輔。鶴見俊輔というひとは、実は考えてみると実に奇妙な存在です。谷川が最初に「工作者の論理」という文章を書いているのは、『思想の科学』の創刊号なんですね。絡まれる対象であると同時に受け皿になっています。鶴見という存在は……。

上野 工作者ですね（笑）。六〇年代の『思想の科学』は媒体である以上に運動でした。その点では鶴見さんは稀代の編集長であるだけでなく、オルガナイザーでした。大衆が自らの言葉で語ることをエンカレッジし、プロデュースしていった。その中で佐藤忠男さんのような独学の映画評論家も育っていきます。彼の大衆賛美は、やがてガキデカ文化論に見るような過剰なまでの傾きを持ちます。フェミニズムも、そういう「女子どもの思想」として支持を与えられたという感じがします。

岩崎 他方で、吉本の「大衆の幻像」があり、ヴ・ナロードの幻想をあばき立てていくわけですね。

岩崎 一方で藤田省三は、知識人には知識人の言葉で語り、大衆には大衆の言葉で語ればいいんだ、と谷川雁を批判しますが、そこをまた谷川が反批判する。そうしたやりとりが真剣に行われているのだけれど、それがやがてどうでもよくなってしまう。皮肉なことにエリート以外の人が実際に語り始めたときに、しかも民衆として語り始めるのではなく、疑似インテリというか、亜インテリとして、あるいはなんでもない大衆として語り始めるときに、戦後啓蒙のポテンシャルは目に見えて落ちてしまって、結局大衆社会になるわけですね。

上野 反「党」でもあります。

岩崎 そうですね。『工作者宣言』の語彙は、反党フラクション的にしても、党活動家のものです。

『工作者宣言』では、谷川のレトリックの切り口に戦慄させられるかと思うと、日高に酔っぱらいみたいにからんだり、闘争報告そのもののような文章だったり。そして、党というか、運動の形式への依存はずっと残っている。

上野　思想のラディカリズムの系譜で考えると、谷川雁が属するのはもちろんマイノリティの系譜ですが、戦後の平和と民主主義が国民的な規模で現実化すると思われた一瞬に、六〇年安保ででてきたのは、借り物としてのポツダム民主主義に対する批判でもありました。

岩崎　国民的主体の幻想が曲がりなりにも現実化すると思われた一瞬というのは、どこにも存在しなかったと思いますよ。六・一五の行動は、そうした幻想が不可能であるということを示した点に唯一の意味があったのではないでしょうか。それを直接民主主義的行動によって遂行的に証明したのですね。

上野　そこで直接民主主義というキーワードがでましたね。そこから直接行動というラディカリズムが出てきました。

岩崎　直接民主主義というのは語弊がありますか。衝突の形態でラディカルになるということはいつだって、どこだって、シチュエーション次第で起こりうることです。そのことを評価しても仕方がありません。

上野　いやそうではなくて、五八年の三井・三池争議の中で生まれた大正行動隊の行動原理が体現するような政治の理念を、わたしは直接民主主義と呼んでいます。「やりたい人がやる、やりたくない人はやらない」「やりたい人はやりたくない人を強制しない」「やりたくない人はやりたい人の足を引っ張らない」という、実に簡明で、しかし考えぬかれた三原則からなる行動原理です。暴力的な衝突だけなら、五二年の血のメーデー事件など、五〇年代の労働紛争の中では珍しくありませんでした。この直接民主主義の理念は、後にベ平連にひきつがれていきます。一方で国民政党という形で共産党が変質していくときに、戦後的な政治の枠継みである代議制民主主義を受け入れていきました。その枠組みが、押しつけられたポツダム民主主義に他ならなかったということが、明示的になったのが六〇年安保ですね。

岩崎　六〇年安保が党、工作者、大衆の関係の緊張を生きなくては何も考えることができなかったのに対して、そうしたこと自体がさらになお多くの前提を無自覚に抱えているのじゃないかということを衝いてきたのが、全共闘運動を含めた六〇年代後半から七〇年代にかけての青年叛乱ですね。世代としては、上野さんたちご自身です。ポツダム民主主義粉砕ということが、繰り返し叫ばれていましたね。

上野　確かにポツダム民主主義粉砕は言いました。家族帝国主義粉砕も言いました。

岩崎　上野さんが最初にデモにでたのはいつですか。

上野　六七年秋の京大の山崎博昭君追悼デモです。彼はわたしの同期生でした。わかりやすい話でしょ。何で突然そんな個人的な話を聞くんです？

岩崎　えへへ。意表をつければ、ポロっとしゃべってくださるんじゃないかと。

成田　六〇年安保と七〇年安保のあいだには、断絶がありますね。六〇年安保のときにはいわば「国民」の成立の瞬間があり、六八年は「知性の反乱」であると同時に、「知」に対する批戦も内包した問いが出され、「反近代」という標語も使われました。今から見ると「反近代」と言うよりも、「この近代」、つまり日本の近代のあり方に力点が置かれていたように思いますが。
科学技術に対する批判も提出されましたが、この時は、公害を生み出さないような近代化のあり方もあるのではないかという論も含みながらの問題提起でした。

上野 もうひとつ忘れてはならないのは、六〇年代は対抗文化運動の時代だったということです。対抗文化運動の中で直接民主主義を戦術化したのがベ平連でした。その中から近代への対抗的価値が生まれてきました。つまり六〇年代と言うのは一方で日本における近代の大衆的な完成であったと同時に、それに対する批判もまた、一挙に噴出してきた時代です。反公害、住民闘争、地域闘争、女性運動、環境保護等、その流れが全共闘運動と共に高まりを見せ、学生運動が解体した後に噴出したという感じです。

成田 ちょっと文脈がずれますが、六〇年安保で「国民」というものが焦点化されたとすると、七〇年安保のときに焦点化されたのは「市民」だった。ベ平連は「ベトナムに平和を！　市民連合」の略称ですが、「市民」を謳うのですね。先ほどの谷川雁の話と重なりますが、ベ平連は従来の運動の組織、形態のあり方を考え直し、前衛／大衆モデルに代わり、自立した市民による自由な連合・自主的な運動を提起し、あらたに自己教育運動とするのですね。組織—運動体としての規約も会員・役員もおかず、運動目標のみをかかげ、出入り自由。こうした運動が出てきたということの意味は大きいです。新しい社会運動と言えるのでしょうが、ベ平連を呼び水として、さまざまな、多様な運動が起こってきます。女性の運動もここに起源をもつものがあったと思います。女性も

「市民」の一人として取りあえずは入ったということです。

上野　ただちにそれに挫折させられたわけです。女が市民の中に数えられていなかったことを、直ちに発見したんです。

成田　そうですね。つまり「国民」という幻想が直ちに亀裂を生んだように、「市民」もやはりひとつの幻想だということが見えてくる。男性原理や近代の価値――すなわち現時の秩序を構成している要素を前提とした概念ですから。

岩崎　「女性」として主体化される存在が、実は「市民」からも排除されていたという問題を明らかにするのに、そこまで待つ必要があるんでしょうか。「市民」に女性が入っていないというのは、それこそ戦後初期の市民社会派から言われなければいけない。江原由美子さんが書いていたと思いますが、丸山眞男が『超国家主義の論理と心理』において、天皇制の権力構造を「抑圧の委譲」という風に一般化したとき、それは軍のエリートの上下関係も、「従軍慰安婦」とされたひとたちに対する将兵の態度も、同じものとして類型化されてしまうわけですね。丸山政治学にはジェンダーは出てこない。たしかに、新左翼の運動にもジェンダーへの無自覚さというのは顕著に現れてきます。解放の主体が階級であり、性差は二次的な指標とされているわけですから、それは当然といえば当然なんですが、べ平連と言うのはその点では、比較的緩やかで、多元的ですね。もっとも、だからこそ、そこに問いとして問題を出すことが可能になったとも言えるのですが。

上野　戦前のフェミニストが女性を「国民」の中に統合することを悲願としたように、戦後、とりわけ六〇年安保の中では、「声なき声の会」の女性たちやべ平連に参加した女性の中には、女もまた「市民」でありうることに期待を持った人たちがいたのじゃないでしょうか。戦略戦術という際に、戦術が戦略を規定するということもあるでしょう。それまでの組合運動、つまり対決型の組合運動や急進的な街頭闘争は非日常でした。ベ平連の戦術は日常なんです。今でも覚えていますが、画期的だったのは、赤ん坊を連れてデモに出る人がいました。当時は非常識でした。当時、五木寛之と誰だったかの対談で、子どもを連れてデモに出るなんて反体制運動も堕落したもんだという発言がありました。突出した非日常の革命運動を記憶している世代です。彼らは「あの当時は」と五〇年代を回顧して「女の革命家は避妊手術をして闘争に身を投げうったものだ」と。避妊手術というのは自らの女性性を否定したということです。いわば未来に対する投企として現在を犠牲にするというパルタイへの献身が、非日常的な戦術の中にはありました。

岩崎　それ、誰が言ったんですか。廣松さん？

上野　わたしはそれを六〇年代にどこかの媒体で読んで頭に血がのぼった記憶があります。どこで読んだか定かではありませんが。ベ平連の戦術は、戦術を日常化したということだと思うんです。日常をそのまま街頭に持っていく。やがて日常をそのまま戦場にしたのがリブとフェミニズムでした。

　ところが全共闘になると、いわば生活の拠点そのものを運動の場にしていったわけですから、そこで何をやっているかと言うと、要するにメシ喰ってクソしてセックスしていたわけです。もはや街頭ですらない。その後に、日常がそのまま闘争の場になっていったのが、リブだと思います。運動が非日常から日常へとシフトした。そのことの持っていた運動史的な意味はものすごく大きいと思います。非日常なら前衛と大衆という図式は成り立ちますが、日常になったらそうはいきません。から（笑）。

岩崎 前衛を気取っている新左翼にだって日常ってあるんですよ。非日常だけじゃ生きていけないから（笑）。その中で性的抑圧や家父長制は、反体制を標榜しているだけにものすごくたちの悪い形で出てきますが。

上野 その通りですね。「共産党、家に帰れば天皇制」でしたから。ところで六〇年代の対抗文化運動の中から近代批判が出てきました。さっき成田さんが言いたかったことはこういうことだと思うんですが、六〇年代の成長したパイの分配による国民的共同性の成立ということに関して言うと、それは朝鮮戦争や戦後補償の先送りの上にのっかった繁栄でしたから、日本の近代化のシナリオにそれ以外のオルタナティブがあったではないかという異議申し立てが同時に登場しました。ちょうど明治維新百年にひっかかっていましたから、民権百年のような問い直しも生まれました。

成田 「自由民権百年」は一九八一年から三回の全国集会がもたれるわけで、時期的にはもう少し後ですね。六八年のときに言われたのは、「もうひとつの維新」でした。つまり政府が翼賛するような明治維新百年（＝明治百年祭）ではなくて、「民衆」にとっての維新とは何だったのかを問おうとしました。「民衆史研究」をふくめた戦後の歴史家の問題意識のひとつは、上野さんの言われるとおり、ここにあったといえます。

上野 それを自生的な近代化の過程に探ろうという動きが一方で起きました。七二年に鶴見和子さんと市井三郎さんが編集された『思想の冒険』（筑摩書房、一九七四年）が出ました。あの中に桜井徳太郎さんと色川大吉さんが入っています。『思想の冒険』グループは、その後、色川さんを中心として水俣に入り、『水俣の啓示』（筑摩書房、一九八三年）を生みました。あの『思想の冒険』はわたしには非常にインパクトがあった。成田さん流にいえばもうひとつの近代、もうひとつの日本を在らしめるための思想の冒険でした。いわば系譜学的に、遡及的に再発見されたもうひとつの可能性だったと言えるかと思います。

成田 つまり共同体から自立した個人が担う近代を、ヨーロッパモデルの近代とし、従来はこのモデルからの逸脱として日本を考察していた——このようにこれまでの近代日本をめぐっての議論を整理したうえで、土着の近代、あるいは「日本」に根ざす近代のありようを探ろうとしたのですね。

共同体の見直しがいわれ、共同体からの変革の可能性がいわれました。守田志郎『日本の村』（朝日選書、一九七八年）も共同体を見直すという著作です。上野さんが言われたように日本的な近代、日本の近代の可能性をそこに探ろうとしたのですね。

上野 七〇年代には柳田ルネサンスも起きますね。

成田 そうですね。柳田国男が出てくる文脈はふたつある、ひとつは運動の背後にどのような日常があるのかという関心。ベ平連が日常を問題にしたということと重なる問題関心があって、人々は運動だけをしているのではなくて、その背後にある日常——それがどのようなものであるかを探ろうという問題意識でした。

もうひとつは、運動が挫折したという気持ちがあったこと。社会運動の挫折のときには、いわば一種の転向として民俗に回帰するという現象がしばしばみられますが、七〇年代初頭もそのひとつの傍でした。柳田ルネサンスというのはアンビバレントな要素を含んでいると言えます。

ただ、その中から柳田国男の祖述ではなくて、柳田を思想として読み解こうという試みが出てくる。宮田登や後藤総一郎の仕事は柳田研究にとり、画期をもたらすものだったと思います。

吉本隆明と転向論

成田　吉本隆明についての言及も必要ではないですか。

岩崎　吉本隆明をどう位置づけるのかは難しいですね。吉本について一家言もっているファンはたくさんいますし、とくに出版やメディアには、幹部連中のなかにまでかつての、というか現役の吉本主義者がずいぶんいますね。『芸術的抵抗と挫折』（未來社、一九五九年）の吉本から『言語にとって美とはなにか』（勁草書房、一九六五年）の吉本まで、どこから考えていいのか困ってしまうのですが、さっきまで議論してきたことでいうと、かれの「転向論」（一九五八年）は、市民社会派と共産党の両方にある非転向と転向との非連続性神話といいますか、主体性の神話を壊すものでした。

成田　吉本は、戦争責任の追及の仕方に対する批判、すなわち戦後啓蒙をふくむ戦後思想への批判を掲げて登場してくる。つまり戦争責任を論ずるときにイデオロギーや外来の思想の尺度ではなく、思想の原理から問いなおし、そのために「大衆の原像」に軸足を起きます。このことは、前衛やその立場からの戦争責任追究、政治の把握への批判となりますが、吉本のこのスタンスは絶えざる批判派としての役割を果たすこととなりました。同時に吉本は「下部構造」で事態を説明＝決定するのではなくて、言語とか共同幻想とかという「上部構造」の独自の役割に注目し、『共同幻想論』

（河出書房新社、一九六八年／角川文庫、一九八二年）や『言語にとって美とはなにか』を著します。下部構造と上部溝造という言葉をつかうと単純化されてしまうけれども、マルクス主義が活力をもっていたときに、経済決定論とならない思想の方法を探るという仕事だった。これはいままでの戦後思想の流れからみると重要な展開だったと言えます。

岩崎　マルクス主義の脈絡では、客観主義的な歴史像、もっとありていに言えばスターリン主義の批判でしたね。

上野　そうですね。

岩崎　教条的マルクス主義に対する批判。

成田　吉本はファシズムとスターリン主義の両方を並べて批判するというスタイルを取っていましたね。

岩崎　『転向論』が、そのものとしては主体性論からつながっているところがあると言いました。主体性論というのは議論の立て方からして、最初から袋小路に入るように出来ていた。ある歴史的必然性の説明によっては説明されない主体性の問題、けっきょくは本質存在じゃない現実存在の問題なんですが、それをどう掴むのかということがせいぜいです。また、頑張れるか、頑張れないかとか、自分がどれだけ自分の内面的な核心をつかめるかという話に収束するだけのことです。

上野　結果論なんですよね。がんばったら主体性があったことになって、がんばらなかったら主体性がなかったことになるのよ（笑）。

岩崎　『転向論』はその主体性論の隘路を突いています。だからこそ、形式的に転向しているのかどうかというのではないところを問題にした。無意味な、大衆に触れることのない非転向というのがある。他方、転向することによって、その問題の所在に気がつくという認識の展開もありうる。そのことが大衆の原像という問題を開いて行ったし、教条マルクス主義が振り回す形式的な倫理性に対する批判として、問題をずっと豊かにしたと思います。

成田　いま言われた主体と動員に関しては知のレベルだけではなくて、運動に即してもみられます。戦時中に、女性たちが動員されて貯蓄奨励や金属供出などの運動がおこなわれます。ここではあらかじめ目標を設定し、県から市、町村、区とそれをおろし、それに従って動員された主体としての女性が実践したという構造となっています。それが、戦後にまったく同じように展開するんですね。たとえば赤い羽根募金運動。町内会が中心になってこの地域ではこれだけ集めようと目標が設定され、女性たちが動員され実践していく。

上野　赤い羽根どころじゃないですよ。五〇年代を席巻したのは、農村婦人会を中心とした生活改善運動です。戦時下における節約の奨励などと、戦後における生活改善や合理化運動は、方向は違うけれども、実のところ組織的にも実践的にも同型の構造のもとに行われています。

日本の女性運動の陥穽は、五〇年代にあります。フェミニズムをいかに定義するかと言うと、第一の条件は、女性による自律的な運動であることです。女がいくら参加していても、男女が混在していて男がリーダーシップを取っている場合、たとえば環境運動とか住民闘争とかは女性運動とは呼びません。戦後史の中ではヨーロッパなどすべての先進諸国を通じて、日本は自律的な女性運動が非常に高揚したところです。これが五〇年代の消費者運動と平和運動ですが、これをフェミニズムとは呼びません。五〇年代にあれだけ広がった女性運動の規模とくらべると、フェミニズムとのちになって呼ばれる運動は、どちらかといえば少数派の運動にすぎません。女性運動の第二の条件は、性役割の問い返しということですが、五〇年代の女性運動は「妻として母として主婦として」の名のもとに女性を動員しました。だからこそ森崎和江さんが個人通信である『無名通信』創刊号（一九五九年）の中で「母・妻・主婦・婦人・娘・処女」などの「女にかぶされている呼び名を返上し、無名にかえりたい」と言ったことが重要なのです。女性が担い手になった運動というだけでは、フェミニズムと呼ぶのにじゅうぶんではない。五〇年代の女性運動は大きな組織力とパワーを持っていましたが、これをどう評価するかは日本のフェミニズム史のなかでは課題としてまだ解かれていないとわたしは思っています。それは同時に、五〇年代の女性運動の担い手が、戦前からの連続性を持っていたというフェミニストの戦後責任の問題ともつながります。

六〇年代の後半になって、全共闘運動が前衛と大衆図式を崩していきました。進学率の上昇のなかで、大学生はもはやエリートではなく、みずからが大衆だと認識していました。全共闘運動は大衆闘争だとして、学園という自分たちの本拠地そのものを運動の場にしていった。

ところがその中でも、女の居場所はどこにもありませんでした。全共闘運動の中から自己否定と並んで出てきたふたつのスローガン、ひとつはポツダム民主主義粉砕、もうひとつは家族帝国主義粉砕でしたが、この二つはあとになって忘れ去られたような気がします。

成田　そう、新生活運動は女性の主体的参加によって、生活改善を促す運動でした。

六八年世代と戦争責任論

岩崎　上野さん、家族帝国主義粉砕というのはあまりピンとこないし、それほど見かけないんですが、どういうことですか。

上野　とんでもありませんよ。当時はずいぶん言われていました。後になって全共闘世代が近代家族を形成していく中で、忘れ去られたというか、忘れ去る理由があって忘れられたんだと思います。ポツダム民主主義粉砕に関して言うと、全共闘運動の担い手たちは、かれら自身が戦後民主主義の産物だったと言う自意識を持っています。あの当時山田宗睦さんの『危険な思想家』（光文社カッパブックス、一九六五年）という本がありましたが、戦後民主主義に対する批判的な再検討が行われつつある時に、虚妄としての戦後民主主義の産物であるわれわれは存在自体が虚妄なのかという、戦後派世代のある種の開き直りと、そのうえでこんなオレたちに誰がしたという戦前の世代に関する責任追求が始まりました。先進諸国のうち学生闘争が起きたあらゆる社会で、学生闘争は戦中派世代と戦後世代との世代間対立の要素を持っています。学生闘争は戦中派の戦争責任を通じて戦後的な枠組みそのものを批判的に問うていたんです。

岩崎　ちょっと疑問に思うんですが、ドイツと比較してみますと、たしかにドイツでは明示的にそうですよね。おじいさんたちが何をやっていたのか、お父さんが何を見たのかを問いただしていた。

上野　直接的には父親ですよね。

岩崎　男たちだけでなく、「父の国の母たち」のこともね。ただ、日本の場合には、あの青年叛乱の時期に、明示的に戦争責任の問題を課題に据えているようにはあまり見えないんですね。

上野　フォークソングの中で出てきた反戦歌はいろいろありました。もちろんベトナムが絡んでいますけれども、それに先立つべ平連を考えると、これは彼らの戦争ではなくわれわれの戦争だという自覚があったからこそべ平連という運動が日本の中で広がりを持ったのでしょう。「内なるベトナム」という言い方もありましたからね。ベトナム戦争が全共闘運動に落とした影は非常に大きいですから、全共闘運動は反戦運動でもありました。ドイツと比べればきわめて不徹底で軟弱な形ではあったかもしれませんが、「戦争を知らない子どもたち」の戦中派に対する戦争責任の追及と戦後的な枠組みに対する批判が、ポツダム民主主義粉砕というスローガンの中にはあったと思います。

岩崎　戦後的枠組みに対する批判はもちろんです。それからベトナム戦争に対するアンチテーゼであったことも明らかです。でも「先進資本主義国」の学生反乱、青年反乱というのは、みなそういう特徴を持っていた。ぼくが確認したいのは、それに加えて、あのとき日本において戦争資任の問題を主題化出来ていたのかどうかということです。ちょうど九〇年代に争点になるような形のあいう問題を、提示できていたのかどうか。わだつみの像は破壊されているわけですから、戦争の死者をめぐる「喪の仕事」のあり方が取り上げられてはいたはずなんですが、そのことがあくまで遂行されていたのか、最後まで考え通されていたのかどうか。

上野　日本における全共闘運動の限界と言ってもかまいませんが、それ以前にむしろ戦後日本という地政学的な文脈そのものが、敗戦後ドイツのような責任追及の道を歩んで来ませんでした。六五年時点で日韓条約が締結され、侵略の責任を不問に付すような形で冷戦下のアメリカの極東戦略の一翼を担ってきたことのツケを、戦後世代もまた背負っていたというしかありません。戦後日本の地政学的な限界を全共闘もまた共有していたと見るべきで、全共闘だけの限界であったとは言えないと思います。

岩崎　当事者としての述懐ですね。

成田　ただ、日本の全共闘＝学生たちは担わなかったけれども、七〇年前後から戦争責任の問題があらためて問われ、その議論の仕方は大きく変わってきますよね。つまり、今までは「被害者としてのわれわれ」という位置付けで議論がされ、責任の主体を外部に設定していました。それに対し「加害者としてのわれわれ」という文脈が七〇年前後から入り込んでくる。戦争責任をもつ主体としての「われわれ」という位置づけですね。多くの仕事が出されました。

女たちの現在《いま》を問う会議『銃後史ノート』（女たちの現在を問う会、一九七七－八五年）やそれを主宰した加納実紀代さんの仕事は加害者としての女性を実証的に論じました。また南京大虐殺をめぐって本多勝一の『中国の旅』（朝日新聞社、一九七二年）が出され、細菌部隊（七三一部隊）や毒ガスの使用、朝鮮人強制連行についての朴慶植『朝鮮人強制連行の記録』（未來社、一九六五年）が刊行されました。

こうしたなかでの歴史家の仕事としては、家永三郎『太平洋戦争』（岩波書店、一九六八年／岩波現代文庫、二〇〇二年）をあげることができると思います。これらは、戦争責任の議論にもとづいた現状批判で、自らの加害性を不問にしてきた戦後的な枠組みへの批判の契機がみられます。

上野　当時ドイツにエンツェンスベルガーの『何よりだめなドイツ』（原著一九八八年／晶文社、一九六七年）という本が出てきましたが、こんな日本に誰がしたという世代的な責任を問責するという姿勢はあったと思います。

岩崎　もちろん、それはあったと思うんです。こだわっているのは、当事者の世代の上野さんをいじめたいからではなくて、よく考えてみると、たしかにどうして植民地支配責任や戦争責任の問題が正面から問題として立たなかったのかなという奇妙な感じがあるんです。スタイルとしてのラディカリズムが免罪機能を果たしてしまったのか。

上野　たしかにそうですね。ドイツでは世代間対決から「過去の清算」へと政治が動き、それを現実化する政治的な勢力として「緑の党」が生まれ影響力を持ちましたからね。七〇年世代以前にはドイツの戦争責任問題はできれば「忘れたい過去」で、それもくり返しバックラッシュと闘わなければつねに押し流されるという状況のもとにありましたから。

岩崎　成田さんが言われたように七〇年代に戦争責任を別様に語り出すような試みはあったにしても、七二年に沖縄返還があります。それに先立つ六五年の日韓条約は、そもそも戦争責任の問題そのものです。それからずっと七二年の沖縄まで、韓国、中国、そして沖縄という、それこそ一五年戦争の帰責の問題を主題化しなければ解けないという情況だったにもかかわらず、どうしてそれが、明示的に問題として立てられてこなかったのかな。それであとになって華青闘告発が起きている。

上野　それを言うなら、七〇年代だけでなく戦後日本がずっとそうだったというしかないでしょう。

岩崎　どうしてそういうふうになってきたのかということは、考えておいていいと思うんです。

上野　問いを立てたわけですから、ご自分ではどう答を出されます？

岩崎　いくつかあると思うんです。ひとつは、既にその時期に市民社会派はトーンダウンして、パワーが落ちていたと思うんだけれども、やはり戦後啓蒙の中に最初から含まれていた問題点。戦後啓蒙が暗黙のナショナリズムを抱えていただけでなく、アジアをすっかり消去した上で始まっていたということ。そのことを全然主題化できないでいた。戦後啓蒙に対するアンチテーゼを掲げた世代の反乱もまた、そのことに対して、正面から衝かなかっただけでなく、むしろどこを争ったかというと、ラジカリズムの度合いを争っちゃった。つまり、ポツダム民主主義批判というのは、デモクラシー批判だったと思うんです。ポツダム宣言以後の政治体制がアジアをどういうふうに消去したかという問題ではなくて、欺瞞的な戦後民主主義、そしてアメリカへの従属という部分を否定する。そうすると、それに対してどういうふうに対応するかというと、直接民主主義や直接行動のラジカルさの比べっこで対応した。そこのところでは戦争責任の問題を立てていく要件がまだ満たされていない。

上野　おっしゃる通りです。全体的な総括としては、今、岩崎さんがおっしゃった通りで間違いではないと思いますが、それでもその中に、断片的でかつ散発的な形であった萌芽を、全く見逃すと不公平だと思うのは、日本におけるフェミニズムの、「慰安婦」問題に対する最も初期の言及が一九七〇年のリブの記念碑的なマニフェスト、田中美津さんの「便所からの解放」の中にすでにありますし、沖縄もあの当時のリブの中に深い影を落としています。沖縄に渡ってホステスをやりながら黒人兵の子を宿して生んだという武田美由紀さんのドキュメンタリーが、原田一男監督の『極私的エロス　一九七二』です。まったくなかったとは言えないということは、注として言っておく必要があると思います。

岩崎　新川明さんの『反国家の兇区』（現代評論社、一九七一年）も、沖縄をめぐる祖国復帰運動が抱えているある頽廃というか、自堕落なもの、ある暗黙のナショナリズムに対する強烈な異議申し立てだったわけですね。しかもそれは、単純な独立論などではない。それなりの現実的な感覚を持ちながら、反・復帰運動という立場をとっていました。

成田　それぞれにとってのこだわりのところから議論を立てていくスタイルが七〇年に出てきたということですね。それらをつなげてみるとある構造をもっているはずなのですけれども、そうした方向に議論がむかうのではなく、私にとっての問題というところから議論を立てている。私にとっての中国への戦争責任であり、沖縄にとっての戦争の意味を追求するという議論になっていると思うんです。

それは、戦争の「体験」を語るという段階から、戦争の「証言」をおこなうという段階に入っていったことでもあるでしょう。歴史学で言えば、「民衆史研究」がそれに該当し、民衆にとっての近代とは何なのか、という問題意識をもちます。鹿野政直さんの用語を使えば、「にとって」の歴史の探求です。「民衆史研究」は、しかも、民衆的体験の意味を追体験することに眼目をおいています。

上野　確かにあの当時、「内なる水俣」とか「内なる沖縄」という標語がありました。もう一つの家族帝国主義批判の方ですが、これも回顧的に見ると、日本の六〇年代は近代家族の普及期でした。だからこそ、七〇年代に日本のリブが登場した。というのは、主婦的状況の大衆化と共に、べティ・フリーダンが、『フェミニン・ミスティーク（邦題・新しい女性の創造）』（原著一九六三年／大和書房、一九六五年）で指摘したような「名前のない問題」が現実化したことを根拠にしていました。したがって、日本のリブは決して輸入思想でもなければ借り物でもなく、固有の存在理由を持っていました。六〇年代の半ばに、見合い結婚と恋愛結婚の比率がちょうど逆転します。戦後民主主義の落とし子である戦後世代のあいだで、年齢差の少ないパートナーどうしで恋愛結婚を実践したはずの友だち夫婦が、雪崩をうって性分業型夫婦に突入していきます。戦後コーホートで主婦化率が最も高いのがベビーブーマーであるという皮肉な事態の中で、家族帝国主義批判を叫んだ男たち自身が、近代家族の家父長になっていくというプロセスがありました。

わたしはその成り行きの典型を小田実に見ます。おいおい、あの当時あんたが言っていたことはどうなったんだよって。彼に限りません。わたしの同世代のほとんどの男たちが同じような道行きをたどって、かつて言っていたことをあたかも忘れたかのようにふるまっています。けれど家族帝国主義批判という言葉を忘れることができなかったのがリブの女たちでした。リブの女たちは近代家族批判に向かったわけです。となれば、性愛と日常というものがそのまま闘争の現場になったというのがリブだったと思うんです。

成田　その場合に、「家族帝国主義批判」と言ったときに、男たちが唱えていたのは、「家族」ではなく「家」への批判だったのではないでしょうか。近代家族ではなく、半封建的な関係体としての「家」。現実に生起し抑圧をつくり出しているのは近代家族ですから、そこでスローガンが空転してしまったというふうに考えることができると思うんです。

上野　そんなわかりやすい話ではないと思います。六〇年代に思春期を迎えた人たちの多くは、出身家庭のなかですでに近代家族を経験していましたから。

成田　そうでしょうか？　つまり、意識として七〇年前後を支配していたのは、「日本近代」への批判です、「近代」批判ではなく。

その「日本近代」の根幹のひとつであり、現象として、目の前にあるのは、「家」であると考えたと思います。だからこの「家」を何とかしなければいけないのだとその批判をおこなったのではないでしょうか。

上野　彼らは「家」帝国主義とは言わずに、「家族」帝国主義と言ったんですよ。そのなかにあるのはじゅうぶんに子ども中心主義的な近代家族の抑圧に対する異議申し立て、つまり子どもの無垢と親に対する帰責をともなう今日のＡＣブームにつながるような性格があったと思います。つまりそれは近代家族批判だったと。

成田　このスローガン自身が？

上野　ええ。

岩崎　家族帝国主義を粉砕するとしたら、何を粉砕するんですか？　性別役割分業を粉砕するのであったら、家族帝国主義粉砕というスローガン自身が、既にリブのスローガンたりうるでしょう。

上野　その中には、支配する父だけでなく、呑み込む母も含まれていました。東大闘争の中にあった「キャラメル・ママ」批判とかね。

岩崎　つまり両親に対する闘争だった、と。

上野　ええ。だからある種の世代間闘争と言えばその通りなんです。
岩崎　当事者の証言ということになるとぼくは黙るしかないけれど、家族帝国主義というのはそれほど聞いた覚えがないんですよ。
上野　そうですか？　あの当時には鮮烈な印象がありました。男たちは忘れたいから忘れるのでしょうか。

田中美津から連合赤軍事件

上野　七〇年代については、リブの古典、田中美津の『いのちの女たちへ』（田畑書店、一九七二年）を忘れることはできません。九〇年代になってから『資料日本ウーマンリブ史』全三巻（一九九二－五年）が松香堂ウィメンズ・ブックストアから刊行され、ビラやパンフレットなどの一次資料にアクセスできるようになってから、生命学の森岡正博さんが田中美津再評価を行い、さらに一部のフェミニストが森岡を引用しながら日本のリブの思想を再評価するということをやっていますが、これほどの倒錯はありません。リブの思想は何も森岡さんに今さら再評価されなくたって、ちゃんと価値を持っている。森岡を引用してリブの思想を再評価するなんて、フェミニストの風上にも置けない（笑）。
岩崎　誰のことをおっしゃってらっしゃるのですか。
上野　いやいや同業者ですから（笑）。ただ、日本におけるリブの思想が、母性をめぐってどういう言説を作ってきたかとか、あるいは中絶や産むということについて、アメリカやヨーロッパのフェミニズムとどのような違いを持っているかということは検討に値します。それはフェミニズムに普遍性ではなくて、グローバルな枠組みのもとにおける多様性を見出しながら、かつそのなかで比較と相対化を測るという作業のために、もう一度再審が必要になっていると思います。

岩崎 つい最近、田中美津『いのちの女たちへ』（パンドラ、二〇〇一年）が復刊されましたね。

上野 あれは三回目の復刊です。初版が田畑書店から出て、絶版になる度に他の版元からゾンビのように甦るという（笑）不朽の名著です。

岩崎 田中さんの本にかき乱されるところは、あの文体もそうですが、「取り乱す」という部分です。それはリブの思想の豊かさにもなっている。フェミニズムだけではなくて、現状に対する変革的な試みというのはしばしばそうなってしまうところがあるんだけど、非常に教条的だったりイデオロギー的だったりするのに対して、何人かの思想家たちは、闘いのきつい現場にいながら、それを担っている自身に対して反省的なまなざしの回路をとても大事にしています。

上野 岩崎さんの言い方には、女性の思想を男性の眼で再評価してあげようという、森岡さんのやったこととつながるパターナリズムを感じます。取り乱すというのはスタイルの問題というよりも、矛盾を生きるということです。であれば、それはこの世界に内属しながら同時にその世界からはみ出して生きるためのマイノリティの思想が持たざるをえない必然的な矛盾を語っていることになります。たんなる混乱や非合理と混同してほしくありません。

その点でマイノリティの思想として日本が生み出した達成には、リブの思想のほかに水俣ともうひとつ障害学があるのじゃないでしょうか。「青い芝の会」のリーダーだった横塚晃一さんの『母よ！ 殺すな』（すずさわ書店、一九七五年）などの日本の障害学の思想的達成は世界に誇りうる水準だと思います。水俣では、渡辺京二さんの『小さき者の死』（葦書房、一九七五年）とか、栗原彬さんが高く評価する緒形正人さんの『常世の舟を漕ぎて――水俣病私史』（世織書房、一九九六年）とかは、水俣から生まれた思想です。もちろん石牟礼道子さんの『苦海浄土』（講談社、一九六九年／講談社文庫、二〇〇四年）を忘れることはできません。それに在日の思想というのも出てきますね。

岩崎　なるほど。

成田　七〇年代以降にはそうした「非日」の思想とでもいうべき本が一挙に出てきますね。永山則夫『無知の涙』（合同出版、一九七一年／増補新版、河出文庫、一九九〇年）、島田等『病棄て』（ゆるみ出版、一九八五年）、新川明『反国家の兇区』、石牟礼道子『苦海浄土』。金時鐘『「在日」のはざまで』（立風書房、一九八六年／平凡社ライブラリー、二〇〇一年）は八六年、金石範『「在日」の思想』（筑摩書房）は八一年です。いずれも国民国家がつくり出した「近代」の差別を、その近代性において批判しています。差別は決して封建的な残滓ではなく、近代によって形成されているという観点にいずれもが立脚しています。

こうした差別観にもとづく歴史的考察は、やや遅れ、九〇年になってから、ひろたまさき編・解説『差別の諸相』（岩波書店、一九九〇年）の資料とひろたさんの解説によって、提示されました。

上野　七〇年代と言えばもうひとつ、連合赤軍に触れておきたいんですが。連合赤軍をどう読み解くかについては、さまざまなアプローチがあると思いますが、日本という軸を入れて読んだのが柄谷行人さんですね。日本的な集団主義が陥るべくして陥った隘路であったという見方です。

田中美津さんも、回顧的な発言の中で連赤のショックをこのように表現しています。「私は女であることは選び直したけれども、日本人であることは選び直していなかった」と。運動の中で集団主義が陥る隙路の闇を見たというような。そういう読み方の軸がひとつあります。もうひとつ、ジェンダーという読み方の軸があります。当時のリブの発言の中に既に出てきますが、連赤は「党」というものの極限ですから、そこで手段的合理性とか効率性というボキャブラリーをもってくれば、切り捨てられるものとしての女性性が出てきます。九〇年代になって事件後二〇年も経ってから連合赤軍の判決が出た時、後から来た者としてジェンダーという軸で連赤を読み解いたのは大塚英志さんの『「彼女たち」の連合赤軍』(角川書店、一九九六年/角川文庫、二〇〇一年)でした。

岩崎　いま、上野さんが連合赤軍に与えたふたつの評価、ひとつは日本的な集団主義の問題。そしてジェンダーの問題というか、革命にとって余剰とされてしまうものという意味での肉体の問題といってもいいかもしれません。後者の方はよく分かるんだけど、前半の方の発想はぼくはあまり賛成しない。連合赤軍事件のような出来事は、日本でというよりも、革命の運動の展開の中で起きたことであって、日本固有のことではない。いろいろな文脈で起こりうるし、スターリン主義のもとでの粛正もそうだろう。笠井潔の『テロルの現象学』(作品社、一九八四年/新版、二〇一三年)は、その問題を正面から考察しようとした数少ない仕事のひとつだと思います。出来事の側の言語に足を取られてしまっているところはあるけれども、示唆的なことも含んでいると思うのですが、いかがですか。

連合赤軍事件の衝撃とともに、抵抗や反抗という精神のスタイルに打撃を与えることになったのは、七〇年代に日本の新左翼運動が自らの息の根を止めるようなことになった内ゲバです。一九七五年だけで二三一件の内ゲバ事件が起きている。七五年がピークでした。戦後ずっと左翼が、それから六〇年以後は新左翼が培ってきた蓄積を、自分たちでお互いに潰しあっていった。また、ある時期以後は、そこに新しい世代の新しい行動形態や運動が根づくことすら徹底的に破壊することにもなった。

上野　連赤が内ゲバの極限形として受け止められたことはあると思います？

岩崎　ある面ではそうだと思いますね。しかし、もっといろいろな文脈で見ることができます。谷川雁のファンには怒られるかもしれないけれど、工作者という人間類型が谷川雁という個別の人間を離れたとき、人間をどのように扱うロジックになるのか。その極限的な形態を表したのが七〇年代の内ゲバだと思うんですね。「やつは敵だ敵を殺せ」という埴谷雄高がかつて示したロジックを、運動の中の人間に向かって言い放ち、利用するときに、その行為者は工作者でないとどうしたら言えるのか。

日本の六八、九年の学生反乱のエネルギーというのは、七二年の沖縄闘争でもう一度再燃するけれども、すべて七〇年代に自ら使い尽くしてしまった。たとえばヨーロッパの学生の異義申し立てであれば、七〇年代にたしかに環境原理派と左翼とのあいだでつねに対立を繰り返したにしても、ともあれ「緑の党」に代表される対抗的な市民運動の厚みを作り上げることができた。それがフェミニズムや反レイシズムの運動だけでなく、クィアやさまざまなマイノリティの基本的な権利を守っていくためのバックグラウンドになっています。日本の場合、六八年世代のエネルギーは、そういうような現実的な結果を生み出さなかった。まったく不毛な形になってしまった。日本特殊論にはしたくないけれども、かなり日本とその外部とでは違う文脈が生まれてしまったと思います。

上野 その違いは何だと思います？

岩崎 あの内ゲバの七〇年代をずっと続けてしまったのはなぜだったのだろうか。内ゲバを止められなかったのは何だったのか。ロジックとしては、やはり「党」の問題だったと思うんですね。共産党だけでなく、新左翼の小さな党のなかで、さらにグロテスクに問題が出てきてしまう。そして、ノンコンフォーミズムの左翼の伝統が実に弱かったというのがひとつの特徴だと思います。レーニン主義の党のボキャブラリーと党の技法でしか考えて来なかった。ヨーロッパのマルクス主義の場合には、そうではないマルクス主義が一定の基盤を持っていたわけですね。

上野 その限りでは新左翼も「党」にほかなりませんでした。

岩崎 ええ。パルタイです。日本共産党はたしかにスターリン主義なんだけど底辺の方ではだらしなくだらだらっどやっていたのに対して、新左翼はコアを単純に再生産しながら、しかもどんどん内向的にひどくなっていった。そういう意味では七〇年代の新左翼たちの行為と五〇年代の山村工作隊の悲劇とは、むしろすごく似ていると思うんです。もちろん五〇年代の方が質はずっと高かったのでしょうけれど。

上野 男たちが殺し合いをやっているその同じ時期に、リブは生き延びる思想を獲得したんです。

岩崎 それは党を作らなかったからということですか……。

上野　そう言っていいかもしれません。党を作らなかったというよりも、むしろ「党」的なものに対するアレルギーとアンチテーゼです。無構造の構造とか、平場の関係とか、代表を置かないといったリブの運動論は、それまでの戦後反体制運動論に対する強烈なアンチテーゼでした。

成田　小山弘健・岸本英太郎が編集した『日本の非共産党マルクス主義者』（三一書房、一九六二年）という著作がありました。扱っている内容は山川均論なのですが、マルクス主義者であり、かつ、共産党に行かない＝非共産党ということをタイトルで前面に押し出しており印象に残っています。マルクス主義者として活動しつつ、マルクス主義のあり方を追求、日本共産党に行き着かない事例を紹介しているのです。

戦後の日本共産党マルクス主義に対し、それとは異なる運動の形態を摸索する動きは様々にあったのですね。考えてみれば、私などが読みはじめた時期の（つまり、六〇年代半ば以降の）中野重治や佐多稲子などの作品もそうだったのですが。

上野　「党」的なものをすなわち家父長的なものと置き換えるとしたら、それに対する意識的な反発と、権威が発生する構造的な芽をとことん摘んでいこうという動きは、リブとフェミニズムの中には自覚的にありました。赤ん坊を連れてデモに行くということが、彼女たちにとっては政治だったわけですよ。

岩崎　赤ん坊つれてデモに行くというのは三池のおんなたちだって、局面によってはやった。やらざるを得なかったんだと思いますが。

成田　戦前にもそういう動きはありました。たとえば、（現在の生活協同組合の前身となる）消費組合の運動です。生活に密着し、赤ん坊を連れて参加をすることを前提とし、そうした光景が日常となっていました。しかし、消費組合は運動においての「後衛」という位置付けです。つまり、前衛の兵站部とされ、ここに生活がもちこまれていたのです。

こういう枠組みを壊して、赤ん坊を連れていくということを当たり前のこととしていくということの意味は、リブによってなされたと思います。ここまで待たなければならなかったと思います。

岩崎 たしかに結果として、リブはそのことを超え出ていた、と。

上野 非常時にそうしたということではなく、非常時を否定した、ということです。だからこそ、フェミニズムは新しい社会運動なんです。

成田 そうですね。

岩崎 その、新しくないほうの社会運動、革命運動の方ですが、やはり五〇年代というのは四五年からずっと引きずってきたものであって、その筋だけで戦後の思想のひとつの筋目を読むことはできると思います。自分自身を規律化してしまうとともに、権力装置としての自分には実に無自覚な主体。戦後啓蒙も、マルクス主義者も、一九七〇年には思想の運命としては、ああいう形に行き着いた。思想の上では戦後主体性論争と、七〇年代の見るも無惨な破綻とは、五〇年代、六〇年代の経緯をはさんで、やはりつながっていると思うんですね、梅本克巳が四〇年代に書いた「人間的自由の限界」（『展望』一九四七年二月号）の、誠実だけれども息の詰まる文体が、七〇年をうんだと思います。

上野 それが手段的な近代の特徴ですね。ところでその息の根は止まったんですか、止まっていないのですか（笑）。

岩崎　ぼくに聞かれても困るのですが、主体性論の隘路として存在した新左翼の命脈は、もう止まったんじゃないですか。それにかわって何がありうるのかということを言うのは難しいけれど、何かを見つけて飛びつくなんてことはできない。いまの時点から戦後を振り返ってみると、実はそこから排除され、不可視化されていた多様性にこそ、手がかりがあるのかもしれません。たとえば、フェミニズムからの問いかけもそうでしょうし、あるいは在日作家や在日の知性がいかにわたしたちの現在に対する予言的な、そして非常に過酷な問いを発してきたのか。それがいかに見えないできていたのか。

対幻想論批判、女性史、ジェンダー史

岩崎　このあたりで対幻想論批判の話を上野さんから出してもらうといいんだけど。吉本隆明っていうひとは、これ自体が神話なんだけれども、論争に負けないひとであるという話がずっとありました。花田清輝からずっと、論争するたびに負けたことがなかった。ところがそれが、『共同幻想論』をめぐって上野さんにクシャンとやられちゃったというふうに、当時語られていましたね。『共同幻想論』というのは、先程成田さんがおっしゃったように、基底の体制に還元するようなことではなく、長い間拘束的であったマルクス主義の枠組みに対する非常に魅力的な代案として出てきたと思うんです。しかし、そこにおいてもなおかつ、ジェンダー・ブラインドネスという問題

があるんだということを上野さんが明らかにした。

上野　吉本さんの『共同幻想論』は、今から考えれば国家という枠組みがそれこそ想像の共同体であるということを言いあてた点で、もし翻訳されていれば、ベネディクト・アンダーソンの『想像の共同体』（原著一九八三年／リブロポート、一九八七年／定本、書籍工房早山、二〇〇七年）に先立つ世界的な達成だと思います。わたしが吉本さんをやりこめたなんてとんでもない。今でも尊敬していますよ。共同幻想論の持っていたもう一つの思想的な価値は、対幻想論でした。共同幻想論を高く評価している岸田秀さんを見ても、男性の評者が見たのは主として個人と国家とか個人と集団という枠組みだけで、吉本さんがそこにもう一つ対幻想という概念を、考えるに値することがらとして持ち出したことの思想的な意味を取り落としています。それは性愛の思想化ということだったと思います。リブが「個人的なことは政治的だ」と言ったのは、私的なものが政治の外にではなく内にあるということの発見に他なりませんでした。私領域こそは公からの避難所であり、政治の外側にある神聖な空間だと、市民社会論はずっと言ってきたわけですね。ところが、リブは私的なものの政治化を主張しました。政治の外に自然として置かれた性愛を、思想化されるべき対象だとマニフェストした点で、『共同幻想論』の衝撃力は大きかった。ただし、彼は文芸批評のスタイルで書いており、扱っているのは記紀から島尾敏雄まで、つまりそこでは、日本というテクストが非歴史化されているといえます。そこでは共同幻想、対幻想、個人幻想という概念が、普遍的なカテゴリーとして提示され、無時間化、非歴史化されました。第一波フェミニズム以来、フェミニズムにとって自己解放のキーワードは恋愛でした。つまり恋愛こそは女が初めて欲望の主体になり男と対峙できる場所だというのが、第一波フェミニズムからの流れでしたから、性愛の思想化がそれに力を与えたということは確かだと思います。しかし近代家族と異性愛の制度化は結びついているわけですから、彼の対幻想論は異性愛の自然化をともなっていました。わたしの当時からの疑惑は、対幻想が近代の産物ではないのかという歴史的な問いでした。いずれにせよ、対幻想という概念が当時のリブやフェミニズムの女性たちにとってどれくらい魅惑的だったかということは証言できます。

リブに先行する女性思想家たちを考えると、森崎和江さんを忘れることができませんが、森崎さんにとってもやはり性愛の思想化が大きな課題でした。森崎さんは、敗戦と植民地体験をもとにまったく徒手空拳で、過去のどのような思想の言葉をも借りずに自分の経験を語ろうとしてきた人ですね。当時森崎さんの『第三の性』(三一書房、一九六五年/河出文庫、一九九二年)や『非所有の所有』(現代思潮社、一九六三年)を、それこそ天井から降りてきた蜘蛛の糸のようにして読みついでいた女性たちはかなりいたと思います。

もう一つそれに付け加えたいのは、高群逸枝のインパクトです。高群はすでに亡くなっていましたが、六八年から七〇年にかけてちょうどリブの胎動期に、理論社刊の『高群逸枝全集』全一〇巻が出ました。この中に『恋愛創生』(万生閣、一九二六年)とか『火の国の女の日記』(講談社文庫、一九七四年)が入っています。これはものすごい恋愛賛歌なんです。高群全集の刊行が、どういう歴史的偶然かリブの誕生と時期を同じくしたという事実は、日本のリブの歴史を考える上でおもしろいことです。夫の橋本憲三編集による高群全集からは、戦時下のファシスト的な発言が削除されています。その高群の女性史が、当時の草の根の女性グループに女性史のテクストとして熱狂的に迎えられたわけですね。

成田　高群逸枝の話からになりますが、没後に編まれた、高群の全集から落ちているのは、一つは戦時体制に翼賛した時期の高群の思想と、もう一つはアナキスト時代の高群の部分です。そこが落とされています。

アナキスト時代の思想こそが、恋愛賛歌ということの本質－基盤ですが、そこは提供されていた全集からは欠落していた。しかしながら、その欠落していた部分を補って読むような読みが当時ありました。例えば河野信子さんの営み－読みなどを念頭においているのですが。

高群の全集として提供されたものと、高群への関心が、あるミスマッチをもちつつ、しかし全体として上野さんが言われた文脈を作っているように思います。そして、高群の中心的な仕事が検討されるのは、さらにそれから一五年くらい遅れるわけですね。高群の仕事の意味と考えた事が、だんだん明らかになってくるという過程がある。七〇年前後は、それに先行する状況だったと思います。

上野　高群をかいくぐった世代から、それから一〇年して、西川祐子さんの『森の家の巫女』（新潮社、一九八二年／レグルス文庫、一九九〇年）や加納実紀代さんの銃後史のような仕事が次々に生まれます。

成田　同じことは、森崎さんの仕事にも言えるでしょう。森崎さんの作品も、ある読みを伴い、その読みに共鳴していく人たちを生み出していますね。

上野　民衆史と呼応したのが底辺女性史ですね。森崎さんの『まっくら』（理論社、一九六一年）の中の女鉱夫たちの聞き書き、その後に出てきた『からゆきさん』(朝日新聞社、一九七六年)、それと山崎朋子さんの『サンダカン八番娼館』(筑摩書房、一九七二年/文春文庫、二〇〇八年)。最も虐げられ最も弱者であるものに対するまなざしが、底辺女性史に向かったわけですが、それに力を貸したのが民衆史と生活史で、わたしはそのことにある種のセクシズムを組みこんだロマンティシズムを見てしまいます。女性は虐げられていなければならないというか、裏返して言えば中産階級の女の抱える問題を問題化しえないまなざしです。

成田　上野さんがいうところの「底辺女性史」が、森崎和江さん、山崎朋子さんたちによって提供されるわけですが、それと並行していたのが、村上信彦の『明治女性史』という大著(全四冊、理論社、一九六九-七二年/講談社文庫、一九七七年)でした。そしてそれらと批判的・対抗的な関係をもつ女性史として女性運動史──当初は、「婦人運動史」といっていましたが──という歴史学の方法を駆使した研究がありました。米田佐代子さん、伊藤康子さんといった人たちの研究です。

順番から言うと女性運動史がまずあって、それを批判する形で生活史が出てきて、そしてそれとパラレルに「底辺女性史」が出て来るという経緯でした。女性運動史研究は、「女性」という主体がおこなう運動を発掘し、女性の運動が切り開いた地平を歴史的に位置づけるというものです。

このとき、運動がとりあげた問題=運動からみえてくる生活はみすえているものの、生活独自のそれ自身の領域がある、と議論を展開したのが村上信彦でした。村上・女性生活史は、廃娼運動に多くの紙数を割くなどの見識を示しましたが、中間層の女性に力点がおかれていました。ここに、森崎さんや山崎さんたちの底辺女姓史が出てくるということになるのですね。こうして、微妙に問題意識を異にしつつ、三つの女性史研究が七〇年代の初頭にはあらわれてきます。

ただ、といってよいでしょうか、ここを立脚点として女性史研究が大きくはばたいていくということはみのがせません。『日本婦人問題資料集成』(ドメス出版、一九七六‐八一年)という全一〇巻のみごとな資料集が刊行されました。また、地域女性史が生まれてきました。とくに地域女性史は、各地域で自分たちの女性史を探ってみようとし、そのために地域の新聞を一頁一頁くるという地道な作業をおこない、同時に聞き取りを行います。この聞き取りによって様々な女性達の証言が残さることになりました。

二つのことを思います。一つは、底辺女性史といっても山崎朋子さんと森崎和江さんとでは、差異があるということ。山崎朋子さんのばあいは『サンダカン八番娼館』に典型的なんですが、「からゆきさん」であった当事者と記述者である自分との距離がなかなかうまく測れていません。それに対して森崎和江さんは、記述者と当事者との間の緊張関係をこそ俎上にあげる叙述のスタイルをとっている。

もう一つは、こうした女性史研究の進展により、歴史叙述のなかに女性の存在―主体的な営みが記述されるようになりました。「女性史」としての記述とともに、歴史叙述、たとえば通史のなかに女性が登場するようになります。しかし、問題点も生じました。一例として挙げるのですが、『日本民衆の歴史』(三省堂、一九七四‐六年)という原始・古代から現代までを扱った全一一巻のシリーズがあります。これは画期的なことで、女性の経験が歴史的に位置づけられることとなったのですが、しかし、その時に、女性が抑圧されていることを強調するあまり、「果ては娼婦になった」という言い方が頻出するんですね。そういう女性観と歴史観のもとに歴史叙述がなされていたということは考えておかなければいけないと思います。

上野　女性と民衆は虐げられていなければいけない、と。

成田　はい。そして女性のばあい、虐げられると「娼婦」になってしまうという認識です、七〇年代における歴史観として、「民衆史研究」といっても男性的価値観と歴史観がまだまだ支配的であったのですね。

上野　婦人運動史関係の方では、伊藤康子さんがリブの登場にあからさまな不快感を表明しておられますね。『青鞜』以降歴史的に総括されたはずのプチブル急進主義の復活だ、と。

成田　そこは歴史像としては、次の段階になると思います。女性史研究が一九七〇年前後に活発になり、女性史ブームという言葉もその当時使われました。ところが八〇年代の後半から女性史研究は、いってみれば失速するんですね。別言すれば、ジェンダー史研究の登場による、女性史研究の膠着です。上野さんの整理によると「女性史からジェンダー史へ」という流れということになります。

女性史という形での議論の立て方と、ジェンダー史という形での議論の立て方は違うと思うのですが、「女性」という主体をあらかじめの前提としないジェンダー史が登場してくるのですね。

上野　ええ。違うと思います。

七〇年代とは

岩崎　女性史とジェンダー史の接合と差異の関係を、成田さんには歴史家として、上野さんにもジェンダー史の関係者として、整理していただきました。ところで、七〇年代という時代全体を見たときには、もう少し複眼的に評価するとどういう問題が出てくるでしょうか。

上野　それには大衆社会論と中間階層論、さらに消費社会論にふれなければなりません。七〇年代の後半に、岸本重陳さんと村上泰亮さんの論争がありました。岸本さんは、日本においては階級概念の有効性はいまだに消滅していないと主張しましたが、それに対して村上さんは高度成長は無階級大衆社会を実現したと主張しました。国民の八〇%が中流意識を持っている社会ですからね。どんな仕事をしているかに関係なく、ライフスタイルの均質化をここまで達成した国家はないと、社会的な均質性を幻想として構築することに成功しました。

岩崎　七〇年代はオイル・ショックが大きかったんじゃないですか。あれは日本だけじゃなくて、世界が被った問題ですが、あそこのところで、日本とアメリカ、日本とヨーロッパではくぐり抜け方に違いがありますね。日本だけはそこのところを特殊な形で乗り切って、そのために高度経済成長期ほどではないけれども、中成長がそのあとも続いてしまうんです。だからいま紹介してくださった岸本重陳と村上泰亮の論争で問題になる階級は、日本以外のところでこの時期からふたたび主題化してくるわけですが、日本ではいっそう消えていく、逆方向に進んでいくという、奇妙なことが起きています。

上野　九〇年代から回顧的に七〇年代の産業構造の転換期を振り返ってみると、先進工業諸国が産業構造の転換期に労働力の再配置を行ったことに伴う不可避の痛みとして失業者を生み出していった時に、日本は余剰労働力の企業内再配置によって、いわば失業率を吸収する形で雇用を維持したまま乗り切ったことのツケが、時差をおいて九〇年後に出てきたという印象です。そのせいで近代家族の延命にも手を貸し、ようやく九〇年代になって家族の解体現象をもたらしているということでしょう。日本が雇用を維持したまま産業構造の転換に軟着陸したことの功罪が問われています。雇用の維持は企業社会主義の産物ですが、同時にこの時期からサーヴィス残業に見られるような労働強化が進み、それとともに、男性が家庭責任を背負えないために性別役割分担が強化されるという傾向があらわれました。

岩崎　問題をもう一度一九四五年の方に戻してみると、戦後革命の不発、それから戦後の労働運動の達成と敗北がありますが、また企業別労働組合であるというある特殊な文脈もあります。極めて特殊な形の日本型の労使関係がその時期に作られてしまっているからこそ、企業は徹底した合理化が可能だったわけです。オイルショック以後も、ヨーロッパと違って過剰労働力を企業内の再配置で吸収でき、だから失業率はあがらなかったのだという説明は、資本の測の言い分でしかありません。すでにこの時期に労働運動がすっかり骨抜きになっていて、それで合理化と非人間的な長時間労働が、ほとんど抵抗なく受け入れられていくようになったのです。それでは、とうていグローバル・スタンダードに適合させることもできない状態です。だからこそ、資本が外に出ていくのが遅れたわけですね。同時に、しかしある限定された情況の中では、他の国々がうらやむような経済成長をオイルショック以後も持続してしまう。また、それが、日本的経営の優位性として、日本文化の特質として、日本文化論によって説明されることにもなりました。

上野　五五年までは流血を伴う労使対決が珍しくなかったですから、労使協調路線については、転換期は五五年以降と限定した方がいいでしょうね。

岩崎　ええ。五五年体制から始まって、その敗北は七五年のスト権ストライキで極まりました。七〇年代には、日本型所得政策が導入されて、また春闘が実質的に空洞化し終焉するという形で、当階の労使関係が大きく変わった。七五年のスト権ストライキで公労協ががたがたになってしまうというのがすごく大きい。

上野　家族革命の遅延ということでいうと、オイルショック以降七〇年代の半ばから、先進工業諸国でいわゆる性革命と言われるような変化が起きます。それにははっきりした人口誌学的指標が二つあって、一つは離婚率の上昇、もう一つは婚外子出生率の上昇です。このふたつがアメリカとか西欧ではドラスティックな変化を示しているのに、日本では変化がほとんどネグリジブルなんですね。日本は統計の上ではあたかも性革命を経験しなかったかのように見えるのですが、制度が延命する一方で、内部における空洞化が進行していたという感じです。近代家族のウミが九〇年代に一挙に出てきたみたいですね。

成田　あまり日本の特殊性の文脈で解釈することはできないように思います。一九五五年までの蓄積というものも、メインバンク制をはじめ、むしろ総力戦のさなかの再編成の過程で行われてきたものでしょう。そうした総力戦下での制度が四五年をまたぎこして、五五年までの時期の問題を作ってきていたけれども、五五年である一つの転換がおこる。しかもその転換が、七三年を経て、いま、一挙に噴出してきているということですね。

上野　実際、社会学的な階層指標では、六〇年代の高度成長期から七〇年代にかけて、労働分配率で見ると学歴間所得格差が縮まり、企業規模間格差も相対的に縮まりました。村上さんのような中間階層論者が依拠したデータはそれなんです。

岩崎　村上泰亮、公文俊平、佐藤誠三郎の『文明としてのイエ社会』（中央公論社、一九七九年）は七九年でしたっけ。受け入れられているのは八〇年代だけれども、出たのはそのころですね。今から考えると不思議な感じがします。日本型経営というものが、当時と今とでは、その評価が一八〇度ひっくり返っているわけです。奇妙なぐらいにひっくり返っています。当時は、鎌倉時代から始まる、東日本の特殊なイエという組織原理があり、それは開拓と経営を進める組織体で、世界史的にも特殊である。養子によって系統的な連続性を確保しているから血縁性によるものとも違う、優れた組織論なのだという。その鎌倉武士の組織原理が、やがて日本の近世から近代の経営に継承され、それが当時の日本の一人勝ち状態の秘密なのだというわけです。ナルシスティックな欲望にあわせて、いかにこういう書き手たちが、ひとびとの聞きたいことを語る術に長けているものかと思います。

上野　事後的な正当化なんですね。

岩崎　八〇年代のゆがめられた労使関係の存在の事後的な正当化を、さらにいまわたしたちはまた事後的に見ているから、ものすごく無惨に見えるわけですね。

上野　でもその当時は、それを英米語圏の日本研究者も持ち上げていました。

岩崎　ええ。そうでしたね。

成田　最初に議論したことですが、この時期が日本論、日本人論の一つのピークであり、また転換点ですね。

上野　そうですね。

成田　先程岩崎さんが言われた、七三年以降の矛盾の先送りの構造を、「日本」という文脈のなかで、非歴史化して描く議論がさかんになりました。

上野　同じ時期に、イギリスではサッチャー革命のもとに痛みを伴う改革が行われていたし、アメリカではレーガノミクスでやはり弱者切り捨て政策がどんどん行われていました。だから日本が産業構造の転換期に軟着陸に成功したと言っても、わたしは流血無き改革だったとは思っていません。日本でも流血の伴う改革だった。というのは、野田正彰さんが「国鉄マンよ、もう死ぬな」というすぐれたルポを書いていますが、国鉄民営化の過程で、人材活用センターに配置された国鉄マンが全国で一四人自殺しています。その遺族を全部、北から南まで日本全国を訪ね歩いて面接して書いたものです。わたしはあの労働力の再配置には自殺というかたちの流血を伴った、つまり死者を出したじゃないかとはっきり思っているわけ。それを忘れてはいけないと思います。

岩崎　よかった。上野さんまで、あの時期の労働力のリアロケーションは傷みを吸収できた、なんて説明しだしたらどうしようかと。

成田　この時期から既成の社会科学、人文科学も転換点にさしかかります。

ニューアカと空白の八〇年代

上野　そろそろ八〇年代にいきましょう。そうすると失われたのは九〇年代ではなく八〇年代だったとわたしは言いたいんですが。産業構造のリストラに軟着陸しちゃったせいで、日本経済は妙な自信をつけました。しかもその後、八〇年代後半に未曾有の円高とバブル景気がきます。あの当時は、自信をなくしていたアメリカに代わって日本が一人勝ち状態でした。エズラ・ヴォーゲルの『ジャパンアズナンバーワン』（TBSブリタニカ、一九七九年）が出たりしました。その中で、わかりやすい成長の神話がまた復活しました。臆面もない物質的欲望と、繁栄と成長の神話です。そのなかでニューアカことニューアカデミズムの登場ということになるんですが。

岩崎　ここにくると、上野さんもある意味で当事者そのものだからやりにくいでしょうけれども、そうストレートには繋げるつもりはありません。七〇年代末から八〇年代は、浅田彰の『構造と力』（勁草書房、一九八三年）から、柄谷行人の『日本近代文学の起源』（講談社、一九八〇年／講談社文芸文庫、二〇〇九年など）など一連の仕事、そして丸山圭三郎の『ソシュールを読む』（岩波書店、一九八三年／講談社学術文庫、二〇一二年）や今村仁司の『労働のオントロギー』（勁草書房、一九八一年）など、非常に多産な時期でもありました。でも、八〇年代というのは、四五年から、あるいは成田さん的に言えば三〇年代からの連続性を切っちゃった、っていうことでもあると思うんです。非常にはっきりした形で、最初に戦後という知的リソースを切り捨てた。全共闘を含む青年叛乱が、ポツダム民主主義粉砕、上野さんの表現では家族帝国主義も粉砕と言っていたとすると、まだそこには、粉砕する対象として、戦後的なものを正面において問題にしていたのに対して、八〇年代というのはただ切ってしまった。その時代を代表する存在であるニューアカというのは、ぼく自身八〇年代に大学院生活を送っているから実感として分かるんですが、ある種の解放感をもたらしてくれました。先行するものの前で拝跪しなくてもいいというか、悪く言えば、いやなら先行研究なんか読まなくてもいいんだというような、そういう断絶感があった。

上野　なるほど。誤解を避けるために言っておきますが、八二年のニューアカ・ブームのとき、わたしはアメリカに行っていて日本にいません。スターとしてもてはやされたのは浅田彰さんと中沢新一さんでしょう。その背後に、山口昌男さんという仕掛け人がいますが。

岩崎　だから、あそこから学生は勉強しなくなった(笑)。知的にもあの断絶は大きいですね。はたして、勝手に切ったものが本当に消えるだけのものだったかどうかということを実証するというか、反証されてしまうのが九〇年代だと思うんです。八〇年代の断絶というのは、戦後精神を消去してしまうような行為だとして、じゃあ、そこを何によって埋めるかというと、それこそ「消費社会変容」というリアリティだったと思います。だから、六〇年安保闘争が、国民的な平和と民主主義の幻想をつくりつつ、内側からそれを破壊せざるをえなかったと言われましたが、八〇年代のリアリティというのは、シニフィエのないシニフィアンの戯れとしての消費空間ですし、その幻想があるリアリティをもって存在していて、その中で実際に泳ぎ、その中で生きているようなことが、日々の実感としてあった。

上野　明るい虚無、でしたね。

岩崎　気分はハイで、スキゾで、そしてデプレッションとかメランコリーという形式はもう過去のものとなったと言われていました。だからなんで時代遅れの神経症でしかないヘーゲルなんかやるのと言われました。そういう空気は、九〇年代に入って一転して、今度は顕著な欝状態に支配されてしまうわけですから、驚きです。

上野　浅田用語によると、イントゥラ・フェストゥム（祭りの最中）状態だったわけですね。

岩崎　そうですね。そしてバブルと一緒にフェストゥムは終わっちゃった。いまはポスト・フェストゥムのデプレッションと悔いに苛まれています。お祭りの中で「資本の文明化作用」に身をまかせてしまったけれども、そのなかには、九〇年代と対照的であると同時に、すでに九〇年代に繋がるものがあります。ネオリベラリズムの発想、ネオリベラリズムのスタイルというものは、すでに八〇年代に見ることができます。本来ならネオリベラリズムは、サッチャー革命とかレーガノミクスから来ているわけですが、日本では、ネオリベラリズムの提唱者であるひとたちと、八〇年代に消費社会変容の中にそのまま身を任せてしまったひとたちとは、多分地続きなんだと思います。

上野　あの時に自己決定という標語が登場してきています。

岩崎　個性ゆたかな多様性と合わせて、自己決定という観念を濫用するスタイルが、大平、中曽根政権のところで、かなり自覚的に提出されるようになってきています。

成田　八〇年代は、政治的にも「戦後史の大きな転換点」ということが強調されて、断絶が持ち込まれてきます。いってみれば、外からの攻撃が主導力をもつようになってくる。この過程は、日本の特殊性の功罪を争点とするのではなく、日本の普遍性という文脈に事態を置き換え、そのうえでひとつひとつの意味づけや解釈を問い直すということのはじまりでもありました。

そうすると、まずは、今までの図柄がまるで逆転して見えてくるということでもあったわけです。日本の「特殊性」に見えたものがそうではなく、近代に起源をもつ、近代の所産だったというふうに光景が異なって見えてくる。今ここで抑圧されているのは、封建的な残滓に抑圧されているのではなくて近代的なものに抑圧されているんだという認識ですね。近代と前近代との対比で、二項対立的に考察していた枠組みがこわれた、ということもできると思います。

上野　先程の資本の文明化作用ということで言うと、それはネオリベラリズムの持っている市場の自律性に対する信頼の別名でもありますから、あの当時の江戸ブームは成熟した市場社会としての日本の再発見ということにつながります。

岩崎　それもこれも、かつてであれば、マルクス主義だけが持っていた包括的で力強い歴史像、説明力に対して、そうではない対抗的なものを提出する補償行為ですね。「消費社会変容」の中では、消費社会の知的商品としても、社会経済史とか、民衆史は当然のことながら駄目なわけで、使えるものは記号論とか、贈与論とか、どこか美学的なセオリーですね。ニューアカとして登場してきている分野もそこですね。書く人は部分的にも政治や経済、現実の権力のことはいくらも語っていたんだけれども、実際には、読者には脱政治化効果を持ってしまいました。このあたりは、浅田彰にとってもアイロニカルな帰結だったと思うのですが、どうなんでしょうか。

成田　政治と歴史が消去されるわけでしょう。

岩崎　歴史が消去される、断絶してしまう。

上野　フランシス・フクシマの『歴史の終わり』（三笠書房、一九九三年／新装新版、二〇〇五年）のことですか？

成田　いえ、歴史的にものを考えていくのではなく、構造決定的に出来事を考えていくということ。ですから構造主義が流行した八〇年代は、歴史家にとっては文字通りの転換期で、社会史研究が導入されていったことはこの文脈をぬきにしては語れません。「戦後歴史学」のパラダイムがワン・オブ・ゼムとなるのは八〇年代をつうじてのことでした。

岩崎　いや、構造主義なんかに止まるものではないんですね。

上野　それもありますけど、やはりもう一つはイデオロギーの終焉と結びついた唯物史観的な歴史の終焉を意味したと思います。皮肉なことに、無階級大衆社会論が登場してきているまっ最中に、階層分解の徴候がすでに観察され報告されています。大衆消費社会論ができたとたんに小衆論が登場しますし、同じ時期に小沢雅子さんの『新階層消費の時代』が刊行されます。富永健一以来東京大学社会学研究室が中心になって継続的に実施しているＳＳＭ（社会移動）調査によると、八五年から階層の固定と社会移動率の減少傾向がデータに出ています。ですから佐藤俊樹さんの『不平等社会日本』（中公新書、二〇〇〇年）というのは、関係者にとってはもう知ってたよ、という議論ですね。

岩崎　ただ、『不平等社会日本』は、時代の気分はつかみました。どうも、自分は貧しくなってきている、階層的に沈没しているぞ、という感覚をね。実際にそれが広がっています。

上野　出版のタイミングがよかったですね。

岩崎　上野さんは、ＳＳＭ調査で八〇年代半ばから階層の固定と社会移動率の減少があるとおっしゃいましたね。そうなるのは、バブル経済自身が実体経済ではなく金融経済だから、ある程度資本を持っていないとゲームに参加しようがないからでしょう。

上野　そう。六〇年代というのはインフレの時代でした。この時代は同時に収入のフローがどんどん上昇していった時代です。ところが七〇年代から八〇年代にはインフレがいったんは沈静し、ここから始まるのはストック増、つまりキャピタル・ゲインです。努力しなくても資産価値が上昇していきました。その結果キャピタルを持っている人と持っていない人の階層格差が拡大していったのが、七〇年代以降です。その格差が首都圏ジュニアの間で目に見えるようになったのがバブル期ですね。

岩崎　そういう情況を日本的特殊性として説明した山崎正和の『柔らかい個人主義の誕生』（中央公論社、一九八四年／中公文庫、一九八七年）は、その副題が、「消費社会の美学」でした。文字通り、明示的な「消費社会変容」の合理化でしたね。

上野　江戸賛美でしたね。

岩崎　山崎は連歌の世界とか、中世的美意識も日本的なものとして特殊化していました。

上野　江戸学ブームというのも、今から考えるとナショナルなものの同一性の構築に貢献したと思います。

岩崎　田中優子の『江戸の想像力』（筑摩書房、一九八六年／ちくま学芸文庫、一九九二年）については、上野さんは当時、どう読まれましたか。

上野　歴史学からではなく文学の世界から田中さんのようなスターが生まれたことはおもしろいと思います。中野三敏さんとか野口武彦さんとか、もともと江戸学者というのは、世を拗《す》ねて日陰で生きていくことを選んだ人たちだったはずが、日向に出ちゃったんですよね。

成田　江戸が封建都市であったり、江戸の大多数の人びとはその日暮らしであった、という歴史学がこだわり解明しようとしてきた事象と文脈が、きれいに消えてしまった。「戦後歴史学」の基盤であった社会経済史的な分析に代えて、文化研究をおこなうということ、それ自体は、たいへん結構なことです。しかし、ポストモダンをいう江戸論は、「日本」の文脈と領域を無批判・無媒介に論じるのですね。しかも今まで前近代的に見えたものが、実はモダンを通り越したポストモダンなんだというかたちで議論を転倒し、膨らませていく。

上野　成田さんのおっしゃりたいであろうことを代弁するならば、つまりそれは、日本という同一性を遡及的に構築する欲望の産物であると。

成田　まさにそのとおりです（笑）。「江戸東京学」といい、江戸と東京を簡単にバイパスすることによって、江戸／東京にあったそれぞれ固有の問題と双方にある画期を全部フラットにしていく議論の立て方です。

江戸と東京を「空間」で媒介し、その連続性の面において論ずるのですけれど、空間が必ず時空間としてたちあらわれ、連続性は断絶性との関連においてみえてくるという論点がすっぽりぬけおちます。この思考方法が、いま上野さんの言われたナショナルなものの遡及的構築ということに関わっていくのです。

海外の日本研究と『日本のポストモダン』

成田　こうしたときに、海外の日本研究、とくにアメリカにおける日本研究が大きな意味＝意識と影響を持ってきます。アメリカにおける日本研究の新たな動向の最初の紹介が、なんと、この『現代思想』でおこなわれています（笑）。一九八七年に、『現代思想』は「日本のポストモダン」という臨時増刊を出しています。浅田彰さんと柄谷行人さんの二人が中心になっていて、その先見性をうかがえますが、ここではハリー・ハルトゥーニアン、マサオ・ミヨシ、マリリン・アイビー、ブレット・ド・バリー、酒井直樹、ヴィクター・コシュマン、ノーマ・フィールドさんらが、日本のポストモダンを論じています。また、八八年には、テツオ・ナジタ、前田愛、神島二郎が編集した『戦後日本の精神史』（岩波書店、一九八八年）が刊行されました。これも酒井直樹、キャロル・グラック、ヴィクター・コシュマン、マサオ・ミヨシ、ハリー・ハルトゥーニアンさんらが執筆をしています。

いずれもコロックの記録ですが、一九八〇年代の後半に、アメリカの日本研究が、ポストモダンという文脈のもとで紹介され登場し、鋭利な日本分析をおこなっている。ここでいわれている「ポストモダン」は「日本」を脱構築する文脈で使用されており、さきのポストモダン＝江戸学とは異なるものであったということができます。

上野　この時には、すでにアメリカの日本研究が世代交代しているということが前提です。

成田　その通りですね。アメリカの日本研究は、ライシャワーから始まる議論が、ドナルド・キーン、エドワード・サイデンステッカー、マリウス・ジャンセンさんらに引きつがれますが、彼らの研究対象と研究方法が批判をうけ、日本研究の主体が、さらに次の世代に移ってきています。そのいわば第三のウェーブとしてハルトゥーニアンさんらは登場してきています。

彼らはそれぞれアメリカでは文化人類学者であったり、歴史学者であったりするわけですが、その研究を八〇年代後半に受け止めるような土壌は「現代思想」という枠組みにおいてしかなく、文学研究や歴史研究の領域において彼らと一緒に仕事をしていくのは、もう一〇年くらい後のこととなります。

岩崎　そういうアメリカの日本研究を、ストレートに日本史に突き合わせるという挑発を行ったのが、ひろたまさきさんであり、それからここにいる成田さんでしたね。

上野　アメリカの日本研究は、日本の現代思想にどんなふうに逆流していますか？

成田　先程の議論を繰り返すことになりますが、日本の文脈を「近代」の文脈におくこと。特殊な近代の日本ではなく、普遍の近代を営む日本であることを前提とし、そのうえで、「日本」の「近代」を批判的に考察していったということにあると思います。「日本近代」ではなく、「日本」「近代」への批判的考察。

しかも、「歴史」や「文学」、あるいは「文化」を対象として考察されるのですが、「日本」の問題化にとどまらず、このときには「歴史」「文学」「文化」もまた脱構築されていくのですね。「日本文学」と設定された問題が「日本」「文学」と問題化され、ともに近代に作られた概念として俎上にあげられ、そうした「日本」「文学」を必然化する共同性・同一性を批判的に問題化していくということが、ここで遂行されていると思います。

上野 ということは、国民国家論以前に、八〇年代のポストモダンの中で、すでに日本という同一性の脱構築は始まっていたと。

成田 そうですね。近代の産物として、構成的に「日本」と「文化」を考察する動きがあり、それらが紹介され、議論されていた場所があったということです。

上野 それは両義性を見ておかないといけないと思うんですが、日本という同一性を先に作ったのは誰かというオリエンタリズムの問題があります。アメリカにおけるアジア研究というか、地域研究の持っている植民地主義的なまなざしの解体が主題となっていたからこそ、日本という同一性の解体が外からの眼差しで起きました。その担い手が、マサオ・ミヨシや酒井直樹さんのようなアメリカにおける日本のディアスポラ知識人でした。

岩崎 日本において、それも保守的な知識人が、一生懸命日本の文化を擁護する論陣をはりつつ、そのボキャブラリーが『菊と刀』（社会思想研究会出版部、一九四八年／平凡社ライブラリー、二〇一三年）であったりすることは、戦後ずっとあったことでもありますね。アメリカによって与えられた規定のなかで、その語彙のなかで、日本の劣位性を駁論したり、優位性を語るというような倒錯したことが起きるわけですね。でも、酒井さんの場合は、その関係をむしろ逆にした。アメリカの地域研究によって日本や東アジアに対して付与される意味を、また地域研究の言語を、徹底的に無効にする読み解きをしてみせたわけですね。それが、九〇年代の日本の批判的な仕事に多面的な影響を与えました。『死産される日本語・日本人』(新曜社、一九九六年)と『日本思想という問題』(岩波書店、一九九七年)は、日本語で書かれた哲学書(とあえて言いますが)としてはこの時期もっとも引用された仕事なのではないでしょうか。

成田 それはおっしゃる通りで、彼らは「日本」の読者に向かってこの問題を論じているのではありません。「日本」の読者が特権的な位置にいるのではありません。彼らが英語で議論をするときには、「日本」をふくむ、より広範な読者を想定しています。つまり、「日本」は素材と対象の事例であり、「日本」自体の解体に論をとどめるのではなく、共同性・同一性のあり方そのものに照準をあてています。そのことをふまえたうえで、こうした議論の登場は、「日本」研究が、もはや「日本」の中で閉じた形で行うことが不可能になったということを示しているといえますね。

さまざまに展開される、脱構築を図る「日本」研究と連動しながら「日本」研究の根拠を問うことが要請されており、そのことによって新たな問題への広がりが作られていくということです。

上野 そうですね。脱構築論以後の日本論では、「日本」なるものが言説的な実践の効果であるということが、内外共に共通の認識になってきたと思います。

岩崎 『死産される日本語・日本人』は国民国家論と結びついて、日本というものを脱構築していくとはいえるけれど、問題として同時に出してきたのが、レイシズムの権力という難問だったと思います。現代レイシズム批判は、酒井さんの非常に重要な課題であり、しかもそれは、これまで日本では狭義に人種主義＝レイシズムといわれてきたものとはかなり違う説明概念であると思うのです。だからといって、勝手に拡大しているわけではありません。むしろ、九月初めまで南アフリカ共和国のダーバンで開催されていた反人種主義会議でも、広い意味でのレイシズムの概念が用いられ、またその用法こそが、旧宗主国にとって脅威だったのですね。現実の権力関係のなかに裏づけがあるわけです。もちろん酒井さんは、複雑な理論的な装置としてこれを考えているし、叙述しているのですが、戦後思想ということでは、かれがはじめて、レイシズムの問題を重要な社会関係の標識として顕在的に語りました。酒井直樹のその仕事の背後に、サイードとかホミ・バーバなどもひかえているということも分かってきた。そういうものを通して、たとえば西川長夫さんが『国境の越え方』などで孤立しつつ格闘してきた国民国家論やナショナリズム批判が、いろいろな理論へとつながっていく可能性を開くことにもなりました。

上野　ポスト冷戦期の開始以前に、八〇年代が「人的移動」ということで画されるようなグローバリゼーションの時代だったということを、前提条件としてあげておく必要があるでしょう。酒井さんもその一人ですが、サイードやスピヴァク、トリン・ミンハやレイ・チョウのようなディアスポラ知識人たちが果たした役割があります。そのような人たちが「帝国のまなざし」がおしつけるアイデンティティに抗して、自らの帰属すべき同一性を解体していくという作業をアメリカの内部でやってきました。だからこそ「日本」の脱講築という課題も、日本という枠組みの中だけで考えることはできず、グローバルな文脈の中で捉えなおす必要があります。

成田　その場合のディアスポラとは、強引な言い方をすれば、国境を越えるという意味合いと同時に、ディシプリンの境界を超えるという意味合いもあると思います。つまり今までは歴史学なら歴史学の内部、社会学なら社会学の枠組みの領域内で議論を組み立ててきたけれども、そういう作法が九〇年代に入って壊れた。あるいは、壊したところであたらしい仕事が出てきている。国境と専門の境界という二つのバウンダリーが越えられたところで、あらたな領域がつくられ、交流がおこなわれているといえると思います。

戦争責任、戦後責任

岩崎　八〇年代が断絶の世紀であり、正真正銘の失われた一〇年だったというネガティブな面と、同時に従来の問題を、近代そのものに内在した、近代そのものの抑圧の問題に広げていったという面と、両面を持っているとしましたね。

一方で九〇年代も、いま言ったように、ディアスポラという問題を含み込んで考えられるような広がりを持つと同時に、他方でバブルのつけが回ってきたというか、グローバリゼーションのインパクトを受けながら、経済的に低迷している状況でした。

上野　ただ、八〇年代までの諸現象は近代の枠組みでまだ解けるんですね。実際に近代の枠組みからはみだした変化が眼に見える形で起きてきたのは九〇年代です。九〇年代を「失われた一〇年」と言うのは、成長神話に侵されている人の眼からであって(笑)、むしろ九〇年代になってポスト冷戦期以降のインパクトが思想と構造の変化に及んだといえます。その効果が、加藤さんの『敗戦後論』につながっていくと思うのですが。

成田　冷戦構造が終わるとともに、「戦後責任」という問題が一気に吹き出してきました。とくに、アジアからの問いかけが次々に出てくることが、重要な思想的な課題を突き付けてきただろうと思います。未解決の問題としての戦争責任が、戦後思想の質をもう一度問い直すという事態の出現です。

とともに、八〇年代を経ていますから、「応答すべき主体」があらかじめ存在するのではないということが前提とされています。実際的にも戦争経験のない世代が、いかに、いかなるかたちで戦争責任をひきうけるかは、議論がなされる必要があったでしょう。こうしてアジアの人々からの問いかけに、どのように応答するかということが問われてくるという状況となりました。

岩崎さんが議論されている「記憶」の問題系はこうした文脈のなかで重要なものとしてとりあげられていったと思いますが、ここには、すでに指摘されている「記憶の抗争」といった事態が出現しています。アジアからの問いかけに苛立ち、居丈高な身ぶりで、ナショナルなものを強調するという動きも同時に出てくる。あたらしい対立の構図が九〇年代にはつくられてきたと思います。

岩崎　その前に、従軍慰安婦問題をめぐる論争情況がありますね。キム・ハクスンさんのカミングアウトを端緒として、この問題が一気に焦点となりました。というよりも、上野さんの言い方では、ようやく可視化したわけですね。そのことに関しては、吉見義明の『従軍慰安婦』(岩波新書、一九九五年)はとても大事な書物ですね。また上野さんも参加した会議の記録集で、青木書店から出ている『ナショナリズムと「従軍慰安婦」問題』(青木書店、一九九八年)もあります。それから、上野さんご自身の『ナショナリズムとジェンダー』(青土社、一九九八年/岩波現代文庫、二〇一二年)。

その他方で、ひどいバックラッシュがあり、「新しい歴史教科書を作る会」の系列の本がつぎつぎに出てきた。

それから、それらとは一応区別して、加藤典洋の『敗戦後論』が端緒となる論争がありました。一時は、「歴史主体論争」と名付けられた論争でした。この問題に関連して、高橋哲哉の加藤批判は、あらためて戦争責任と戦後責任という問題をクリアカットに出してきています。

上野 冷戦構造の崩壊がネオナショナリズムの存在する余地を生み出しました。右翼が親米でなければならない戦後のねじれがようやく解かれて、右翼が反米になれた、めでたいことじゃあございませんか。石原慎太郎のように反米を声高に言い立てることもできるようになりました。

岩崎 石原が反米になっているかなあ。

上野 もっとなってほしいですね（笑）。

岩崎 反米の身振りでありながら、深く従属的な親米派ですよ、かれは。九月一一日のことでも、あれは反米というのではない。グローバリゼーションの文法とナショナリズムの語彙が、癒着した形で展開されているのです。現政権だって、We must fight! などと平然と打ち上げながら、長い間右翼にとってけっして越えることができなかった「九条」の壁を、何も考えていない奴は強いですね、パッと跨ぎ越してしまう。ですから、戦後保守知識人の親米と反米のヤヌス性という問題は、まだ片づいていない。それはたぶんずっと片づかない。グローバリゼーションのもとでのユニラテラルな支配の中で、それはずっと続いて行くと思うんです。ナショナリズムもそれだけでは成り立たない。グローバライゼーションの中のナショナリズムという有りようをずっと繰り返しつつ、それによってこそ活性化し、生き延びていくのではないでしょうか。

成田　グローバリゼーションのもとでのナショナリズムも、単純な形ではなく、八〇年代をそれなりに経過して様々な要素が寄り合い構成されていると思います。単純な復古型のナショナリズムに加えて、想像の共同体としての国家－ナショナリズムをいい、そのゆえを以て確信犯的にナショナリズムに参与する主張が出てきます。多文化主義的なナショナリズムとともに、原理主義的なナショナリズムの存在もある。

ナショナリズムといったときには、普遍／特殊をめぐる議論が基底におかれているのですが、先ほどからの議論のように、その関係はゆらいでいます。必然的に、ナショナリズムをめぐる議論も複雑です。「国民」の構成性もいわれ、あらかじめ実定的な「国民」を想定できないという認識が、ナショナリズムを強調し唱える人びとのなかでもでてきている。多様なナショナリズムの現象形態が形成されており、ナショナリズムを考察するばあいには、慎重に腑分けしていかなければなりません。

このことは、これまで考えてきた「近代」「日本」への批判的視座をどこに置くかということとも関連しています。どのような形で批判的に「近代」「日本」を考察することができるかということも、かなりやっかいな問題になってきています。

近代日本の「近代」を批判しようと思うと、「日本」を根拠としナショナルなものに軸脚を置きがちになる。また「日本」を批判しようとすると、モダニズムに先祖帰りするような形になるということです。冷戦構造の下で、きれいな二項対立ができていた状況から、さまざまな要素が複雑にからみ合うという状況になってきています。お二人のやりとりのなかでのアメリカに関しても、親米的な右派もいるし、反米的な右派も出てくるということではないでしょうか。

岩崎　そこで、『敗戦後論』なんですが。まさにいま、九〇年代における「アメリカの影」ということも問題になっていると思うんですが、『敗戦後論』というのは、そんなに大きな仕事なのでしょうか。

成田　歴史学の立場からいうと、「六〇年」というのはミステリアスナンバーで、六〇年経つと、出来事は体験の軸を離れて言説の軸で語られるようになります。つまり、六〇年の間にいろいろな議論が出てきたけれども、その期間は、結局「体験」という参照軸を抜きにしてはなかなか議論を組み立てることは出来ず、六〇年という時間を境にして、言説による分析の対象になる。明治維新の考察など明らかにそうです。明治維新後六〇年というのは一九二八年でした。ここから、明治維新の新たな分析が出てくる。しかも複数出てきました。そのことを考えると、『敗戦後論』というのは、敗戦後六〇年に少し充たない時期に出てきていて、敗戦という出来事の言説分析のもっともはやい試みのひとつということができると思います。

上野　『敗戦後論』は戦争責任の問題を戦後責任の問題に置き換えたという功績があったと思います。わたしが「慰安婦」問題に他人事ならず取り組んだというのも、過去の戦争責任というのももちろん伴うわけですが、むしろ現在進行形の家父長制の責任だという問題意識からでした。これは日本という国家だけでなく、日本の女性とフェミニストがいかに戦後責任を果たしてこなかったかという問題と結びつきます。加藤さんのなかには、単なる戦争責任ではなく、戦後処理を伴う戦後責任を問うという問題の立て直し方があったと思います。その限りでは戦後責任というのは戦後世代にとっても無責任ではいられない問題で、だからこそ応答可能性とアカウンタビリティが問題になってくると思うんですが。

ただ、その際、責任主体がふたたび近代的な主体として立てられざるをえなくなるという隘路に陥ってしまった、というのがわたしの見方です。ポスト冷戦期以降、もはや日本というひとつの地政学的なテリトリーが自動的に成立しないという文脈のもとで、ふたたび近代的な主体を立てるということは反動以外の何物でもない。その意味でわたしが脱構築的な主体ということを言ったら、フェミニズムの近代主義者の陣営から集中砲火を浴びました。

岩崎　戦争責任から戦後責任へと問題を移しかえた、とおっしゃったんですが、たとえば金丸信がかつて北朝鮮に行った時に、はずみで「戦後責任」という言葉を口走ってきた。それで自民党内からも右翼からも叩かれたわけですが、戦後責任という言葉をつかうこと自体はどうということはない。

一九四五年八月一五日がどういう形で戦前と戦後を作ったかというのと同じように、『敗戦後論』も、戦後とかいうもの、つまり「ねじれを生きてこなかった戦後」とか、「穢れ」というものを、加藤自身が作っていると思うんです。加藤のディスクールはヌエみたいですから、何でも自分のものにしてしまうという特徴がある。自分の言っていることはハーバーマスと同じだ、ハンナ・アーレントと同じだ、ヤスパースと同じだっていうわけです。どういう構造になっているんだろうと思いますが、かなりむちゃくちゃなことをする。他方で、実感的な同一性の主体、責任を取るナショナルな主体というものをつくることになっています。そういう実質の方はだいたい一貫している。それがどのように機能するのかは、上野さんの御指摘の通りだと思うんですが。

上野　まず「主体」になろうというわけですからね。

岩崎　今日、ぼくはずっと主体性論にこだわってきました。戦時動員の主体、戦後革命の狭隘な市民へと自己規律化する主体。革命にたつマルクス主義的主体。そしてここに来て、戦争責任を取るナショナルな主体。それもやはり反復である。「戦後」を主体であるとともに従属である subject の逼塞するドラマトゥルギーとして見たときに、とてもまたナショナルな主体には帰れないはずと思うんですが、それが『敗戦後論』で出てきている。だから、上野さん。戦後責任を言ったことが『敗戦後論』の功績ではなくて、むしろ上野さんが最初に共有しようとおっしゃった、戦後というもののファントムを作っているという生態の反復でもあるんです。そこをはっきりさせておかないと、どんどん明治じゃなくて、「戦後は遠くなりにけり」になってきているから、いくらでもお話がつくられてしまう。

上野　『敗戦後論』が出てきた時に、『アメリカの影』でスタートした加藤さんは、出発時には江藤批判者であったはずなのだけれども、『敗戦後論』で江藤淳をひとつの系譜とする戦後思想の正嫡になったと思いましたね。

成田　戦争責任から戦後責任へと言う議論は、大沼保昭『東京裁判から戦後責任の思想へ』（有信堂高文社、一九八五年）などをはじめとして、八〇年代の後半からあります。加藤典洋さんやら、ましてや金丸信らの提供した論点ではありません。『敗戦後論』でなされているのは、いままで戦後を作ってきた文脈の組みかえ、戦後の無化の作業ではないでしょうか。
たとえば文学者では、大岡昇平や大江健三郎さんといった作家たちが小説やエッセイで戦後を描き、「戦後思想」の核をつくっていきますが、加藤さんは彼らの言説を読み直し、戦後を紡いできた戦後文学者の議論の要の部分をはずしてしまう。そしてそのことによっていま上野さんがいみじくも言われたのですが、「修正」された「戦後思想」の嫡流に自分がなっていくという作業をしていると思うのです。
随分と暗い認識となるのですが、『敗戦後論』が出たことによって「戦後思想」がひとまわり周り終わったと言うことすら可能だと思います。

岩崎　『先祖の話』と『敗戦後論』というのは、ダメなところがちょっと似ている。今日の鼎談の最初に話しあいましたが、両方とも「喪の仕事」に関わる問題を扱っています。でも、そのときに弔われる兵士たちとは誰か。両方とも、ものの見事に、実際の戦争の最大の被害者たちを消去しています。弔われるのは、自分自身に連続するようなひとたちです。加藤典洋の場合は、すでに六〇年近く経っている訳だから、簡単に伝統という話にはならないけれども、「土管の内外」という比喩でやっていることと、『先祖の話』の中で柳田が淡々とやっていることは通じている。

上野　言説遂行的に言うなら、自分と死者が連続しているような論の立て方というより、論を立てることによって連続性をうち立てたと言うべきですね。それはある意味で死者の領有です。死者がまったき他者であるとするならば、死者は誰によっても領有できないはずです。『敗戦後論』については、部数の割にあれだけ評のたくさん出た本はなかったけれども、あれだけ評判の悪い本もなかった。あの本はどういう人々のどういう神経を逆撫でしたということになるんでしょうね。

岩崎　「神経を逆撫で」ですか。むしろ、「神経を逆撫で」したのだという身振り、戦後崩しのような身振りのほうが、かれには大事だったんではないですか。そして、それが受けた。加藤の『敗戦後論』が評判が悪かったと言い切れるのかどうかも僕は疑問です。ナカニシヤから出ている本などの中でも加藤典洋にエールを送っている論文がたくさんありますし、身の回りを見ていても、従来ある程度認識を共有しているつもりでいた先輩たちが、不用意なほどかれに自分の屈託を投影し、倫理的なものの息苦しさ（そのシンボルが高橋哲哉だということなのですが）を拒み、その分加藤の議論に同一化しているのを見ると、複雑な思いがします。加藤の表現が受けたのは、そういう自己投影を誘発するような書き方になっているからではないでしょうか。

成田　歴史学のなかでも、ある人たちは加藤典洋さんを評価していると思います。その人たちは、「新しい歴史教科書を作る会」のグループを「復古」的として斥けるのですが、加藤典洋さんがいうところの外と内に対しての二つの使い分けという発想――「ねじれ」の指摘は、ある意味では歴史学における考察の結果と重なるところがある、とする。だから、仮にイデオロギー的には反対しても、加藤さんの根幹に触れるところの批判は出されていないのです。

上野　それはそうです。あの「ねじれ」というのは江藤がまさに指摘したことです。江藤の占領研究を背負っているんですよ。

上野　九〇年代にはいってからは、ポストコロニアリズムの文脈ですぐれた仕事がいくつも登場しました。在日の鄭暎恵さんの『〈民が代〉斉唱』（岩波書店、二〇〇三年）とか李孝徳さんの『表象空間の近代』（新曜社、一九九六年）、姜尚中さんの『オリエンタリズムの彼方へ』（岩波書店、一九九六年／岩波現代文庫、二〇〇四年）、日本人では駒込武さんの『植民地帝国日本の文化統合』（岩波書店、一九九六年）とか小熊英二さんの『〈日本人〉の境界』（新曜社、一九九八年）、それに石田雄さんの『記憶と忘却の政治学』（明石書店、二〇〇〇年）。小熊さんの仕事は、とくに沖縄の革新ナショナリズムをめぐる議論が圧巻でした。

成田　いろいろな叙述のスタイルが、ポストコロニアルを巡っては試みられています。たとえば「小説」という形式が、ポストコロニアル状況を描く、初期の表現形態であった。「小説」が、ポストコロニアルを体現していたと思いますが、そのことが自覚され、近年では研究の領域でもその視角からの分析がおこなわれるようになりました。ポストコロニアルを考慮するとき、それをどのようなスタイルで記述するかについて敏感であった、ということです。宗主国と植民地の関係は、主体や言語のありようにも入り込み、宗主国の言語での考察＝表現自身がポストコロニアルの関係を提示してしまうことへの警戒があるのですね。対象をどのように想定し、認識し、いったい誰にむかって「報告」するのか。この模索はいまだに続けられています。

このとき、駒込武さんに代表される議論は、いままでの植民地研究の枠組みを壊すと同時に、旧来の植民地研究を継続させていた戦後日本のナショナリズムを批判するという作業となっています。戦後日本のナショナリズムは、宗主国として植民地を領有していたという自覚を欠落させており、従来の植民地研究ではそこへの批判が届かなかったのではないか、という意識に基づく議論です。こうした議論が九〇年代にはいって目立つようになった。これは大きなことだと思います。

上野　沖縄関係で付け加えるなら、新川明さんの『沖縄——統合と反逆』(筑摩書房、二〇〇〇年)が力作です。

成田　新川さんの本が復刊されたこと自体が、ポストコロニアルの状況を証拠だてていると思うんですね。新川明『反国家の兇区』が刊行されたのは、七一年で沖縄の「復帰」直前のことでしたが、それが九六年に再刊になったのです。薪川さんの「反復帰論」という、沖縄と本土のナショナリズム批判があらためて注目されたということでしょう。沖縄、台湾、朝鮮半島、そして「満州」からいまや南洋諸島にまで地域的な広がりをもって、帝国日本を検証する作業が始まっています——日本帝国の領域において何が起こったのか、その関係の構造が、いま、問い掛けられ問い直されようとしています。

上野　アイヌを付け加えるなら、花崎皋平さんの『アイデンティティと共生の哲学』(筑摩書房、一九九三年／平凡社ライブラリー、二〇〇一年)があります。テッサ＝モリス・スズキさんの『辺境から眺める——アイヌが経験する近代』(みすず書房、二〇〇〇年)も重要な仕事です。

岩崎　そうしたことを、あれもありますこれもありますではなく、どう位置づけることができるのか。勝手に高みから位置づけるな、と叱られそうなんだけど、この鼎談の趣旨はとにかく見取り図をつくってみることだから許していただくとして、それは権力とよばれるべき戦略配置が多元的に見えてくること、あるいは見えてくるようになったことと関係があると思うのです。

権力の問題を考える中で、クラスという問題とジェンダーの問題がある。それは、資本制と家父長制という支配に対応する。第二波フェミニズムの問いかけであったところのジェンダーという問題と、それから従来の問いであったところのクラスというものとの相関関係の中で、どちらの一元論にもいかないパースペクティブを構築するぞ、ということを九〇年代の最初に上野さんはおっしゃっていましたね。さらに九〇年代に入ってきて、レイシズムとナショナリティという指標がかなり明示的になってきた。

上野　レイスよりエスニシティとかナショナリティの方がいいのではないでしょうか。

岩崎　人種というとやはり制約されてしまうと思うので、意図的にレイスという言葉を使おうと思っているんです。九〇年代のポストコロニアリズムの問いがそれを出してきていて、支配の問題をさらに輻輳的な関係の中で考えざるを得なくしました。そういう意味で、問いは厄介で複雑なものとしてちゃんと開きはじめていると思うんです。だから、上野さんの『家父長制と資本制』（岩波書店、一九九〇年／岩波現代文庫、二〇〇九年）はまだ第二段階の発想であった、と（笑）。

上野　そのとおりです。ですから自ら限界を自覚して『ナショナリズムとジェンダー』の方にシフトしたわけですから。

岩崎　そういう認識をお持ちなんですか。でも、あれはそのわりに物議を醸しましたね。わたしたちの社会的歴史的な現実を、輻輳的な権力の作用として考えることが当面の目標ですね。

それからカルチュラル・スタディーズと呼ばれる新しい仕事があります。九六年に日本で最初のカルチュラル・スタディーズの会議をしましたね。

成田　たとえば、吉見俊哉さん、小森陽一さん、あるいはやや様相が異なりますが、上野俊哉さんといった人たちの仕事は、カルチュラル・スタディーズの作品といってよいのではないでしょうか。つまり、いままでのディシプリンにとらわれずに問題を設定し、批戦的な文化研究として、これまで自明とされていた概念や前提それ自身を遂行的に検討・検証していくという作業です。また、『現代思想』は、「ろう文化」（一九九六年）をはじめ、「ストリート・カルチャー」「ブラック・カルチャー」（一九九七年）などを特集していますが、これもその一環といえるでしょう。ジェンダーやエスニシティ、マイノリティの研究と規定することもできるのですが、カルチュラル・スタディーズともいえるでしょう。今年の暮れから刊行が始まる『岩波講座　近代日本の文化史』（岩波書店、二〇〇一―三年）のねらいも、ここにあるのですが。

また、事後的な発見となるのですが、前田愛の研究は文学研究の領域にとどまらず、大きな広がりを持ち、カルチュラル・スタディーズの先駆といえます。『都市空間のなかの文学』（筑摩書房、一九八二年／ちくま学芸文庫、一九九二年）や『近代読者の成立』（有精堂、一九七三年／岩波現代文庫、二〇〇一年）などです。前田愛の影響を受けている人々は、予想以上に多いのではないでしょうか。

上野　八〇年代の後半以降、リブがフェミニズムになってから保守化したとか後退したとか言われていますが、学問的には八〇年代後半から九〇年代にかけてリブやフェミニズムの洗礼を受けた世代が次々にすぐれた仕事を世に問うことで学問的な収穫期に入ったと言えます。たとえば牟田和恵さんの『戦略としての家族』（新曜社、一九九六年）とか小山静子さんの『良妻賢母という規範』（勁草書房、一九九一年）、文学では、飯田祐子さんの『彼らの物語』（名古屋大学出版会、一九九八年）、平田由美さんの『女性表現の明治史』（岩波書店、一九九九年）、さらに西川祐子さんの『借家と持ち家の文学史』（三省堂、一九九八年）。別に日本研究を名のるわけでもなく、日本がたまたまフィールドだという形でジェンダーを分析のツールとして使いこなす仕事が次々に出ています。

成田　しかも、西川さんにしろ、飯田さんにしろ、文学史のかたちを借りながら、文学史を脱構築してしまいます。ジェンダーとは別の観点ですが、亀井秀雄『「小説」論』（岩波書店、一九九九年）、『明治文学史』（岩波文庫、二〇〇〇年）や、小森陽一『〈ゆらぎ〉の日本文学』（NHKブックス、一九九八年）なども視野に入れると、〈書く〉という営為が創出する主体、そこで形成される共同性および共同性のなかの排除、差別の構造などが、浮き彫りにされてきます。

これは、文学や文学史への欲望ということにも関連するのでしょうが、国民国家の共同性・同一性の形成と重ね合わせて説明されていきます。「文学」の正典化や「文学史」の連続性、「日本語」の正書法が作り出される過程を解明しつつ、そこから「文学」「文学史」「日本語」の根拠が空であること、あるいはその自縛力について言及していくのです。換言すれば、国民国家のなかに、いかなるジェンダーやクラス、レイスのからくりが入り込んでいるか、国民の感情がいかなる過程で創出されていくかを、あきらかにしていったと思います。「文学」や「文学史」を問い、そのことを通じて「日本」を批判する実践的な作品となっていますね。

上野　アカデミックな領域で、女性史からジェンダー史へ、女性学からジェンダー研究にシフトしたということは、既存のディシプリンにたんに「女性」という新たなイシューを付け加えることではなく、カノンそのものを解体するような仕事があらゆる分野で登場したということです。脱構築的な批評とかポスト構造主義の解説のなかでジェンダーをひとつの応用問題として位置づけるひとがいますが、それどころかジェンダー論とセクシュアリティ研究こそが脱構築的批評やポスト構造主義を理論的におしすすめてきた牽引力でした。

成田　プラスワンとして付け加えるのではなくて、書き直すという作業ですね。領域を成立させているものの根拠を問い、そのことによって領域そのものの転換を図る作業ですね。

上野　書き直し以上ですね。領域の解体に至るメタ批評行為です。

成田　まあ、でもそれは書き直しということではないでしょうか。概念を全部疑い直し、領域における正典とその根拠を俎上にあげ、そこでの文法から発話のスタイル、シンタックスを問うという作業ですが、それをひとつの作品として遂行的に実践して提供しているのですから。

岩崎　結局、九〇年代をひとことで総括すると、思想空間の再政治化と言えるかもしれません。再政治化ということは、ディシプリンをめぐっては今のようになるだろうし、狭義の政治的な状況の中でも起きていることです。その一〇年を経て、今にいたっていると言えるのではないでしょうか。

（初出：『現代思想』二〇〇一年一一月臨時増刊号、青土社）

第6章

団塊世代はどう責任をとるか

×鈴木敏夫（すずき・としお）

1948年生まれ。72年慶應義塾大学文学部卒業後、徳間書店に入社。78年に『アニメージュ』の創刊に参加。副編集長、編集長を務めるかたわら、84年『風の谷のナウシカ』を機に高畑勲・宮崎駿作品の製作に関わる。85年にはスタジオジブリの 設立に参加、89年よりスタジオジブリ専従。『天空の城ラピュタ』『となりのトトロ』『魔女の宅急便』『おもひでぽろぽろ』『紅の豚』『平成狸合戦ぽんぽこ』『もののけ姫』『ホーホケキョ　となりの山田くん』『千と千尋の神隠し』『ハウルの動く城』『ゲド戦記』『崖の上のポニョ』『借りぐらしのアリエッティ』『コクリコ坂から』『風立ちぬ』などスタジオジブリ全劇場作品のプロデュースを手がける。『かぐや姫の物語』では企画を務める。現在、スタジオジブリ代表取締役プロデューサー。著書に『仕事道楽　新版』（岩波新書）、『風に吹かれて』（中央公論新社）など。

昭和二三年生まれ

上野 わたしたち、同い年なんですよね。

鈴木 そうなんですよ、昭和二三年生まれです。

上野 そうです。高齢者におなりですよね、介護保険証が届きましたでしょう？

鈴木 よくわかっていないですが、たぶん。

上野 それでつくづく思ったのは、わたしたち今、人生一〇〇年時代にいる。これは樋口恵子さんの言葉です。女の平均寿命が八七歳で、男が七九歳。でも平均寿命じゃ死なないんですよ。早死にせずに、ここまで生きてきた実績のあるわたしたちは「地体力」があるので、たぶんもっと生きる。生きたくなくても生きるんです。しょうがないですよ、ほんとに。

鈴木 余計なことをいって申し訳ないんですが、僕のなんの根拠もない期待は、団塊の世代は早く死ぬ、ということなんです。

上野 死んでもらいたいんですけどね。前に西丸震哉さんだったかが「高度成長期に育った子どもは添加物とか公害とかに、いっぱい汚染されているから、きっと長生きしないだろう」と予言しましたよね。

×鈴木敏夫

鈴木　そうそう！　よく覚えていますよね。具体的な年齢もあげていましたよね。

上野　ただ、文科省が出している体力の年齢分布とか、肉体年齢を見たら、二〇年前の高齢者と今の高齢者は体力年齢も何もかも向上しているので、死なないでしょう。高齢者はゆっくり死にますので、もうしょうがない。つまりね、人生が一〇〇年ということになった。だとしても六六歳というのは三分の二を過ぎたということなんです。折り返し点どころじゃない。

鈴木　まだ三分の二ですか。

上野　あとはずっと下り坂ですから。どちらにしても最近わたしは、「私は」という主語で文章を書き始めると、自分の経験が過去形に属するようになってきたんです。他人について書くと限りなく「弔辞」に近くなるんです。「鈴木さんという人は〜でした」とか。それがすごく切ないんです。とても悲しいんですね。その人の成し遂げたこととか、存在の過半が過去に属するようになってきた。そういうときに、ジブリを回顧なさるというのは、過去になってしまったものをふりかえろうという試みになるということでしょう？

鈴木　いや、もう引き出しのなかにしまいたかったんですよね。だから、もうあくまで身は売らない。

上野　だいぶ売ってこられましたから（笑）。

鈴木　やっぱり立場上僕はそれをやらざるをえなかった。僕は損な役回りだなとずっと思ってきたので。宮崎駿や高畑勲は、いいですよね。つくってりゃいいんだから（笑）。そういうこと、「清濁」の濁のほうは僕のほうに全部来てしまって、それを請け負わなければいけなかったという、その恨みはありますね。

上野　鈴木さんがお書きになったご本を拝見すると、一言で言って「好きなひとと好きなことだけやってきた」と書いてあって、なんとお幸せな（笑）と思いました。

鈴木　それは自分でも自覚はありますね。気の合う人と出会えたというのは僕の最大の幸せかなと思っています。

上野　そうですよね。『仕事道楽』（岩波新書、二〇〇八年／新版、二〇一四年）というご本のタイトルはなかなかいいなと思いました。わたしも自分がやってきたことは学問という名の極道、世のため人のためではなく、自分がすっきりしたいがための極道だったと思ってきましたので。

鈴木　ジブリを三〇年やってきて、いろいろな人に支持されましたけれど、ジブリはいいところばかりじゃないだろう、悪いところもあるだろうと思うんです。はじめ、その功罪について上野さんに語っていただくのはどうか、と思いました。僕は上野さんについてそんなに存じ上げていたわけじゃないですが、辛口でいらっしゃるので、その「功」じゃなく「罪」のほうを語っていただけたらいいなというのが僕の素朴な想いでした。

上野　申し訳ないけどわたし、アニメフリークではないんです。だからずっと三〇年間ジブリの作品をフォローしてきたという経歴がありません。最近の作品は観ていますけど、斎藤環さんのようにあんなに熱く宮崎アニメを語れません（笑）。

鈴木　だいたい辛口といっても、悪口を言ってくる人がいないんですよね。僕は、上野さんはそういうことに長けていらっしゃるなと思います。

上野　プロデューサー稼業としては、ジブリが売れるためなら悪魔にでも魂を売るおつもりではなかったんですか。

鈴木　今回はそういう気持ちではないです。もちろん多少そのきらいはあるのかもしれませんが、三〇年間もやってくるとそういう気分もずいぶん失せてきます。なんといっても宮崎駿も引退しましたし。

上野　そうはいっても、いまはまさにジブリを組織としてつづけていくかどうかの節目なのではないのですか？

鈴木　ちょこちょこにやれればいいんじゃないかなという気はしているんです。だけど、これ以上社会的にやってもしょうがないという、そういう気持ちがあります。

上野　大所帯になって、それを抱えていく経営責任もおありでしょう？

鈴木　一応そうなんですけど、どうやったらそれを背負わなくていいのかというのも考えているんですよ。

上野　鈴木さんを見ていると、わたしには元々は個人プレーヤーだったひとがいつの間にか組織を背負われた感じがして。

鈴木　鋭い。

上野　今わたしは弱小ＮＰＯのウィメンズアクションネットワーク（ＷＡＮ）というところの理事長ですので、組織嫌いの上野が組織を背負っちゃったんですけど、今のわたしはＷＡＮのためなら、もし買ってくれるなら、悪魔にでも魂を売ろうという気分になってます（笑）。ですので、鈴木さんもジブリのためなら、よく知らない上野とリスクを冒してでも対談してみようか、と思われたのかなと。

鈴木　そこまでは。

上野　そこまではジブリに義理立てしていない。

鈴木　まあちょっと時間があったから、なにもやっていないとみんなにいろいろなことを言われるので、ちゃんと仕事やってるよというアリバイづくりですかね。

宮崎駿と高畑勲

上野　のっけからなンですが、『風の谷のナウシカ』が出てきたとき、宮崎さんの忠実な視聴者ではないわたしに、この原作にあたるものがあるって教えてくれた人がいました。『シュナの旅』（徳間書店、一九八三年）という漫画です。それを読んで感じたのは、ものすごく濃厚な終末感です。その終末感がいちばんよく出ているのが『ナウシカ』ですね。その『ナウシカ』を作った人が、これまでアニメをたくさんつくってきた。アニメって一応子ども向けですから、ジャンルの持っている制約というか宿命があって、破局は描けない。最後に救いがなければならない。あれだけ色濃い終末感をもったひとが、それをどんなふうにやりくりしてきたのかに、とても興味があります。

鈴木　面白い視点ですね。

上野　そうですか、誰もおっしゃいませんか。

鈴木　どういうふうにしてきたのかということについてたずねられたことは僕の知る限りありませんね。宮崎駿は非常にペシミスティックな人で、最初に会ったときからそうでした。全てのものに諦めがあるし、それが露骨に出たのが『ナウシカ』だと思うんです。彼を救ったのは、彼が得意なことです。つまり絵を描くこと。しかも対象は子供だったから、これがおそらく彼という人間のバランスをとらせるのにすごく大きなことだったんじゃないかという気がします。

上野　アニメというジャンルの制約であり、ジャンルの宿命。その制約や宿命のおかげで救われたということはあるかもしれませんね。

鈴木　そうです、だってアニメーションって本来子どものものだから、子どもに対しては絶望を語ってはいけないですから。

上野　どこかでハッピーエンドにしないといけない。

鈴木　希望を語らないといけない。その希望を語る一方で自分はどこまでも落ち込んでいけるという、そういうバランスをつくったんじゃないかな、と僕は思っている。

上野　なるほどね。ほとんど黙示録的といってもいいくらいの終末感ですよね。鈴木さんは世代論はお好きじゃないとお書きになっていたけれど、団塊世代は根拠のない楽天性をもっているとわたしは思っています。理由がないんです、そういう時代に生まれて育ってしまったから。

鈴木　ご指摘のとおり、そういう楽天性を持っていると思います。上野さんがお書きになっているのを読んで、まさに自分もそうだなと思わされました。

上野　団塊世代は、世の中というのは時間が経てば今より必ずよくなるという根拠のない楽天性を持っていた。それがぺしゃんこなってしまったのが3・11なんですが、それは置いておいて。その次の世代、わたしたちより下の、いわゆるオウム世代というのが、終末感をそのまま身体化したような人たちですね。オウムにあれだけ引き込まれるということが、それを証明しています。

鈴木 じゃなきゃ、ああはならない。身体化してるからそうなる。

上野 宮崎さんはわたしたちより少し上ですね。

鈴木 そうです、八歳上です。

上野 そうすると戦争中に生まれている。

鈴木 昭和一六年ですね。

上野 つまり、宮崎さんには戦時下の記憶がある。それはわたしたちにはまったくない。ただ、その次にきた人たちはまったく戦争中の記憶がないにもかかわらずあれだけの終末感をもって登場してきてしまった。現実にはナウシカはいないんですよ。現実では、ナウシカはオウムを止めてくれない。

鈴木 そうですね。『ナウシカ』という作品は危険だったんですかね。

上野 いえ、危険というより、幻想というか夢想というか……。斎藤環さんなら戦闘美少女というでしょうが、戦闘美少女は男の見た夢ですね。ところでナウシカはぜ少女なのでしょうか。宮崎さんのほかのいくつかの作品、たとえば『千と千尋の神隠し』とかでも、出てくる女は少女かバアさんかのどちらか。まん中がいない。

鈴木 よくご覧になっているじゃないですか。

上野　いくつか指折り数えるくらいです。ジブリの作品三〇年分を丹念に見てきているわけではありません。こんな対談をすることになるとは夢にも思わなかったので。性的な存在としての成人の女じゃなくて、性的な存在になる前の少女が登場する。ですから、初潮がきたらアウトですよね。『魔女の宅急便』では、初潮が節目。初潮前の少女しか描けない。その次は、あがった女です。

鈴木　お母さんですよ。

上野　お母さんもバアさんも非性的な存在ですから。

鈴木　日本人って結婚すると自分の女房のことをお母さんと言うじゃないですか。

上野　だから、その中間のムスメさんがいないんです。

鈴木　そういうふうにしちゃうんですよね。宮崎駿も奥さんのことを僕の目の前でも「おかあさん」と言いますよ。

上野　日本の男はみなそうですね。そうやって女を脱性化するんです。それで性的な関係を母子関係のような安全な関係に持ちこむわけです。

鈴木　ナウシカなんていうのも、あの絵を僕は見ていて、少女でありながらお母さんだと感じます。体型がそうなんですよ。

上野　そうです。少女でオバサンです。

なんで少女だったのか、それも戦闘美少女だったのかを考えると、わたしが言わなくても斎藤環さんが散々言っていることですが、少女というのは男の妄想のなかでは最弱者なんですね。拉致監禁してもかまわない存在。だから最弱者が突然反転して救済者になる「セーラームーン」のような存在はインパクトがあるんです。そうした少女に対するファンタジーがどこから出てきたのか。終末感と少女妄想の組み合わせが、宮崎さんにはありますね。

鈴木 推測で言うしかないんですが、一つは宮崎が男だけの兄弟、まわりに女の子がいなかったということは大きいんじゃないかな。僕らは映画をつくるときにいろいろな方から指摘されて、なぜジブリの映画の主人公は女性だらけなのか、考えてみたことがあるんです。理由はわからなかった。でも、考えてみたらこの三〇年、男を主人公にするのでは扱いにくかったんですよ。

上野 庵野秀明さんの『エヴァンゲリオン』はどうですか。

鈴木 あれだって女ですよ。主役は女。

上野 そうはいいますけど煩悶する少年が主人公なのでは。

鈴木 見ているのはそのまわりの女性たちです。やっぱりこの三〇年間、変化が激しかったのは女性ですから。

上野 それって、女がかまってくれて、救ってくれるという妄想ですね。わたしの目から見ると村上春樹にいちばん象徴的な妄想です。自分はなにもしなくても女のほうから関わってくれるという妄想。

鈴木 あんな都合のいいことないですよね。

上野 都合がいいから妄想なんです。それで少女を主人公にはしても、その少女が女になっていくプロセスやその後は描かないんですね。

鈴木　いやなんでしょうね。
上野　いやなんだと思いますよ。高畑勲さんの『かぐや姫の物語』を観にいったんです。原作にないシーンがいくつも出てきますよね。原作といっても、わたしが読んだのは子ども向けの物語だからほんとうの原作はわからないですが。
鈴木　わりと原作に忠実につくっています。
上野　そうですか。ものすごく印象に残ったのが、高畑さんが強調して描かれたと思うけど、少女が成人になるときの鉄漿《かね》つけの儀式。あれは史実にものすごく忠実ですね。それをあそこまで克明に描く。普通『竹取物語』を読んだ子どもたちは誰も知らないことです。大人の女になるということはこんなにいやなことなのかという身体的な経験を、これでもかというくらいリアルに描いたのは、とても現代的でしたね。
鈴木　もともと高畑はドキュメントが好きなんですよね。『かぐや姫』というのは一種の架空のドキュメントですよね。あの時代にもしカメラがあってずっと追いかけたらこうだろう、という。
上野　鉄漿つけというのは本当に史実通りで、女の子の成人の儀式って初潮と同時ですから一三〜四歳なんです。そのときにお歯黒を塗って、白い歯をわざとまっ黒にする。お歯黒は既婚女性の徴ではなくて、初潮と同時にお歯黒になるのは「性的に利用可能な女」になった徴です。宣教師のルイス・フロイスが日本に来て一六世紀の日本を描いていますが、日本の女性は世界に冠たる美しさをもっている、しかもたいへん闊達ですばらしい、だが、と一言書いているんです、「笑うと口の中に闇が覗く」って。

鈴木　フロイスの『日本史』ですね。

上野　ものすごい描写力です。

鈴木　あの人はそれを具体的に書き記している。

上野　そうそう、あのリアルさで描いてありますから。今の時代劇は女が鉄漿つけしていないから、みんな現代劇です。ウソばっかりで。

鈴木　『かぐや姫』でいちばんわからなかったのは牛車の乗り降りですね。どこにも書いていない。資料がないので、あれは勝手にこちらで推測でつくったんです。たぶんここしかないって。それと平安時代の建物っていわゆる玄関がないんです。だから牛車で到着はいいが、どこから家へ入ったんだろうというのがむちゃくちゃ難しかった。

上野　時代考証はどなたかついておられたんですか？

鈴木　いえ、高畑ですよ。あの人そういうことが好きだから。

上野　妄想というより想像の産物なんですね。

鈴木　調べられるだけ調べます。高畑さんは、そういう意味では学者ですよ。とことん調べてそれを映像化することが大好きだから。まあ趣味ですよね。『おもひでぽろぽろ』という作品になるんですが、これなどは、作品のなかに出てくる、紅花をね、やりたいって言い出して。

上野　徹底的に調べられたって、うかがいました。

鈴木　そうなんです。まず、紅花に関する本を全部集めた。といってもたいした量ではなかったんですが。さらに僕と二人で取材に行ったんですが、帰ってきてからが凄いんですよ、「あれは間違ってる」って。それで勝手に紅花の正しいつくり方というのをレポートで書いてしまう。

上野　そういう二人の才能を抱えて、鈴木さんのすごいのは興行的にも成功してこられたことだと思います。

鈴木　やらなければいけなかったんですよ。

上野　おもしろいなと思うのは、コンテンツ産業という言葉はお好きでないと書いてらしたけど、日本で生き延びてきたコンテンツ産業は誰が担い手だったかというと、「好きなことだけやってきた」という人たちが、結果として支えてきたわけですね。わたしは東大生を教えてきましたけど、二〇年近く彼らにいつも言ってきたのは、今、日本でグローバルプロダクツとして売れるのはコンテンツくらい、技術はどんどん移転していきますから最後に残るのはアイディアとコンテンツという情報生産物だけ。それをつくるのは「好きなことだけやってきた」、「好きなことしかできなかった」という人たちで、キミたちはそれを売る側にはまわることができるかもしれないけど、つくる側には決してなれないよ、と言ってきたんです。

鈴木　人のつくったものを右から左へまわすんだと。

上野　そうそう、つくり手には決してなれない。どちらが儲かるかはわかりませんけどね。もしかしたらつくる側より、売る側が儲かるかもしれないし。

鈴木　まあそうですね。世の中だいたいそうなってますね。

上野　そういう人たちがおられてそれが一大産業になって、ビジネスとして支えてこられたわけでしょう。もう一度、ジャンルの宿命というところに戻ると、やっぱり子ども向けジャンルというのは破局で終われない宿命を持っている。それについて考えたときに、わたしは思わず、七三年に自殺したコピーライターの杉山登志さんを思いだしたんです。業界では有名な人ですが、「ハッピーでないのにハッピーな広告はできません、あしからず」というのが遺書で、すばらしい名コピーです。バブルの時代でしたから、横文字職業でコピーライターって一行何千万円とかいわれていた。ですから、時代のヒーローだったんですけど。

鈴木　ニーズがあったわけですね。

上野　マーケットのニーズはあって、サクセスはするけども、マーケットに売れる商品は肯定的なメッセージだけ。マーケットに否定的なメッセージは決して送れません。そういう人たちがそうやって送るメッセージと自分の内面との間でどんなバランスをとっているのか、わたしは考えていました。杉山さんは死んでしまった。そのバランスのとりかたは宮崎さんの場合にはどうだったのか。さきほどのお話ですと、鈴木さんはジャンルが彼を救ったという見方ですが。

鈴木　さっき僕がいったことを繰り返すと自分の仕事が子ども向けのものであったということは大きいですね。でも、彼の性格もある。つまり、あらゆることにバランスをとろうとする性格です。極端に行きっぱなしにならない人なんですよ。極端に行くとすぐそれをフォローする。日常会話でもそうです。だから抉るようなひどいことを言っておいて笑いでごまかすとか。

上野　そういう点では、鈴木さんがプロデューサーとして関わることでチームがつくれたんですね。

鈴木　孤独になるのはいやな人なんですね。

上野　なるほど。

鈴木 彼は、ひとりにならなければいけないと言って、信州に自分で山小屋を持っているんです。そこに行くときはいちいち僕に「孤独になる練習をしてくる」と言って出かける（笑）。

上野 あはは。じゃあ照れ屋なんですか。ひとりになるのは、珍しいわけ。

鈴木 寂しがり屋ですね。なんでひとりにならないでスタジオで映像をつくってきたかというと、毎日人に会えるからですよ。その点は理由として大きい。寂しがり屋という部分も彼を救っているでしょうね。

ジブリと女性

鈴木 制約があったほうがうまくいきますよ。

上野 いろんな人の総合力が出ますから、一人ではできないことができる。

鈴木 高畑勲という人は僕はすごい有能で天才だと思いますが、彼は自分でこれをやりたい、とは言わないんですよね。こちらが無理矢理押しつけるわけです。そうしてそのなかでやってきた人だなと思います。

上野 たまりにたまったフラストレーションってないんですか。

鈴木 ある種のフラストレーションはあるでしょうね。宮崎駿はストイック。性格もストイックなんですよ。本当にいい人なんですよね。

上野 暴君みたいなふるまいはなさらないそうですね。

鈴木　全部とは言わないですが、でもかなりそうです。奥さんが大きいですね。こんなことを言っていいのかな、奥さんに気を許して話したことなんてないんじゃないかな。

上野　どういう意味ですか。

鈴木　自分の奥さんが、それこそ母親であり、尊敬の対象ですね。常に奥さんのことを気にしている。

上野　庇護者なんでしょう?

鈴木　庇護者ですね。

上野　失ったらどうなるんでしょう。

鈴木　相当ショックじゃないですかね。彼女が見てきてくれたから頑張ってこられたようなところがある。『おもひでぽろぽろ』を宮崎の奥さんが見て「高畑さんの最高傑作よ」と言った。それを聞いて思わず彼が言ったのは「おれの作品は一度もほめたことがない」って。常にお母さんに褒められる子どもというのかな。

上野　妻を母親にしてしまうのが日本の男の生存戦略です。

鈴木　その価値観のなかで非常にうまくいってきた例じゃないですかね。常に奥さんのことを気にしてますからね。それで怒られて、どこかで喜びもあるような気がするんですけど、そういうことで言えば、僕らの仕事って特殊なんですよ。要するに女性の力を借りなければできない仕事だった。

上野　アニメーターが女性、という意味ですか?

鈴木　そうです。必然的にアニメーションという仕事は女性に対してある敬意を払う。スタジオジブリのスタジオをつくった時にも、とにかく宮崎がいちばん最初に言い出したうちの一つは女子トイレを男子トイレの倍にしろということ。これなどは、単に上手に女性を使おうってだけじゃなくて、本当に彼女たちの力を借りなければできないっていう事情があったからですね。

上野　率直にお聞きしますが、アニメーターに男が来ないのは割に合わない仕事だからですか。

鈴木　それはね、スタートのことを考えないとわからないことでしょうけど……。うーん、わからないな。割に合うようになってきましたけどね。アニメーションの映画監督って女性も増えているんですよ。長編の『ドラえもん』なんかも気がついたら女性の監督がつくっている。なにしろ腕一本で世に出られる世界ですから、そういうことで言うと上手だったら力を発揮できます。

上野　でも、映画ってチームがないとできませんね。個人プレーでできる仕事ではない。

鈴木　たとえば『もののけ姫』という映画をつくったときに、たたら場で働いている人をすべて女性にしたわけです。あれなどは明らかに史実とは違う。ふつう男ですよね。しかしそれを宮崎は女性にしたかった。アニメーションがそうであるように、嘘なのか、それとも書かれていないのか、しかしいずれにしても、そういうこともあるかもしれない。だから堂々とやる。『紅の豚』でも飛行機をつくっているのは女性たちなんです。自分の職場の半分以上が常に女性だったということが大きかったと思います。

上野　じゃあ、実生活でも女性に支えられ、女性に対してファンタジーを持っておられたと。

鈴木　持っていますね。

上野　わたしは鈴木さんの本を読んで、「好きなひとと好きなことだけやってきた」って本当にうらやましいような仕事人生だなと思いましたが、一方で、驚くほど女の影がないことに驚きました。

鈴木　僕は違うのかもしれない（笑）。

上野　こういう男性同士が互いを認め合った仲間意識を、ジェンダー研究の用語では「ホモソーシャル」というんですが、女の影が見事にない。仕事仲間として、誰の背を見て働いてきたとか、誰と組んでおもしろかったというところに女が出てこない。出てこないのはどうしてなんだろうなと。

鈴木　差し障りがあるんですよね。そうやってご指摘を受けると、頭のなかで、あの人について、この人について、少し浮かぶんですよ。だけど、誤解を受けてはいけないとか、そういうことはありますね。

上野　誤解のないように書けばいいんではないですか。

鈴木　難しいですね。僕なんかはつい本音が出てしまう。

上野　じゃあ、女性の影はあったけどあえて書かなかったんですね。だから、「男の子たちの仕事」という感じがしたんだ。

鈴木　それはまずいですね。

上野　事実に反しているけどそういうふうな書き方をしてしまったと。

鈴木　だいたい女性が出てくると男女絡みの話が増えてしまう。

上野　いいじゃないですか、楽しい人生だから。

鈴木　言えないですよ。だってみんな現役ですし。

上野　そういうことが人生にふくらみを与えるんでしょう。

鈴木　それはそうなんですが……。男同士だとまだ日本の社会ってそういうことを言ってもみんなが誤解しない、だけど女性をその対象にしたとたんとやかく言う人がいる、結局そのせいでしょうね。
上野　ジブリの作品のなかからも性的な存在は危険だからとりはらわれ、鈴木さんの回想録からも危険なノイズはとりはらわれている。
鈴木　作品のほうは、僕はかなりやばいんじゃないかと思ってるんですけどね。たとえば『千と千尋』は、冒頭を見たときにびっくりしましたよね。見たというのは、彼が絵コンテを描くわけですが、そうしたらひとりの女の子が街に入りこんじゃって、お父さんとお母さんが豚になるものだから、街のなかを歩きまわり走りまわる、そのカメラがまとわりつくようにずっとついていくでしょう？
上野　ストーカー的目線？
鈴木　そうですよ。「宮さん、これやばいんじゃないですかね」って。僕はそう思ったんですけど。
上野　少女だから許されるというエクスキューズつきなのでしょう。まず体型がおばさん体型。足が短いし。あれが足がすらりと長かったりしたら、印象が変わりますね。
鈴木　『耳をすませば』がむちゃくちゃですよ。だって好き同士の中学生の男の子と女の子がいて、男の子が中学を卒業したらヴァイオリンの職人になりたいというんでイタリアに追いやる。その隙を狙って女の子に近づくじじいがいて二人でラブを語る。見ていて僕は頭がおかしくなりましたよ。こんなものを世の中に出していいんだろうか、という。

上野　でも、それが男のファンタジーではないですか。そういうかわいい女の子が自分の誘惑者になるという、ロリータ・コンプレックスですよ、そりゃ。
鈴木　やるならもっと堂々とやってほしいですよね（笑）。

『風立ちぬ』秘話

上野　もう人生の三分の二を過ぎていますから、ぼける前に回想録をちゃんと書かないと、そのうちメモリがどんどん脱けていくかもしれません。
鈴木　僕は辛いんですよ、そういうことを自分が立場上やらなければいけないというのが。
上野　なにが辛いですか？
鈴木　だってそんなことやりたくないでしょう。
上野　ジブリの生き証人としての使命があるかもしれませんよ。
鈴木　だからそういうことを求められるわけでしょう？　だからうんざりしてますよ。
上野　だってその役割を引き受けたんだから。
鈴木　誰かにやってほしいですよ。どうせ高畑とか宮崎はそういうことについて一切語らないわけです。
上野　作者は作品で勝負ですものね。
鈴木　かっこいいですよねえ。僕なんかみじめですよ。ずっとこんなことをやっていかなければならないんだから。

上野　証人ですからね。「回想」の年齢になったということですよ。

鈴木　それを自覚しろ、と。

上野　はじめに人生の三分の二を過ぎたという話題で言おうとしたのはそれなんです。わたしのところにも「昔の話をしてください」とインタビューの依頼がきます。わたしがたった今、何を考えているかじゃなくて、「回想」を聞きたいんです。

鈴木　だけど、上野さんの本は明らかに現在進行形の本でしたよ。さきほどご指摘を受けた団塊とジュニアの話は、上野さんの本を読みながらグサグサと刺さりました。僕には団塊ジュニアの娘がいるし、さっきの「どこかで楽天的」というのはまさに自分がそうで、俺だけかと思っていたらみんなそうなのかと。そうしたら、団塊ジュニアというのはひどい目に遭っていると思いました。茫洋と思っていたことを言葉にされたしんどさというんですかね。

上野　すみません、ミもフタもないことをいうのが社会学者の仕事なので。性格が悪いわけじゃないんですが。

　自分の人生の三分の二が過去に属するとなると、「こんな世の中に誰がした」といわれたら、われわれの世代はノーエクスキューズなんですよ。言い訳できない。そのことについて鈴木さんにお聞きしたいと思ったんです。最近わたしは悲観的なモードに入っているんですが、特に落ち込んでなかなか回復できないのが原発事故なんですけど、長い間わたしたちは前の世代に向かって「こんな世の中に誰がした」と言ってきたわけです。世の中気に入らねー、オヤジうぜー、と石を投げてきたのに、考えてみたらこちらがそう言われてもう言い訳できない立場に立たされている。鈴木さんが「グサグサ」とおっしゃったように、若い世代からそう詰め寄られたら、本当に言い訳できない。若い女の子たちがこれから出ていく社会を考えると、とてもじゃないけどよくなっているとは思えない。座視していたわけではなかったけど、「こんな世の中に誰がした」と言われたら「ごめんなさい」と言うしかありません。ですから著書の『女たちのサバイバル作戦』(文春新書、二〇一三年)のあとがきに、そのまま「ごめんなさい」と書いたんです。そうしたら二〇代の女性の読者から、あとがきまで読んだら電車のなかだったけど泣いてしまったと、感想のお便りをいただきました。大人の女の人からまともに謝ってもらったのは初めてだった、と。だいたいわれわれの世代は「いまどきの若いものは」ってすぐに言いますから、「ごめんなさい」と書いたのが通じたんですね。原発であれだけの事故を起こしても、ちっとも学んだようには見えないし、事故が起きてもナウシカは現れてくれないし。

鈴木 現れませんよねえ。

上野 人生の晩年といわれる年齢になって、まさかこんな気分にならなければならないとは予想もしなかったという感じがあるんですが、鈴木さんはどうですか。

鈴木 そうですねえ。なんというんだろう、とりあえず、僕の立場は忙しいことによってそれを考えないで済んできた。ところが、ここへきて少し時間ができて、それを考えはじめた、というんですかね。でもなんとなく考えるのが怖いんですよね。そういう気分です。

上野 『風立ちぬ』は、鈴木さんがぜひにとおっしゃって、宮崎さんが最後の長編のつもりでつくられた。最後のシーンに、破壊のあとが出てきます。その破壊を誰も食い止めることができなかった。堀越二郎という人は、たぶん大変誠実で真面目ないいひとなんだろうけど、こんな言い方は問題があるかもしれませんが、愚直にまじめに自分の役割を果たすことで、破滅への道のりを歩んでしまった、善意のアイヒマンみたいな立場に立たされた人ですね。その当時、堀越さんだけではなく、たくさんの自分の任務に忠実だった真面目な日本人がいた。それを示すのに戦闘シーンや破壊のシーンがなくて、最後の廃墟、つまり破壊のあとだけを出したというのはなかなかよかったんじゃないでしょうか。

鈴木　ちょっと関係ない話をするかもしれないけど、僕がはたで見ていて面白かったのは、宮崎は本当は戦闘シーンを入れるつもりだったんですよ。要するに堀越二郎が技術者だったとしたら宮崎も技術者です。零戦って最初どこへ出撃したかというと重慶だった。

上野　ああ、重慶爆撃ですね。世界で初めての戦略的大都市爆撃です。

鈴木　それを描こうとしていたんです。計画、設計もした。しかし、うまくいかないんです。その設計というか、自分が描けない。

上野　どうしてですか？

鈴木　若いときならいざしらず、今の自分ではそこを鮮やかに描けなかった。それによってそのシーンをまるごとやめてしまう。もし宮崎に力があって、そういう設計もできたらそのシーンも入れてるんですよ。

上野　あの重慶爆撃は、世界史上初の無差別大都市爆撃です。日本軍がまずやって、それを次にドイツ軍が模倣して、さらに米軍がやったんですよ。

鈴木 頭のなかでやらなければいけないと、彼は思っていたんですよ。そんなことをやったらこの映画が世間にどう受け入れられるか、ずいぶん僕とも話し合って、やろう、と決めてあったんです。

上野 シナリオにあったんですね。

鈴木 あったんです。ところが、いざ描こうと思ったらうまくいかない、技術者としての誇りというのか。

上野 気持ちなんですか？

鈴木 ただ単に入れるんならできるんです。しかし、みんなが見て「お！」というシーンにはできない。そこなんです。ただ単に説明のための絵だったら描けるんです。でも、彼は表現にしたい。実は内緒なんですが、自分が駄目だったから、ある人に頼んでそこをやらせてみたんです。でも、うまくいかなかった。

上野 これは秘話ですね。はじめて話されました？

鈴木 ええ。本当は内緒なんですけどね。それを見たうえでもう一度自分でもチャレンジする。でもうまくいかないからって、丸ごとやめるんです。

上野 納得のいくものができなかったと。

鈴木 そういうことです。

上野 どういうものだったら納得いったんでしょうね。

鈴木 どうでしょうね。技術者というのは面白いなと思います。たとえば、出てきた零戦ですが、そういう好事家たちはちょっとデザインが違うんじゃないか、と非難している人も結構いるんです。ところが宮崎は本当にあった零戦を描く気は最初からなかった。自分がもしその場にいたらこういうデザインにしていた、というものにしちゃうんですよ。一方で重慶の話は義務としてやらなければいけない、と思っていたんです。思っていたんだけど、実際には描けない、そのことによってやめざるをえなかった。

上野 それ、おもしろいな。作家にとって作品というのは人生を生き直すことだから、それを通じて彼は自分がもし技術者だったらこうしただろうという夢を叶えちゃったんですね。

鈴木 そのデザインのもので、重慶爆撃をどういうシーンにするか。描けたら本当は描きたかった。

上野 それを入れてたら、日本の加害性はものすごくはっきりしますね。零戦の加害性も。

鈴木 相当悩んでました。僕は関係者にも事前にそのことを伝えておいたんです。そういうことになるから、おそらくこれは問題にする人は問題にすると。でもやりたかったんです。僕も最後までこだわって宮さんに、言い方はよくないんだけど、要するにそのシーンが「ある」だけでもいいじゃないか、ということまで言っていたんですよ。それをきっかけにみんながいろんなことを語り出すし、僕は意味があると思っていた。うーん、難しかったですね。実を言うと最後の最後、零戦がブーンってちょっと出てきますけど、あれもなかったんですよ。あれはやっとのことで彼が入れたんです。そういうこともありました。これはたぶん僕も団塊の世代、昭和二三年生まれで、最後っ屁で少しは知っているって世代に属するからなんでしょうね。わかる人にわかればいいし、それがきっかけとなっていろいろな議論の対象になればいい。そういうことを考えたのはたしかです。

上野　『風立ちぬ』に3・11は影響していますか。企画そのものは3・11の前から？

鈴木　前ですね。だから関東大震災を描いていますが、あのシーンができたその日が3・11でした。そういう偶然が重なったんです。宮崎のまわりで絵を描かなければならない人たちが、関東大震災を描きたくないと言い出した人もいました。自分で描かなければならないでしょう、絵なんて具体的だから。宮さんも悩んで僕も相談を受けて、そのままやるべきじゃないかと。本当に恐ろしいくらいに「終わったー！」と言ったその日だったんですよ。そういう偶然が重なったんですね。

上野　もしそれが3・11の後だったら変わっていましたか。

鈴木　3・11の後にそのシーンを描くとしたら？　たぶん自制や抑制が働いてずいぶん違う描き方になったかもしれないです。そういうのって本当に恐ろしいですよね。

上野　3・11が『風立ちぬ』に与えた影響って、なにか痕跡はありますか。

鈴木　宮崎にこんなことを言ったんですよ。3・11の後、ずいぶん経ってからなんですが、「宮さん、『ナウシカ』の公開日っていつだったか覚えてますか」と。覚えてないというから「3・11だったんですよ」と言ったら「俺は関係ないよ」と言いだして。

上野　本当ですか、それ。

鈴木　だけれど、もし地震が起きたうえで関東大震災のシーンを描けたかというと描けなかったでしょうね。

上野　最後の破壊のシーンには影響がありますか？

鈴木　うーん、あれはなんやかんやですよね。さっきの「重慶のことを描かないかわりにこれをやるから鈴木さん、どう?」と訊かれたんですよ。僕は欲張りだからそれもやって重慶もやったらどうかと、それが僕の意見だったんですが……。『トイ・ストーリー』をつくっているジョン・ラセターという監督が『風立ちぬ』を見てくれたんですが、彼の感想は面白かった。「一つの技術が国を滅ぼすことがある」、そういう映画だよね、と。あー、でもご質問に答えるのは非常に難しいですね。

上野 いやな質問ばかりしましたか。

鈴木 いやいやそんなことはないですよ。そんなに深く考えていないからだろう、という気もするんですけど。

上野 直観でやっちゃっていることにあとで理屈をつければいいのですが。理屈と膏薬はあとでつく、と言いますから。

鈴木 あのころ、3・11の最中につくっていた映画は、その影響を受けて全部内容を変えたんですよ。あれは無性に腹が立ちましたね。地震が起きたということは、大変なことですよ。でもそれはそれとして、だからといってそれまでつくろうとしていたものの中身を変える、しかもちょろっとそのことの中身に触れる、そういう映画があまりに増えたんで、それはもう見ていていやでした。

上野 3・11の前からあの映画の企画があったということですが、あれで誰もが敗戦と原発事故を重ねあわせましたからね。

鈴木 まあそうですよね。今、再びという気分でいますけど。

上野 わたしが3・11の後で読んだ本でいちばん参考になったのは、経営学者の野中郁次郎さんたちが共著で書いた『失敗の本質――日本軍の組織論的研究』（ダイヤモンド社、一九八四年／中公文庫、一九九一年）です。そこには、日本軍の組織論的体質は戦後、日本の大企業にそのまま引き継がれたと書いてある。恐ろしい予言です。原子力ムラと東電を見ているとまったくそのとおりですね。日本軍は負けるとわかっていた破局に突っ込んでいって止まらない。同じことが今度も起きて、原発事故は「第二の敗戦」と呼ばれました。わたしはあのあと一二人の女性と対談して『ニッポンが変わる、女が変える』（中央公論新社、二〇一三年）という対談集を出しました。もう男に任せておけないと。わたしが会った人のなかでは年長の人、長い間生きてる人ほど将来に悲観的なんです。いちばん悲観的だったのが澤地久枝さん。それから石牟礼道子さん。澤地久枝さんは、「第二のフクシマはまた起きるでしょう」とおっしゃった。石牟礼道子さんは「フクシマは第二のミナマタになるでしょう」と、預言者みたいなことをおっしゃる。ゾクっとしますよね。

鈴木　テレビに出てもおっしゃっていましたね。

上野　わたしが尊敬するグレート・レディーズが何人かいらっしゃるんです。そのうちの一人が亡くなられた鶴見和子さんなんですが、和子さんが最晩年に澤地さんに電話をかけてきて、「澤地さん、日本はね、もう終わりよ」と、あの麻痺したカラダでおっしゃるんだそうです。それを聞くとゾクっとするでしょう。それで、「こんな世の中に誰がした」と自分の口からは口が裂けても言えなくなった。団塊世代の歴史的責任です。

鈴木　戦争責任みたいですね。僕は世代論がきらいというのではなくて、世代についてあまり考えてこなかったんですよ。それが正確な言い方ですね。

上野　考えずにすんだ。

鈴木　そう。やはり八歳年上の人とつきあってきたおかげですかね。難しいですねえ。

上野　わたしは大学教師をやっていましたから、目の前に次々と若い人が現れてくるんです。九〇年代あたりから、この終末感はなんなんだという子どもたちが登場してきた。団塊ジュニアが小学生くらいのときに、ノストラダムスの大予言が大流行りしました。自分たちが大人になる前に世界は終わると思って生きてきた世代です。それって戦時下の子どもと同じですよね。当時男の子たちは、自分の寿命は二十歳だと思ってた。『風の谷のナウシカ』がその世代の終末感に影響を与えたかもと思います。なぜかというとわたしに『シュナの旅』を教えてくれたのはその世代なんですよ。読んでびっくりしたんですよね。え、宮崎さんの、これが原点なのかと。

たとえ団塊世代の政治家にどういう人がいたかと考えたら、菅直人さんと鳩山由紀夫さんくらい。あっと言う間に消えましたが。今、政治の世界では政治のリーダーは次の世代に移っています。われわれの世代の少し上にはいわゆる良心的な知識人といわれる人たち、高木仁三郎さんとか宇井純さんとか最首悟さんがいました。そういう人たちがいてわれわれの世代はその後ろにくっついて石を投げていた。政治的には団塊世代も終わったと言われていて、次の世代、安倍さんから下の世代にいってしまっている。その次に登場してきている新しい世代は、宮台真司さんとか大澤真幸さん、オウム世代ですね。オウム世代がカタストロフを予期する一方で、カタストロフのあとを生き延びることを両方考えるのは不思議ではないと思います。宮台さんの「終わりなき日常」というのはカタストロフのあとの日常なので、カタストロフの前の日常ではありません。そういう世代があとから登場してきてしまったということに、なんとも言えない気分があります。

鈴木　若い人たちのなかからね。

上野　わたしなどは目の前に子どもたちがきて、その子どもたちが世代更新していくわけです。その子どもたちがあるときから、「え？　なにこれ」と変化していきました。いちばんショックだったのは自傷をする子どもたちが登場したときです。驚きましたね。自分を傷つけるくらいなら世間に石投げたほうがまし、と言いたくなるんですが、そうじゃなくなっちゃったですね。

ジブリの功罪を語ること

上野　そういう子どもたちに、たとえば『ナウシカ』が影響を与えたという証言を聞くとどんな気分になりますか。

鈴木　しんどいですよね。『ナウシカ』というのは一体なんだったたんですかね。

上野　時代と共振したからこそ、あれだけ巨大な広がりを持ったんだと思うんですが。

鈴木　やはりずっと気になっていたんですよ、子供に与えられるもので戦いがテーマになっていますから。そうすると目的さえよければ戦っていいのかということになる。そのことに対して僕は自分の考えを、思考停止してきたんですよ。僕自身はあまり戦うものって好きではなかった。だからなんでしょうけどね。だって基本的には同じですよね、特攻隊も。

上野　そうですね、みんな真面目で善良な人たちですから。自分に与えられた任務を誠実に果たした人たちです。

鈴木　なんでみんなこんなに戦いが好きなのか、それを娯楽として見なければいけないのか。僕は個人的資質でいうと興味ない、むしろ嫌いです。だからでしょうね。

上野　考えてみたらジブリの作品は戦いのオンパレードですね。『紅の豚』もそうだったし『もののけ姫』もそうですね。生き延びるための戦いですから。

鈴木　まあ、『もののけ姫』『ナウシカ』はそうですね。宮崎駿が好きなんでしょうね。戦いが。

上野　最初のアイデアは宮崎さんですか？

鈴木　ええ。ただ、『もののけ』なんかは僕がやろうと言ったんです。

上野　『風立ちぬ』だって鈴木さんがむりやり押し切ったふうに書いてありましたね。

鈴木　そこを追究されると悩んじゃいますね。

上野　でもあの時期に、日本の敗戦についてはどうしても一つ作品をつくっておく必要があると思われたんですね？

鈴木　それはそう思いましたね。

上野　思考停止どころか、どこかで歴史的責任を果たそうという思いがおありだったのでは？

鈴木　ほんのちょっと。

上野　ちょっとでいいんですよ、たくさんはいりません、たくさんあると鬱陶しいだけですから（笑）。

鈴木　あったことはたしかでしょうね。終末ね。だから、やはりジブリの功と罪はあると思っているんです。誰かに語ってほしいんですよ。いいところはいいところ、悪かったところは悪かったものとして。というのはずっとある。三〇年経ったから言っているわけじゃなくてその前からそう思っているんですよ。もう少し冷静に見てほしい。あまり情緒で判断するなと言いたいし。ものごとは最後は理性で判断するし、でもなにしろこういうご時世で、理性が追いやられていますよ。ちょっと辛いですね。

上野　時代がジブリの作品をつくったということもあるし、ジブリが時代をつくったということもある。あれだけの巨大な影響力ですからね、われわれの書物などは及びもつかないような。

鈴木　要するに、つくっていくときにお金がかかるようになったんです。それをつじつまを合わせるにはヒットさせなくてはならなくなったというのが基本的な構造です。

上野　させたいと思ってできるものでもないでしょう。

鈴木　でもそういう能力が僕のなかにあったんですね。

上野　どんな作品でもヒットさせる自信が？

鈴木　あったんです。

上野　すごい言い方だな。

鈴木　これはひどい言い方なんですが。なんでかというと大衆消費社会のおかげですよ。その仕組みをどこかで知っていたんでしょう。体で。どうして知っていたのかはよくわからないですけど、僕なんかは悪用ですよ。悪用なんていうのは非常に恥ずかしいのですが、一応社会学とかかじったんですよ。マックス・ウェーバーがどうしたとか『孤独な群衆』（みすず書房、一九六四年）がどうしたとか。そうしたところから勝手に……。

上野　社会学が役に立ったんですか。

鈴木　役に立ったんですよ。そういうところが団塊の世代ってひどいですよね。

上野　たしかに、メディア産業をコントロールしてそれに成功したわけですから。

鈴木　そういうことですよ。高畑勲にはそれを批判されましたね。

上野　自分の作品を売ってくれて、なんの文句があるんですか。

鈴木　文句を言うんですよ。ヒットしすぎである、と。そういうこともあったんですよね。僕は会社を続けたいと思ったから、別に儲かる必要はないと思っていたんです、トントンでありさえすればいいと。それだけを念頭に置いてやってきたんですが、これ以上やると罪だなと思ったから辞めようかなとちょっと思っているんです。

上野　どんな罪を犯されました?

鈴木　ヒットさせすぎですね。

上野　ヒットさせすぎるとなにが起きます?

鈴木　その影響を受けて、その作品のことを引きずる人が出てくる。それはどうかなということが僕のなかであるんです。映画なんてたかが映画で、見て楽しかった、それで終わってくれればいいんですが、いつまでもそれを引きずって、あの作品がよかったと言って、ある年齢を迎えてもそれを言うというのは、どこかでおかしいと思っているんです。

上野　メッセージ性があれば届きますからね。

鈴木　やはりメッセージが強かったんですかね。僕らは宮崎とも話してきたのは、まず第一に面白いものをやろうと。それが第一義ですよ。でも多少は言いたいこともあるから少しは入れようねという。そういうことがあったうえで、最後は、まあ、お金が儲からないと次ができない。

上野　それにしても、すごいです。時代が作品をつくったということは確実に言えるかと思いますが、作品が時代をつくったとも言えるほどの影響力を持ったという自負がおありなんですね。わたしなどは、フェミニズムが世の中をこんなふうにしたと言われたら、とんでもない、フェミニズムは時代の産物であって、フェミニズムが時代を変えたわけではないと答えます。

鈴木　僕らは職業的な訓練ですよ。僕も雑誌をやっていたから、なにがしんどかったかというと、僕がやっていたのはアニメ雑誌なんですが、要するにヒット作のあとを追いかけていたらしんどいわけですよ。僕はあるとき決めたんです。ヒット作を追いかけるのはやめようと編集部で提案したんです。自分たちでこれが今、人気があると決めて、それをみんなに広めようと、そのほうが楽だから。

上野　それに世の中が乗ってきたわけでしょう。

鈴木　ある時に乗ってもらえることがわかった。だって世の中の仕組みがそうなっていたから。

上野　乗せ方がメガヒットですから。ハンパなヒットじゃない。雑誌なんてせいぜい多くても数十万部でしょう。

鈴木　まあね……。いろんな人の協力を得たからでしょうね。

上野　今、好奇心がむらむらと湧いてきたので聞いてみたいんですが、鈴木さんの目から見て、ジブリの作品で後世に残る作品はどれだと思いますか。

鈴木　難しい。あるんですけどね、公的には言いがたいです。立場上言いにくい。かっこつきで言うなら『となりの山田くん』。これはすごい作品ですよ。本当にすごい作品だと思った。『もののけ姫』のキャンペーンでアメリカにいってＭＯＭＡでジブリのレトロスペクティブをやって、そうしたらむこうの担当者が、一本すごいのがあるって。なにかなと思ったらこの『山田くん』。パーマネントコレクションにさせてほしいと言われて、これは嬉しかったですね。

上野　ほかのじゃなくてそれを選んだということ？

鈴木　僕もそう思っていたので。

上野　『風の谷のナウシカ』は残るでしょうね。『風立ちぬ』はちょっとわからないけど。

鈴木　まあ、『となりのトトロ』じゃないでしょうかね。『ナウシカ』はどうなんだろうな、やはり勧善懲悪だから。

上野　時代と共振した作品だから、わたしは残ると思いますよ。最初にジブリの功と罪を誰かが論じるべきだとおっしゃって、それを知りたいと思われるのは当然でしょうが、わたしがその任に堪えないのは、そういうことをやる人はジブリ漬けになった人でないとできないからです。

鈴木　高見の見物でズバッとおっしゃっていただくのも（笑）。

上野　そういうものじゃないです。研究でもなんでも、自分がそのなかに浸かって愛憎ともにそこをくぐり抜けないと批評というものはできません。

鈴木　でもそれって二つあるんじゃないですか。なかに入り込んでそれをやる人と、外から見てそれをやる人と。

上野 いや、外在批判は、作品として出てきたものを読んでもおもしろくないです。

鈴木 鎌田慧さんが『自動車絶望工場』(現代史出版、一九七三年/増補新版、講談社文庫、二〇一一年)を、工場に季節工として入りこんで書いた。大宅賞の選考のときに「取材方法が汚い」ということで、そこから排除されましたね。あれは、僕ははたから見て「なにを言っているんだ」と思いました。

上野 フィールドワークをやったとか、そういうことじゃないんです。そこに魅了されたかどうか。魅了された人でないとほんとうの批評は書けない。

鈴木 いい悪いは言えない。なるほど。

上野 ジブリの功罪を語る役目は、わたしでは完全にミスキャストですよ。

鈴木 と言いつついろいろおっしゃっていただけましたよ(笑)。

『アナ雪』の衝撃

鈴木 この歳になって振り返ってみたらアメリカに翻弄されてきたなということを思い知らされたんです。

上野 アメリカ・コンプレックスがありましたか?

鈴木 よく覚えていますが小学校四年のときクラスメイトの高橋くんがいきなり「鈴木、徴兵制がはじまるらしい」って言ってきたんですよ。

上野 小学校四年生なら、朝鮮戦争は終わっていますよ。

鈴木 そのくらいですか。日本で徴兵制がはじまるということを言われたのがものすごく記憶に残っている。『少年マガジン』がじきにはじまるのですが、独立とともに、みんな、こうすれば日本は勝っていたという話ばかりでしょう？

上野 男の子って妄想系ばかりですね。

鈴木 一方、我が家に、テレビがやってきたんだけど、見てみたらそこから流れてきたのは全部、アメリカのもの。

上野 アメリカのホームドラマですね。『パパはなんでも知っている』とか。

鈴木 『ビーバーちゃん』とか。

上野 『奥様は魔女』とか。

鈴木 そうなると、テレビのアメリカは部屋を開けたら居間があっていろいろなものがあって憧れる、でも一方で『少年マガジン』ではにっくきアメリカの話でしょう。

上野 対戦相手はアメリカだと思ってました？

鈴木 それは僕、わかってましたよ、具体的に書いてあるんだもの。

上野 あのテレビから見える豊かさを見たら、勝てないって思いませんでした。

鈴木 勝てないとは思わなかった。

上野 えー、やっぱり男って妄想系なんだ。精神戦で勝てるとか？

鈴木　そうじゃないんですよ、なんでかというと、根拠となることを『少年マガジン』が資料として提供してくれていたから。

上野　情報統制するからでしょう。

鈴木　もちろんそのとおりなんだけど。僕は子供ながらにすごく覚えているのは、小学校の高学年にでもなると歌とかそういうものを聞くようになります。そうすると、それまであったいわゆる歌謡曲じゃなくてアメリカの歌に入れあげるようになる。生まれてはじめて買ったレコードはジョニー・ソマーズ、「内気なジョニー」。気がついたら中学高校六年間、僕は男子校でしたが、買ったレコードは日本のものがない。全部アメリカンポップスばかり。

上野　ビートルズは高校のときでしょ？

鈴木　そうです。一方で日本の若い人たちがアメリカの歌を和訳して歌っていた。いいなと思っていたら、それが日本の歌じゃなくてアメリカのものだったと知ったときのカルチャーショック。

上野　わたしの五歳年上の兄がプレスリー・ファンだったんですが、わたしはアメリカン・ポップスにはいれあげませんでした。アメリカにあまり幻想を抱かいたことはないです。わたしが生まれてはじめて外国に出たのが三〇歳過ぎてから、八〇年代のことです。留学先にはアメリカを選びました。別にアメリカ・コンプレックスからじゃなくて、世界でいちばん動いているところで、その場に身を置こうと思ったから。

鈴木　学生運動のときは反米でしょ？

上野　そうですね。

鈴木　僕らの大学だと米軍資金導入反対闘争です。でもそれ以前のことでいうと、日本で『8・15シリーズ』という映画があって、戦争映画が毎年夏に封切られる。それでぐにゃぐにゃしてきたというのをこの歳になって思い知らされた。

上野　あの当時のGIというのは、一〇代の男の子たちでしょう、不安そうな顔をしたそのへんのあんちゃんたちでしたね。

鈴木　そういうことをいつ思ったんですか。

上野　ほら、脱走兵の男の子たち。会見のVTRを見ました。

鈴木　ありましたね、それ大学でしたね。

上野　ベトナム戦争があったころです。

鈴木　堀田善衞さんがかくまっていたときですね。

上野　そうです、ほんとに一〇代の子どもです。アメリカに対して強いとか大きいとかいう気持ちはあまり持ってなかった。ただ生まれてはじめて三〇歳過ぎてからアメリカの西海岸から東海岸まで飛行機で飛んだときに、行けども行けども延々と土地が途切れないんですよ。

鈴木　六時間くらいですか。

上野　そう。こんなところと戦争をして一瞬でも勝つ気になったやつらはバカ者だと思いました。

鈴木　でもいちどもコンプレックスないんですか。

上野　うーん、コンプレックスねえ……。

鈴木　だって僕はちょうど昨日の夜中にそのことを考えていたんだけど、『アナと雪の女王』というのは半端じゃないヒットなんですよ。このままいくとあの『タイタニック』をこえて今や『千と千尋』に迫る勢いなんです。なんでこんなことが起きたんだろうと。僕は単純に考えたんですけど、今の原発および集団的自衛権、そこらへんが原因となってみんな日本がきらいになっちゃったんじゃないかと思うです。日本人の出てるものは見たくないし、アメリカの、ディズニーって巨大に見えるから、そこが提供する非日常、ということかなと。

上野 逃避だと。

鈴木 それ以外考えられないんですよ。だってものすごい大ヒットなんです。

上野 わたしは現物を見ていないので、中森明夫さんの文章を読むかぎり、ヒットの大きな理由は女の動員でしょう? 女が支えているというのは、あれが姉妹の物語だったということが受けた理由じゃないかと思いました。今度の『思い出のマーニー』もそうだって書いてありましたけど、

鈴木 偶然の一致なんですけどね。

上野 女が『アナ雪』に行くのも逃避といっちゃ逃避なんですが。今さら男になんの希望も持てないからと。

鈴木 今度の『アナと雪の女王』は、アメリカのものだってのが大きいと思うな。日本にはもうなにもないから。

上野 女とアメリカ、両方ですね。

鈴木 僕なんかはまさに、いつもアメリカによって引き裂かれてきたという自覚が歳をとってから生まれたんですよ。いつもそれに翻弄されてきた。

上野　わたしはクリスチャン・ファミリーで育ったんです。なんというかキリスト教文化が生活のなかにあって、そのことに小さいときから嘘くささを感じていた人間なんです。
鈴木　それがコンプレックスを脱ぐのに大きな役に立った。
上野　かもしれません。
鈴木　そういうくだりがありましたね、お母様が最後そうじゃなくなるという。
上野　だから、たいそうなものだと思えなかったんです。宗教は一種の洗脳装置ですから。教会の日曜学校に送られていたんですが、洗脳される寸前で嘘くさいと思った。オヤジが小心者のワンマン亭主だったので、オヤジが憧れた世界とオヤジが実際に生きている世界の落差が大きい。それを目の前でクールに見ているいやな子供だった。
鈴木　ませてたんですね。
上野　性格が悪かったんだと思うんですけど。
鈴木　観察者になっていたということですよね。
上野　まあ、そうかもしれません。
鈴木　僕も似たようなところはある。
上野　アメリカ人は honesty と growth をほんとうに信じる人たちなんですよ。痛ましいまでのナイーヴさを持っている。
鈴木　国が広いからですよ。
上野　わたしはそれに打たれました。

鈴木　僕もピクサーとつきあいがあって『トイ・ストーリー』だとか一連のディズニーが中心となるものをつくっている会社ですが、そこのスタジオと仲良くなって二十何年つきあっています。そこで働いている人たちと知り合いになる。みなさん結婚しているんですが、その出会いにびっくりする。小学生のときに出会っているんですよ。それで結婚。サンフランシスコの郊外、そこから出たことのない人たちがかなり集団でいるんです。一体アメリカってなんなの？　と思った。

上野　一つのカルチャーをつくってますね。

鈴木　それでものすごい純粋ですよ。日本じゃ考えられない。

上野　日本人は人間にオモテとウラがあってあたりまえと思っているけど、あの人たちはタテマエどおりの人ね。

鈴木　裏がないですよ。

上野　ないですね。痛々しいほどです。

鈴木　今だってそうでしょ、本当にそうじゃない一部の人がその人たちを使ってやっていくという構造ですよ。

上野　そこはよくわかる、実際深くつきあうとそうですね。

鈴木　アメリカに翻弄されて、今も翻弄されている。僕がここへ来ていちばんショックなのはこの期に及んでもそうなんだなということです。その重さに耐えきれなくて辛い。

上野　アメリカに楯突くだけで政権の首が吹っ飛ぶという状況は今でもつづいていますからね。

鈴木　その言葉としていちばんなにが相応しいかと、昨日考えていたんですが、やはり日本というのは対米盲従国家ですね。

上野 おっしゃるとおりです。

鈴木 ということを思いつくと重くて……。

上野 大統領選のたびに日本がアメリカの五一番目の州になったらいい、自分たちの運命を左右する大統領の選挙権を持てるから、という説がありますね。東アジアの危機のおかげで日米安保粉砕とも言えなくなりました。その状況は変わっていないどころか悪化しています。

鈴木 『アナと雪の女王』、大ヒットというのは重いですね。

上野 大ヒットは特殊日本的な現象ですか?

鈴木 世界でもヒットしているんですが、日本が突出しているんです。いろんな意見はそりゃあるでしょうけど、多く見ている人、リピーターになった人に聞いてみるとこういう言い方をするんですよ。「元気になれるから」って。見に行くと元気になれるから。

上野 それは男? 女?

鈴木 女。

上野 女でしょ。女は鬱々としていますから。日本以外のアジア圏ではどうですか。

鈴木 アジア圏もみな大ヒットです。

上野 じゃあ日本だけではないですね。

鈴木 数字でいうと日本はほかの国と比較して倍以上なんですよ。

上野 あの「ありのまま」の訳詞が利いたんではないですか。

鈴木　僕もそう思います。あの翻訳がうまかったんですよ。あんなことどこにも書いてない。「ありのままの自分」、あれはもう浄土真宗ですよね。

上野　もうこれ以上、キミたちなにもしなくていいよというメッセージですから、それはみんな癒されますよ。

鈴木　あれがなかったらうまくいってないですね。僕もまっさきにそれを指摘したんですけどね。

上野　いまいちばん欲しい言葉でしょう。疲れてるから努力もしたくないという。

鈴木　僕は本当はもっと細かいこともしゃべりたかったんですけど、そうやってアメリカに翻弄されてきた僕を学術的に解説してもらいたいなと思っていたんですよ。

上野　そりゃアメリカにはずっと翻弄されてきましたよ。今日にいたるまでそうです。

鈴木　「自己否定」がいけなかったんじゃないですかね。

上野　あの当時の大学生にハンパなエリート意識があったからでしょう。

鈴木　自己〝否定〟でしょ？　批判じゃないでしょ？

上野　否定すべきなにものかが自分にあると思いこんだ。

鈴木　否定したらなにもないですよね。

上野　あの当時の大学生は少数派でしたから。

鈴木　当時の四年制大学への女性の進学率って五％だったんですか。

上野　はい、男が二〇％、女が五％、トータルでおよそ一四％です。

鈴木　僕がすごく覚えているのは旺文社の『螢雪時代』。これからは大学生が四人に一人になる。

それですごいよと思って、よく覚えているんですけど、今こうやって振り返るとそうだったんだなということを思い知らされました。

上野　大学生がエリートから大衆になるちょうどはざまの時期です。

鈴木　ついでに恋愛まで大衆化しちゃって。みんなが恋愛するようになるでしょう。上野さんがお書きになっていることは本当に面白かった。見合いよりもっとすごいんだ、って。

上野　恋愛の方が、選び方が結局似たもの同士ですから。

プロデューサーという仕事

上野　人をプロデュースするのがいちばん面白いでしょう。

鈴木　僕は別にしたいと思ってないですけど（笑）

上野　したいと思っていないのに、その立場に立たされてしまったんですか。どちらかというとわたしは黒幕とか参謀が自分にいちばん向いていると思ってきました。わたしの人生最大の間違いは、本当は置き屋のおかみになって「うちにはいい娘《こ》がいまっせ」と売り込みをやろうと思っていたのに、自分が舞台に立たなければならなかったこと。さもなければ、僧院に入って世捨て人がやりたかったのに。番狂わせは世の中の役に立ってしまったことです（笑）。

鈴木　すごい役に立ってますよね。

上野　番狂わせもいいところですよ。

鈴木　僕は『おひとりさまの老後』（法研、二〇〇七年／文春文庫、二〇一一年）を読んで、これはもうびっくりしました。
上野　鈴木さんにはわが身のことじゃないでしょう？
鈴木　立派な方だなと。よくこんなめんどくさいことをおやりになるなと。
上野　めんどくさいです、はい。
鈴木　でもすごいですよ。僕などは本当に手を合わせましたよ。自分にそういう勤勉さがないので。
上野　しょうがないです、字を書くしか芸がないので。絵も描けず踊りも踊れませんから。われわれの業界にもう少し人材がいれば他人を舞台に立たせて舞台の影でほくそ笑んでいたかったのに、タレントが足りなかったので、つい板の上に自分も立ってしまったというのが痛恨の思いです。役者よりはプロデューサー向きという点では、鈴木さんに似てると思いますよ。
鈴木　でも、すごいですね、ほとほと感心しきりです。『おひとりさまの老後』。まさに、みんなそのことは気になってましたからね。
上野　男性は妻が看取ってくれると思って、思考停止ですから。
鈴木　ひとりにならなきゃいけないと思っていますね、最近。
上野　どういう動機で？
鈴木　なんとなく、あわてててちゃんとそういう本でも読もうかなと。
上野　それは付け焼刃というものですから、慣れないことはやらないほうがいいと思います。
鈴木　あわてて鴨長明を読んだりね。あの人、ひとりでしょう。山折（哲雄）さんがちらっと書いていたので、これかなと思って。

上野 ときどき山頭火とか放哉ブームが起きたりね。

鈴木 良寛とか、芭蕉だってそう。そうすると安定して生きていくにはそれしかないのかなと。でも付け焼き刃じゃだめですか。

上野 こんな楽しい人生を送ってこられたのだから、今さらひとりにならなくても。

鈴木 報いがくると思っているんですよ。

上野 ボーイズ・クラブでお年を召していけばいいじゃないですか。はたから見たら、うらやましいですよね。

鈴木 今日は先生に教えていただいているようなかんじです。

上野 こんな世の中にしちゃった責任がわれわれにはある。そのうえで、これからあと三分の一くらい人生の下り坂が待っているんですが、どうしましょう。

鈴木 僕は最近いろいろなところで言いはじめちゃったんだけど、ご指摘のように実に楽天的で日本なんてなくなっていいと、どこかで思っている。

上野 日本はなくなっていいと、わたしも思ってますよ。

鈴木 アジアは一つになってしまえばいいと思っているんですよ。

上野 ああ、そういう意味ですか。それはかなり誇大妄想ですね。

鈴木 僕はそれがそんなに時間はかからないと思っている。ヨーロッパがそうだったように。最初は東北アジアだけかなと思っていたら南のほうまで入ってきて、いろんな問題は起こるだろうけど、その方向にいくしかない。だってものをつくるときだって、たとえば『トトロ』でこういうことがあったんですよ、トトロのぬいぐるみってありますね、いちばん最初は四国でつくっていた、それがあるとき韓国でつくるようになった、そして中国、今はベトナムですよ。そういうことですよ。

上野　鈴木さんは楽天性もわたしより二桁くらい大きいですね。歴史的な背景を考えたらアジアはEUにはなりません。

鈴木　EUのようにはならない？

上野　絶対ならない。どんなに統合の必要があっても歴史的な要請があってもそうはならない。なぜかというと日本は戦後処理を間違ったから。このツケは長引きます。

鈴木　僕は三〇年くらいでなると思っているんですけど。

上野　うーん、三〇年あったら世界の勢力地図が変わっているでしょう。中国も衰退に転じているでしょう。そうなるともはや日本は世界の辺境になってしまうかもしれません。

鈴木　絶対そうですよね、それでいいんじゃないですか。

上野　三〇年というとわたしたちが九六歳。じゃあ、生きてるかも。

鈴木　ギリギリなんですよ。

上野　ちょっと見てみたいですね。

鈴木　僕も見てみたいんです。なんでそんなことを思いついたかというと、実はこのマンションのなかに外国の人がいろいろ暮らしている。アメリカからフランスをはじめ東南アジア、中国はもちろんタイとか、いろいろです。エレベーターの中とかでそういう人たちとしゃべっているとなんとなくそういう気分になってきたんですよ。

上野　でも三〇年でしょう、三〇年以内に首都直下型地震の確率が七〇%です。

鈴木　ありえますよ。あってとことんまでいけば当面、南アメリカみたいになるのかなとか、そんなことも思っています。

上野　ありえますね。

鈴木　そうすると今持っているお金の価値もがらっと変わって、そうするとみんな苦労するんですよ。でも苦労するのは誰かで、それによって救われる人もいる。なんて、思っているんですけどね。

上野　かなり楽天的ですね。

鈴木　どこかで本当に思っているんですよ。身近な人を見ていてもそう思いますね。特にね、タイの女の子との話は面白かったですね、相手のことを一切気遣わない、言うのは自分のことだけ。その子としゃべっていたら昔の日本を思い出したんです。僕らが若いころ、子供のころ。要するに相手への配慮なし、自分のことだけ。それを見ていていろんなところでそうなっていかざるをえないなという気がしました。

上野　おっしゃるとおり。昔はよかったとか支えあっていたとかは嘘です。みんな自分の目先のことしか考えていなかったと思います。わたしは女は生き延びるだろうと思うんですよ、敗戦があっても、原発事故があっても。

鈴木　女の人が中心になればいいじゃないですか。

上野　と思うんだけど、困るのは男が女に無理心中を迫ることです。そもそも放射能汚染は男女差別をしないので。

鈴木　僕の親しかったフランス人が原発のあとフランスにいってしまった。日本は怖いと。そういうときに非常にリアリティを感じて怖くなる。

上野　わたしは中学・高校にときどき講演で呼ばれるんです。「日本の未来はキミたちの肩にかかってます」とか、「日本の未来をキミたちに支えてほしい」とか口が裂けても言えない。最近彼らに言うセリフは、「世界中どこでもいいから、なんとかして生き延びていってくれ」というものです。

鈴木　それは正しい、すごい賛成です。

上野　こう言うと「国賊」とか「非国民」とか言うひともいるでしょう。でも鈴木さんは今わたしがいったことに、間髪容れずに「おっしゃるとおり」と言ってくださった。

鈴木　大賛成。

上野　とてもうれしい。だから、日本はなくなってかまわないという点ではまったく同感です。でもそのなくなるというのが、広域化してアジア共同体ができるという妄想にはとうていついていけません。日本沈没はするかもしれませんが。

鈴木　いかざるを得ないんじゃないかと思って。経済圏としてですよ。政治的には難しいです。

上野　政治的和解ができませんから。

鈴木　それは大きいですね。僕は自分の親父が死んでしまうときに残した言葉にびっくりしたんですよね。父は戦争にいっていたんだけど戦争について語ることはほとんどなかった。それが突然なくなる一日前に、中国では本当にひどいことをした、その恨みが消えるわけがないとか言って。

上野　死の一日前ってすごいですね。

鈴木　本当にびっくりしましたね。それが僕にとっては大きかった。

上野　ご自分の戦場体験を、ずっと封印していらした……。

鈴木　どこかで思っていたんでしょうね。だから語ろうとしなかった。

上野　そういうのも鈴木さんの原点の一つになったんですね。

鈴木　残りましたね。僕が、高畑さんとつくりたかった映画の一つが、『国境』（理論社、一九九五年）という作品で、これは戦争中の話で架空の冒険譚なんです。当時ソウルかな、日本の第九帝大があって、そこのある日本の男の子がいて、自分の友人が失踪してしまい、その少年が自分の友達を捜すために満州から今のモンゴルまでいくという話です。簡単にいうと自分が親友だと思っていたその男の子は、実は、日本人じゃなく、モンゴルの王子だった、さらに自分が満州へ行って好きになったＮＨＫの日本女性は中国人だった。つまり国境というのはなんなのか、という話なんですね。これなどはつくりたくてしょうがなくて。でも、なかなか難しかったんですけどね。

上野　もうそうなったら、マーケットにウケなくてもいいからつくりたいものをつくろうというふうにはなりません？

鈴木　お金がかかりすぎるんですよ。『かぐや姫』なんか最初から、どんなことがあってもマイナスになるとわかっていた、でも高畑さんの死に土産かなと思って。

上野　結果はプラスだったんですよね？

鈴木 いえいえ、ものすごい赤字ですよ。大赤字、あれ日本映画で記録じゃないですかね、こんなことといばってもしょうがないけど。あれは完全に出血覚悟です。

上野 どんな作品でもウケるようにすることができるって、おっしゃったじゃないですか。

鈴木 それができるから逆もできるんですよ。でもあれはやろうと思ったんです。なんでかというと高畑さんがそれを望んだからです。そのときはそうしようと思うんですよね。

上野 それだけの負債能力も培われてこられたわけでしょう。それもハンパな負債能力じゃないですよね。

鈴木 彼はそれが目的化するところがある。赤字にするということを、ね。だから面白い人なんですよ。それもいいかなということで、一方で、どこかで補償しようとしてマイナスにならないようにほかのところで努力したんですけど、だけど『かぐや姫』はやってくれましたよね。おそらく、後に僕はこれ、語りぐさになると思う。日本映画最大の赤字作品として。ある意味痛快でしたけどね。

上野 あと一つ二つやる気はないですか?

鈴木 僕はもういいですね。僕は宮さんと高畑という二人と出会った、それが面白かったのであって、新しい若い人とやっても面白くないんですよ。

上野 やるだけのことはやった感があります?

鈴木 やってない感ですよ。だって僕は人のためにやってきたんですよ。高畑とか宮崎とか。残りは自分のために少しはやってみたい。

上野　でも楽しかったんでしょ？

鈴木　それはおっしゃるとおりですが。だから自分ひとりでやってみて面白いかどうかという保証はどこにもない。むしろつまらないかもしれない。だからどうしようかなと考えていることはたしかです。

上野　世の中にはコーチとか監督とか、自分がプレーヤーにならない人たちがいるんだから、それはそれでいいじゃありませんか。

鈴木　でもあれだって大変だと思いますよ。自分の意に沿わぬことをみんながやるわけでしょう。それをじっとがまんして見ているわけでしょう、大変ですよ。そんなめんどくさい。

上野　男がなりたい職業のトップ３というのが、一位が映画監督、二位が野球監督で、三位が指揮者だそうです。どれもいうことときかない人たちを胃を悪くしながらコントロールする仕事なので、男はこういうのが好きなんだなとつくづく思ったのですが、プロデューサーっていう男冥利に尽きる仕事に就かれたわけでしょう？

鈴木　でも僕は限定つきですから。高畑、宮崎という監督でだけ僕は通用するんです。ほかの監督のときはうまくいかない。

上野　それは惚れ込んだから？

鈴木　惚れ込んだというか、一緒に生きていく、それしかないなと思ったんですよね。

上野　そうか、運命共同体ですね。そこまでの関係をつくれたというのは人生のなかで幸せなことではないですか。そんなにたくさんあることではないですよ。

鈴木　そういうことを考えていたわけではないですが、結果としてはそうかなと思いますね。だけどここから先ですよね。

上野　自分のためというと、どういう具体的なプランがあるんですか。

鈴木　わかんないですよね。結局自分ができたのは映画のプロデューサーだけなのでそれ以外に能力はあるかというと怪しいものです。

上野　わたしも鈴木さんと同時代を生きてきてメディアとつきあってきたからこんな言い方はなんですが、オヤジの転がし方を知っていたんです。

鈴木　疲れますよね。

上野　邪気があるときにはおもしろかった。でも邪気が抜けてきましたので、最近無邪気になってきました。あとの三分の一は無邪気に生きたい。

鈴木　上野さんは主体的な人だから、受け身じゃないでしょう。

上野　主体的だと無邪気になれないんですか。でも、それは間違いだと思います。あなたの本を読んで共感したのが、流されて生きてきた、というところ。主体性をこんなふうに言う人がいたんです。あれは「したい性」というんだと。自分からしたいことがあると。わたしにはないんですよ。他人から乗せられてきて、乗せられたら降りない。それでつきあってきたわけでしょう。わたしも似たようなものです。

鈴木　たぶん性格が大きいんですよ。

上野　流されて生きてきたという感慨は、本音だろうなと、読みながらそう思いました。でも流され方ってあるんですよ。台風の目みたいに、台風のなかに巻き込んでくれる人たちが周囲にいたわけでしょ。台風に出会うのもの運のうちだから。

鈴木　小学校のときからずっとそうなんです。

上野　それならいいじゃないですか、性格ならもう変えられないでしょ。一生その性格とつきあえば（笑）。

これからはプロデューサーの時代

上野　日本にいちばん足りないのはプロデューサーだとわたしは思っています。書籍はなくなって伝統工芸品になっていくだろう、プリントメディアは電子媒体に移行していくだろう、でもコンテンツ産業は残るだろう。その場合、編集者とプロデューサーはなくてはならない仕事になるだろう。日本にいちばん足りないのはプロデューサーなんですよ。

鈴木　注文する人ですね。

上野　鈴木さんがうまく表現しておられたように、「種を自分のなかで育てる人」です。プロデューサーって何って誰かに説明するときには、プロデューサーというのはどんな無能なあなたにもできるんです、と言うんです。プロデューサーに必要な能力は有能な人を使う能力。あなた自身が有能である必要はないんですと。

鈴木　そのとおりですよ。

上野　そのとおりなんですが、その能力はたいへんえがたい能力というか、必要だけどたくさんはない能力なんです。自分では絵も描けない、歌も歌えないかもしれないけども、誰にどういう人材があって、どの人とどう組み合わせればどういう化学反応が起きるかということを見きわめる能力というのは、やはりどこにでもある能力ではなくて、かつ必要だが絶対的に足りない人材だとわたしは思っています。

鈴木　この間、監督ができなかったからプロデューサーにまわるという人が多かった。

上野　それって完全にカン違いですよね。

鈴木　そう。その人たちが一掃されるのにまだ時間がかかる。

上野　まだいるんですか。

鈴木　いますよ。

上野　そんなにたくさんいるというほど。

鈴木　いっぱいいますよ。今の多くのプロデューサーは本当は自分が監督をやりたいんだけど、仮の姿としてプロデュースにまわっている。プロデュースだったらできるから、という人が多い。

上野　それは思い違いだと思う。

鈴木　自分のことを客観的に言ってしまうと僕は監督なんてやりたいと思ってないんです。監督をしたいわけではなくて、それでいて、プロデュースをやるという人が出てこない限りだめなんじゃないですかね。僕はそういう気がします。

上野　そういう人は育っていますか。

鈴木　ある環境を与えると育つんですかね？

上野　わたしの知り合いにプロデューサー学校というものをやっている人がいるんですよ。プロデューサーって教えることのできる能力ですか？　これはぜひ聞きたいな。

鈴木　考えてみたことないですね。

上野　鈴木さん自身は人の背を見てプロデューサー業というものを体で学んできたと言っておられます。こういう能力って「人材育成」できるものでしょうか。

たとえばわたしは、教師として問いを解く仕方は教えられても、問いを立てる能力は教えられません。それは教育にできることではないです。自分に教える能力があるかどうかじゃなくて、その能力は教えられる能力なのかどうか、が知りたい。どう思いますか。

鈴木　難しいな、僕は自分に照らし合わせてしまうので、

上野　自分の経験から言ってください。他人の経験なんか聞いてませんから（笑）。

鈴木　難しいですね……。できない。

上野　というふうに断言なさるところがいいと思います。なぜできないと思われますか。

鈴木　どうしてなんだろう、考えたことないからな。

上野　仮に誰かが鈴木さんのところにきて、リタイアしたあとこれからは後進養成だと。プロデューサー学校とかプロデューサー講座をやってくださいといわれたらどうします？

鈴木　少しは考えてみますね。

上野　じゃ少しは伝えることのできる能力だと思われる？

鈴木　少しは考えてみるけどその結果がどうなるかはわからない。考えた結果がね。もしどこかに可能性があるなら考えてみたいですけどね。

上野　人材養成のカリキュラムをつくれます？

鈴木　それを実際につくってみる努力をしてみてはじめてわかるんじゃないでしょうか。外国はそれがうまくいってるんですよね。なんか知らないけれど。

上野　養成してるんですか？

鈴木　養成してますよ、プロデューサーにしろ監督にしろ。だからプロデューサーにしろ監督にしろ覚えなければいけない基礎的なことがちゃんとあってそれを非常に合理的に勉強したうえでみんなプロデューサーになるし、監督になりますね。西洋の場合はそれが非常にうまくいっている。つくられる映画だって最初からみな上手ですね。

上野　監督になるには映像制作科とかコンテンツ創作科とかで養成ができるかもしれないけれど、プロデューサー養成のコースってあるんですか？

鈴木　僕は知ってるわけじゃないけど、あると勝手に思っていたので。

上野　あります？

鈴木　僕の下でやっている男の子はアメリカでそういうカリキュラムをこなした、みたいですよ。

上野　あったとしても、使いものになるかどうかは別ですね。たとえばＭＢＡ（経営学修士）資格をとったって、会社経営ができるとはかぎらないですし。

鈴木　そう思います。

上野 やってみる気はあります？

鈴木 まず考える、ですよね。わりと考えることは考えるんですよ。

上野 仮にジブリの看板を冠にかかげて、「ジブリ・プロデューサー養成講座」ってやったら……。

鈴木 みっともないですね。なんとなく。

上野 なんで？

鈴木 僕は俯瞰してものを考えるより一個一個やっていくほう。まずどういう本を読まなきゃいけないのかなと、そこから考えますからね。

上野 わたしが仕掛人だったら、鈴木さんを巻き込もうとか思うけどね。

鈴木 すごいですね、プロデューサーとしての能力があるんじゃないですか。お目にかかってお話をしていると、それはすごく思いました。

上野 他人のプロデュースはしてきました。人を育てて世に送るのはおもしろいです。鈴木さんのやってきたこととはスケールが違いますが。さきほどプロデューサー能力は教えられないとおっしゃったけど、育てたいという欲はあるんですよね。

鈴木 教えられないけれど……。やっぱり若い人としゃべっているのはおもしろいです。目的が出てくるから、そういうことを考えられるだろうかということを考えますよね。

上野 人が育つのを見るのはとても楽しいです。人生の中でこんなに楽しいことはない。

鈴木 ドワンゴの川上量生さんという人がいて、なんとなくジブリにいる。そうすると、僕は『コクリコ坂』のときにこういうことをやってみたんですよ。僕らの映画って、シナリオがあって絵コンテがある、その絵コンテというのは、それを映画と同じようにフィルムに撮ってライカリールというものをつくることができるんですよ。そこへ途中からできあがった絵をさしかえていく、そうすると時間が経てば経つほど実際の絵にさしかわっていきますね。そうやって何回も同じものを見るというのを彼と一緒にやってみたんです。どうしてかというと、せっかくジブリに来たんだから映画のつくり方を覚えるといいからといってなにをやったかというと、それに全部つきあわせたんです。彼は映画の完成にいたるまでのあいだに、そのライカリールなるものを都合十回くらい見たと思います。それで彼に一回ごとに、映画に対する感想を言ってもらった。それが一回みるごとに変わっていくんですね。それは面白かったですね。それがあるから僕は見せたんですけど、これを見ていくと映画がわかるから、と。

上野　ずいぶん教育的ですね。

鈴木　彼は元々能力があるから非常に理解力が高かった。そうすると単なる動かない絵が動くだけでずいぶん表現が変わる、それによって情報量が増えることでなにが起こるかとか、客観的にそういうものを見るときになにが大事なのか、そういうことをやりました。

上野　プログラム、できてるじゃないですか。

鈴木　少しはやったってことですね。それに汎用性があるかどうかですよ。

上野　プロデューサーは絶対的に足りないと思うから、映画にかぎらず、そういう人材に育ってほしいと思います。

鈴木　あらゆる分野でですね。僕は編集者のときと同じことをやっているんですよ。

上野　そうだと思います。だからコンテンツ産業では本はなくなっても編集者とプロデューサーは残るとわたしは書きました。わたしは人後に落ちない本フェチだけれども本がなくなっても痛くも痒くもないと書いた。本は伝統工芸品になるでしょうと。

鈴木　書物が伝統工芸品ってよくわかるな、これは。

上野　一部の人には不評なんですけどね。本が大好きな人がいますから。鈴木さんも人生の残りの三分の一くらいをプロデューサー養成にお使いになってもいいかもしれませんね。

鈴木　いやです（笑）。

上野　悪魔の囁きですよ、今のはね。

鈴木　あ、日本のアニメーションというのも伝統工芸品だったんですよね。

上野　そうですね、たしかに。素晴らしい伝統工芸品です。

鈴木　それがどうなるかですね。

上野　そのなかで人材は育っているでしょう？

鈴木　育っていると思いますよ。

上野　だから、アニメーターは育つと思います。監督は育つと思います。プロデューサーは育ちました？

鈴木　なかなかねえ。

上野　やっぱり大事でしょ？

鈴木　そうですね。

上野　ほら。

鈴木　はい。全部言うこと聞きます。

上野　こういうオチでいいんじゃないでしょうか（笑）。ちょっと明るい結末じゃないですか。

鈴木　ありがとうございました（笑）。

（初出：『ＡＥＲＡ』二〇一四年八月一一日増大号、朝日新聞出版。ただし大幅に加筆修正した）

あとがき

さまざまな機会にさまざまな論者と対話を重ねてきた。

対話はいつでもおもしろい。とりわけそれが他の分野のお相手であればなおさらだ。異種混淆で化学反応が起き、自分でも想定していなかった展開がおきる。それが対話の醍醐味だろう。

硬派と軟派、公領域と私領域、上半身と下半身、A面とB面……のしごとのバランスをできるだけ配慮してきた。色もの専門の研究者と思われるのはイヤだったし、まじめ一方の女学者と思われるのはもっとイヤだった。そのときどきの媒体の要請に応じて、多分野のひとたちと対話を続けてきたら、いつのまにかこれだけの分量がたまっていた。そのときそのときにわたしをその場に引っ張り出してくれた編集者がいたからこそだろう。異分野といえば、最後に収録したジブリのプロデューサー、鈴木敏夫さんとの対談で語ったが、これといって「したい性」のないわたしが、「流されて」引き受けてきた場の力が、わたしに作用したのだろう。「巻き込まれるのも運のうち」と発言したとおり、幸運だったというべきだろう。

その対話を二冊の本にしようと提案してくれたのは青土社の菱沼達也さんだ。一冊は『思想をかたちにする』、もう一冊は『セクシュアリティをことばにする』という、ぴったりのタイトルをつけてくださった。前者はどちらかといえば国家や歴史といった公的な領域を、後者は性や身体という私的な領域を扱う対談を収録した。読者のなかには、そのうちいっぽうにしか関心のないひとも多いだろうが、上半身と下半身、そろってひとりの人間、というのがわたしの持論。フェミニズムは「個人的なことは政治的である」といってきたのだから、この二冊は実は、べつなことを語っているわけではない。

これまでの対談集とちがって変化があったのは、年齢の効果のせいで、自分より年少の相手と組むようになったことと、その内容が回顧に属するようになったことだ。

冒頭の小熊英二さんとの対談は、「上野千鶴子を腑分けする」というそらおそろしいタイトルだが、もともと『現代思想』の別冊「上野千鶴子特集」（二〇一一年一二月臨時増刊号、青土社）の巻頭に掲載されたものである。定年を二年くりあげて退職した東京大学で、東日本大震災で流れた最終講義に代わる公開講演会を実施し、指導学生だった若い研究者たちから『上野千鶴子に挑む』（千田有紀編、勁草書房、二〇一一年）という尋常でない退職記念論文集もつくってもらい、自分のしごとに一区切りついたと思った時期に、菱沼さんから『現代思想』で「上野千鶴子」を特集したい、とオファーを受けた。おこがましいことだと思ったが、自分が俎板の上の鯉になるのもよいかと思い、お引き受けした。小熊さんはデビュー作『〈日本人〉の境界』（新曜社、一九九八年）以来、徹底的に資料を読みこんで相手に切り込む批評家であり、鋭いインタビュアーとして定評がある。その力量は、ふたりで共に鶴見俊輔さんに長時間のインタビューを行った『戦争が遺したもの』（新曜社、二〇〇四年）によく発揮されている。現場に立ち会ったわたしは、その直截さと鋭さをよく知っていた。同じ刃が自分に向けられることを覚悟しなければならないと思ったが、これだけの力量のある研究者にインタビューされる機会を持つのは光栄だとも思った。対談ではたいがいわたしがつっこみ役を引き受けることが多いが、この対談では攻守ところを変えたのも、わたしにはめずらしい経験だった。その結果はお読みになったとおりである。インタビューにしてはインタビュアーの発言が長いのもふつうのインタビューとは違うところだが、それだけわたしの著作を読みこんで対談に臨んだということでもあろう。すぐれた聞き手がそうであるように、この対談でも彼はわたしのなかから、自己発見を引き出している。対談の終わりに、自分の研究者人生が幸福であった、と述懐しているが、このような対談相手に恵まれたことも幸福であった。

北田暁大さんは、団塊ジュニア世代の社会学者。東京大学の学部生時代に、上野ゼミの受講生だったこともある。東浩紀さんと『思想地図』の編集委員となって、わたしに世代間対立についての挑戦状を投げてきた。東さんご本人が対談相手になったらよいと思ったが、なぜだかご本人は登場しなかった。わたしの口調がいささか論争的になっているのは、北田さんの背後に、東さんという「仮想敵」を想定していたからである。結果として、社会学者同士の対談は、データにもとづく経験科学者として、バランスのとれたものになった。不毛な論争にならなくてよかったと思う。

萱野稔人さんも団塊ジュニア世代の気鋭の政治学者。国家をリアリズムで論じるめずらしい若手である。こういう世代の研究者が育ち、そのひとたちと噛み合う議論ができることはうれしい。彼らはいま四〇代。「新進気鋭の」と呼ばれたひとたちが、エスタブリッシュメントになると保守化する姿を、年長の、そして同世代の、男性研究者たちのあいだに見てきた。だから男は信用ならね～、と言いたい思いだが、北田さんや萱野さんはそうはならないだろう、と期待している。

畑違いといえば、古代文学研究者の三浦佑之さんとの対話は、すばらしくおもしろかった。どこにも接点のなさそうな三浦さんとの対談に、わたしを引っ張り出したのも菱沼さんだった。これも『現代思想』の特集「古事記」（二〇一一年五月臨時増刊号）を、ほとんど自分の趣味だけでつくりあげ、その巻頭対談に三浦さんとわたしを組み合わせた。二〇年以上前に、わたしが宮田登・網野善彦さんと鼎談で『日本王権論』（春秋社、一九八八年）を出したことを覚えていたからである。にわか勉強で臨んだ対談は、それから二〇年間の古代史・古代文学研究の発展をあとづけるようなスリリングなものとなった。同じく「言語論的転回」以後の古典文学研究の刺激的な展開については、もう一冊の『セクシュアリティをことばにする』に収録された木村朗子さんとの対談を読んでほしい。他流試合はいつも楽しい。得るものばかりだからである。

岩崎稔さん、成田龍一さんは、それぞれ分野違いの哲学者、歴史学者だが、多くの共同研究を共にしてきた盟友といってよいひとたちである。三人で『戦後日本スタディーズ』全三巻（紀伊國屋書店、二〇〇八～二〇〇九年）も編んだし、『戦後思想の名著50』（平凡社、二〇〇六年）も編集した。この長いながい鼎談は、後者の『戦後思想の名著50』を刊行した際に、その内容をふりかえったものである。なにしろ刊行当時でもすでに半世紀以上にわたった「戦後思想」を回顧するのだから、長くならないわけにいかない。日本の戦後思想半世紀分の目配りのよい回顧（とはいえ、編者の立場によって偏りは当然あるが）になっているおトクな鼎談だと思う。三人で苦労して選びぬいた「50冊」のリストを、本書のおまけにつけたいくらいだが、興味のある読者は、原著をチェックして「50冊」のラインナップを確認してほしい。

もっとも異色だったのは、ジブリのプロデューサー、鈴木敏夫さんとの対談であろう。アニメともジブリとも縁のなかったわたしがなぜ？　と言えば、鈴木さんにご指名を受けたからである。編集長が女性に代わった『ＡＥＲＡ』では、実験的な試みとして半年に一回、ゲストを招いて「責任編集」を求めるという特集を実施。その第一回の「ジブリ」特集（二〇一四年八月一一日増大号、朝日新聞出版）に「ジブリの功罪」を論じてほしい、という依頼だった。宮崎駿さんが引退声明を出し、ジブリも店じまいを考える時期に来ていたのだとおもう。ジブリを三〇年間にわたって背負ってきた社長でプロデューサーの鈴木さんが、ジブリの歴史的評価を知りたい、と思う気持ちはわからないでもない。だが、わたしはそれにはミスキャストだった。ジブリの作品のよい読者とはいえないからだ。それでも、と慫慂されて「異文化」見たさでお目にかかった鈴木さんとの対談は、ジブリ好きのおたくには物足りないかもしれないが、少なくともわたしにとっては火花がスパークするようなイキのよいものだった。鈴木さんもおもしろがってくれた、と思う。そのはずむような対話は、文体にあらわれている。よくできた対談は、ひとりの発言が短い傾向がある、というのがわたしの持論だが、この対談だけは、学者同士の他の対談とちがって、かけあい漫才のような、はずむようなリズムがある。その臨場感をできるだけ損なわないように採録してもらった。読者もその場で立ち聞きしているような感じを抱いてくださるだろう。

装丁をおねがいしたのは、菊地信義さん。絵にも描けないことばかり語ってきたから、ロゴだけで勝負する菊地さんにおねがいしたいと思った。菊地さんの装丁は「菊地流」と言ってよいほど、署名なしでもそれとわかる。と思っていたら最近の装丁に、「あら、これ菊地さんに似てるけど……」という作品を見つけた。奥付を見ると菊地さんだった。半世紀以上のキャリアを経て、押しもおされもせぬ大家になった菊地さんにして、「あ、進化してる!」と思わされる作品だった。菊地さんはわたしよりいくらか年長の、尊敬するデザイナーである。そのひとが安定した自己模倣に終わらずに、新しい変化をとりこんでいる！　どんな装丁案が出てくるか、わくわくした。そして期待通りの、いや期待以上の作品を寄せてくださった。わたしも年齢にかかわらず、進化しつづけたいと思う。

どんな学問もアイディアも真空地帯からは生まれない。思索も研究も、密室での孤独な探求から生まれるわけではない。対話があるからこそ、思想はことばを持ち、鍛えられる。その際、すぐれた聞き手がいることは、学問にとって不可欠である。さまざまな年齢、世代、分野、専門のお相手と異種格闘技する楽しみは尽きない。いや、「格闘技」などと、戦闘の比喩を使うのは適切ではない。対話は戦いではないからだ。むしろ異質なものと出会うエロス的な経験だと言おうか。この快楽が、読者にも伝わってほしいと思う。わたしをこういう場に引き出してくれた編集者の方々に感謝する。何より、長時間にわたる対話のお相手をしてくださった対談相手の方に、感謝は尽きない。

機会があれば、またこりずにつきあっていただきたいものである。

二〇一五年四月

上野千鶴子

上野千鶴子（うえの・ちづこ）

1948年生まれ。東京大学名誉教授。立命館大学大学院先端総合学術研究科特別招聘教授。認定NPO法人WAN（ウィメンズアクションネットワーク）理事長。日本における女性学・ジェンダー研究のパイオニアにして第一人者。近年はケアや介護 の現場にも関心を持ち、積極的にとり組んでいる。著書に『セクシィ・ギャルの大研究』、『家父長制と資本制』、『ナショナリズムとジェンダー』（以上、岩波現代文庫）、『近代家族の成立と終焉』、『差異の政治学』（岩波書店）、『女という快楽』（勁草書房）、『女遊び』（学陽書房）、『スカートの下の劇場』（河出文庫）、『ミッドナイト・コール』、『上野千鶴子が文学を社会学する』、『老いる準備』（朝日文庫）、『発情装置』（筑摩書房）、『おひとりさまの老後』、『男おひとりさま道』、『ひとりの午後に』（文春文庫）、『女ぎらい』（紀伊國屋書店）、『ケアの社会学』（太田出版）など。また対談集に『ケアのカリスマたち』（亜紀書房）など。

思想をかたちにする
上野千鶴子対談集

2015年4月30日　第1刷印刷
2015年5月15日　第1刷発行

著者――上野千鶴子

発行人――清水一人
発行所――青土社
〒101-0051　東京都千代田区神田神保町1－29　市瀬ビル
［電話］　03-3291-9831（編集）　03-3294-7829（営業）
［振替］　00190-7-192955

印刷所――ディグ（本文）
方英社（カバー・扉・表紙）
製本――小泉製本

装丁――菊地信義

ISBN978-4-7917-6861-5 C0010